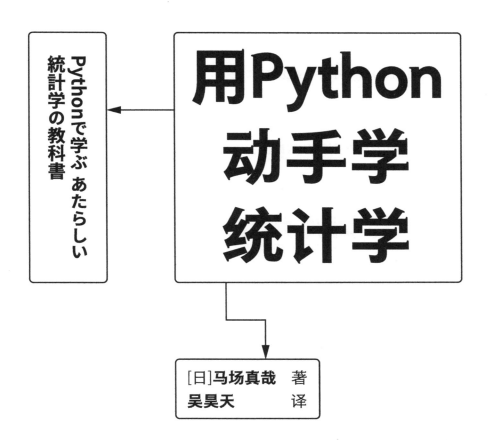

Pythonで学ぶ あたらしい
統計学の教科書

用Python 动手学 统计学

[日] 马场真哉　著
吴昊天　译

人民邮电出版社
北　京

图书在版编目（CIP）数据

用Python动手学统计学 /（日）马场真哉著；吴昊天译. -- 北京：人民邮电出版社，2021.6
（图灵程序设计丛书）
ISBN 978-7-115-56028-5

Ⅰ．①用… Ⅱ．①马… ②吴… Ⅲ．①软件工具－程序设计－应用－统计学－研究 Ⅳ．①C819

中国版本图书馆CIP数据核字（2021）第032745号

内 容 提 要

本书是面向零基础读者的统计学入门书，对同一个知识点分别使用文字、公式和Python示例代码加以讲解，循序渐进地介绍了统计学和Python的基础知识、使用Python进行统计分析的方法、正态线性模型和广义线性模型等统计模型，以及机器学习等。通过阅读本书，读者不仅可以通过书中例子深刻理解统计学术语、统计分析方法和预测方法等，还可以学到十分前沿的机器学习知识，以及如何使用Python实现数据可视化和建模等。

本书结构清晰、直观易懂，适合统计学和Python初学者以及对数据科学和机器学习感兴趣的读者使用，也可作为高等院校计算机、统计等专业学生的入门书。

◆ 著　　[日] 马场真哉
　　译　　吴昊天
　　责任编辑　杜晓静
　　责任印制　周昇亮

◆ 人民邮电出版社出版发行　北京市丰台区成寿寺路11号
　　邮编　100164　电子邮件　315@ptpress.com.cn
　　网址　https://www.ptpress.com.cn
　　北京建宏印刷有限公司印刷

◆ 开本：880×1230　1/32
　　印张：13　　　　　　　　2021年6月第1版
　　字数：374千字　　　　　2025年1月北京第13次印刷
　　著作权合同登记号　图字：01-2018-7361号

定价：79.80元
读者服务热线：(010) 84084456-6009　印装质量热线：(010) 81055316
反盗版热线：(010) 81055315
广告经营许可证：京东市监广登字20170147号

版 权 声 明

Pythonで学ぶ あたらしい統計学の教科書

(Python de Manabu Atarashii Tokeigaku no Kyoukasho : 5506-7)

Copyright © 2018 SHINYA BABA.

Original Japanese edition published by SHOEISHA Co., Ltd.

Simplified Chinese Character translation rights arranged with SHOEISHA Co., Ltd.

through CREEK & RIVER Co., Ltd. and CREEK & RIVER SHANGHAI Co., Ltd.

Simplified Chinese Character translation copyright © 2021 by Posts & Telecom Press.

本书中文简体字版由 SHOEISHA Co., Ltd. 授权人民邮电出版社有限公司独家出版。未经出版者事先书面许可，不得以任何方式或途径复制或传播本书内容。

版权所有，侵权必究。

关于本书的示例文件

■ **示例文件的下载地址**

本书中使用的示例文件可以从以下网址下载。请将需要的文件夹复制到你的计算机硬盘上进行使用。

ituring.cn/book/2654[①]

■ **免责声明**

虽然编辑部及作译者已经确认示例文件在正常运行时是没有问题的,但是在万一因运行示例文件而造成损失的情况下,作译者及出版社不承担任何责任,敬请知悉。

---

① 请至"随书下载"处下载本书源码文件。——编者注

前　言

本书是统计学的入门书，为大家介绍用 Python 实现的分析方法，主要内容为以下 3 点。

- 如何分析数据？
- 使用某种方法为什么会更好？
- 如何用 Python 进行分析？

本书将花费大量篇幅讲解统计学的基础知识，尽量避免介绍对初学者意义不大的经验技巧。

书中也会介绍如何用 Python 进行统计分析。

Python 的语法比较简单，可以通过简短的代码实现复杂的分析。另外，Python 也非常适合用于机器学习。因此，通过用 Python 学统计学，将有助于从统计学基础到机器学习的过渡。

统计学往往被认为很难学，其原因有很多：不理解术语、不懂公式、比喻表达难理解等。为了避免这些问题，本书将从文字说明、公式和 Python 代码 3 个维度来讲解相同的内容，以帮助读者加深理解。

统计学的一大难点就是需要理解很多概念，还要理解各概念之间的联系。本书在写作过程中尽可能地将这些概念串联在一起，目录也十分详尽，读者可以直观地把握自己的学习进度。

另外，本书还将介绍一些比较新兴的内容，以使读者不仅掌握用于描述数据的分析方法，还能掌握用于预测数据的分析方法。本书的一个目标是让读者了解统计学的全貌，为此，在个别地方可能表达不够严谨。书中适当地给出了参考文献，并在最后给出了建议读者继续深入阅读的书目，因此，本书也起到了桥梁的作用，希望读者在读完本书之后，能够更顺畅地阅读难度更高的文献。

第 1 章和第 2 章将分别介绍统计学和 Python 的基础知识。

第 3 章将介绍如何用 Python 进行统计分析，主要内容有参数估计和假设检验等统计学入门知识。读者可结合 Python 实现来学习。本章还将介绍分析结果的描述方式等非常实用的内容，以供在实验和研究中使用假设检验的读者参考。

第 4～6 章将介绍统计模型及使用统计学进行预测的方法。第 4 章介绍统计模型的基础，第 5 章介绍正态线性模型，第 6 章介绍对正态线性模型进行了扩展的广义线性模型。

第 7 章将介绍统计学和机器学习的关系。机器学习具有比统计模型更强的"预测"能力。在介绍统计学和机器学习的关系之后，还将介绍正则化和神经网络。

本书是从统计学的基础知识讲起的，所以读者可以从头开始学习统计预测的方法。只要理解了什么是统计预测，什么是好的预测，就能够摆脱"只会调用机器学习库"的困境。

统计学是方便的工具，讲解统计学的图书也应该是方便的工具。

希望本书能够成为你的得力助手。

致谢

感谢本书编辑绿川老师自策划阶段给予的诸多关照，没有他就没有本书的问世，在此深表谢意。

目　录

第 1 章　统计学基础　　1

- 1-1　统计学　　2
  - 1-1-1　统计学的目标①：描述现有数据　　2
  - 1-1-2　统计学的目标②：估计未知数据　　3
  - 1-1-3　术语　样本与总体　　3
  - 1-1-4　1-2 节及之后的内容　　4
- 1-2　获取样本的过程　　5
  - 1-2-1　术语　随机变量　　5
  - 1-2-2　湖中钓鱼的例子　　5
  - 1-2-3　从总体中获取样本的过程　　6
  - 1-2-4　术语　样本值　　7
  - 1-2-5　术语　抽样　　7
  - 1-2-6　术语　简单随机抽样　　7
  - 1-2-7　术语　样本容量　　7
  - 1-2-8　术语　普查与抽样调查　　8
- 1-3　抽样过程的抽象描述　　9
  - 1-3-1　符号　概率　　9
  - 1-3-2　术语　概率分布　　9
  - 1-3-3　术语　服从概率分布　　10
  - 1-3-4　术语　总体分布　　10
  - 1-3-5　作为抽样过程的总体分布　　10
  - 1-3-6　无限总体的含义与总体分布　　11
  - 1-3-7　总结：抽样过程　　12
  - 1-3-8　补充　瓮模型　　13
- 1-4　描述统计基础　　14
  - 1-4-1　术语　定量变量　　14
  - 1-4-2　术语　离散变量与连续变量　　14
  - 1-4-3　术语　分类变量　　15
  - 1-4-4　术语　组、组中值　　15
  - 1-4-5　术语　频数、频数分布、频率　　15
  - 1-4-6　术语　累积频数、累积频率　　16
  - 1-4-7　术语　直方图　　17
  - 1-4-8　术语　统计量　　19

- 1-4-9 术语 均值 ... 19
- 1-4-10 术语 期望值 ... 20
- 1-4-11 术语 方差 ... 21
- 1-4-12 补充 均值、方差与数据范围 ... 21

1-5 总体分布的推断 ... 23
- 1-5-1 总体分布与总体的频率分布 ... 23
- 1-5-2 更现实一些的湖中钓鱼 ... 24
- 1-5-3 做假设 ... 24

1-6 概率质量函数与概率密度函数 ... 27
- 1-6-1 术语 概率质量函数 ... 27
- 1-6-2 术语 概率密度 ... 27
- 1-6-3 补充 积分与加法的关系 ... 28
- 1-6-4 术语 概率密度函数 ... 28
- 1-6-5 术语 正态分布 ... 29
- 1-6-6 术语 参数（概率分布的参数）... 30
- 1-6-7 补充 各种各样的概率分布 ... 30
- 1-6-8 推断总体分布＝确定分布＋估计参数 ... 31
- 1-6-9 把样本的统计量看作参数的估计值 ... 32
- 1-6-10 补充 估计误差 ... 32
- 1-6-11 总结：统计学基础 ... 33

1-7 统计量的计算 ... 35
- 1-7-1 为什么要使用数学式 ... 35
- 1-7-2 符号 样本 ... 35
- 1-7-3 符号 均值 ... 36
- 1-7-4 符号 期望值 ... 36
- 1-7-5 术语 总体均值与样本均值 ... 37
- 1-7-6 符号 样本方差 ... 37
- 1-7-7 术语 无偏方差 ... 38
- 1-7-8 为什么样本方差会偏离 ... 38
- 1-7-9 术语 标准差 ... 39

1-8 概率论基础 ... 41
- 1-8-1 术语 集合 ... 41
- 1-8-2 术语 元素 ... 41
- 1-8-3 集合的两种表示方法 ... 42
- 1-8-4 术语 子集 ... 42
- 1-8-5 术语 维恩图 ... 43
- 1-8-6 术语 交集与并集 ... 43
- 1-8-7 术语 差集 ... 44
- 1-8-8 术语 空集 ... 44

				目录 | ix

　　　1-8-9　**术语**　全集　　44
　　　1-8-10　**术语**　补集　　45
　　　1-8-11　**术语**　样本点、样本空间、事件　　45
　　　1-8-12　**术语**　互斥事件　　46
　　　1-8-13　通过掷骰子可以联想到的各种概率分布　　47
　　　1-8-14　概率的公理化定义　　47
　　　1-8-15　用频率解释概率　　48
　　　1-8-16　主观概率　　48
　　　1-8-17　**术语**　概率的加法公式　　49
　　　1-8-18　**术语**　条件概率　　49
　　　1-8-19　**术语**　概率的乘法公式　　50
　　　1-8-20　**术语**　独立事件　　50
　1-9　随机变量与概率分布　　51
　　　1-9-1　随机变量与样本值　　51
　　　1-9-2　离散型概率分布与概率质量函数　　52
　　　1-9-3　概率密度　　52
　　　1-9-4　连续型概率分布与概率密度函数　　53
　　　1-9-5　概率的总和与概率密度的积分　　53
　　　1-9-6　**补充**　积分与面积的关系　　54
　　　1-9-7　正态分布的概率密度函数　　56
　　　1-9-8　**符号**　服从概率分布　　56
　　　1-9-9　独立同分布　　57
　　　1-9-10　使用正态分布的概率密度函数计算概率的方法　　57
　　　1-9-11　使用概率密度计算期望值的方法　　57

第2章　Python 与 Jupyter Notebook 基础　　59

　2-1　环境搭建　　60
　　　2-1-1　什么是 Python　　60
　　　2-1-2　Python 的版本　　60
　　　2-1-3　Python 与 Anaconda　　60
　　　2-1-4　Jupyter Notebook　　61
　　　2-1-5　下载和安装　　61
　　　2-1-6　**补充**　Python 编程术语　　61
　2-2　认识 Jupyter Notebook　　63
　　　2-2-1　启动 Jupyter Notebook　　63
　　　2-2-2　创建新文件　　64
　　　2-2-3　执行代码　　65
　　　2-2-4　保存执行结果　　65
　　　2-2-5　Markdown 的用法　　65
　　　2-2-6　退出 Jupyter Notebook　　66

2-3	Python 编程基础		67
	2-3-1 实现 四则运算		67
	2-3-2 实现 编写注释		68
	2-3-3 实现 数据类型		69
	2-3-4 实现 比较运算符		70
	2-3-5 实现 变量		71
	2-3-6 实现 函数		71
	2-3-7 实现 类与实例		73
	2-3-8 实现 基于 if 语句的程序分支		75
	2-3-9 实现 基于 for 语句的循环		76
	2-3-10 编写易用程序的窍门		77
2-4	认识 numpy 与 pandas		78
	2-4-1 导入用于分析的功能		78
	2-4-2 numpy 与 pandas		79
	2-4-3 实现 列表		79
	2-4-4 术语 行与列		79
	2-4-5 实现 数组		81
	2-4-6 实现 生成等差数列的方法		82
	2-4-7 实现 多种生成数组的方式		83
	2-4-8 实现 切片		84
	2-4-9 实现 数据帧		85
	2-4-10 实现 读取文件中的数据		87
	2-4-11 实现 连接数据帧		87
	2-4-12 实现 数据帧的列操作		88
	2-4-13 实现 数据帧的行操作		90
	2-4-14 补充 序列		91
	2-4-15 补充 函数文档		92

第 3 章　使用 Python 进行数据分析　　95

3-1	使用 Python 进行描述统计：单变量		96
	3-1-1 统计分析与 scipy		96
	3-1-2 单变量数据的操作		96
	3-1-3 实现 总和与样本容量		97
	3-1-4 实现 均值（期望值）		98
	3-1-5 实现 样本方差		98
	3-1-6 实现 无偏方差		100
	3-1-7 实现 标准差		101
	3-1-8 补充 标准化		101
	3-1-9 补充 其他统计量		103
	3-1-10 实现 scipy.stats 与四分位数		104

3-2 使用 Python 进行描述统计：多变量　　106

- 3-2-1 　术语　 整洁数据　　106
- 3-2-2 　术语　 杂乱数据　　107
- 3-2-3 　术语　 列联表（交叉分类表）　　108
- 3-2-4 　多变量数据的管理　　109
- 3-2-5 　实现　 求各分组的统计量　　110
- 3-2-6 　实现　 列联表　　111
- 3-2-7 　术语　 协方差　　112
- 3-2-8 　术语　 协方差矩阵　　114
- 3-2-9 　实现　 协方差　　114
- 3-2-10 　实现　 协方差矩阵　　115
- 3-2-11 　术语　 皮尔逊积矩相关系数　　116
- 3-2-12 　术语　 相关矩阵　　116
- 3-2-13 　实现　 皮尔逊积矩相关系数　　117
- 3-2-14 　补充　 相关系数无效的情况　　118

3-3 基于 matplotlib、seaborn 的数据可视化　　119

- 3-3-1 　Python 中的数据可视化　　119
- 3-3-2 　实现　 数据可视化的环境准备　　119
- 3-3-3 　实现　 用 pyplot 绘制折线图　　120
- 3-3-4 　实现　 用 seaborn 和 pyplot 绘制折线图　　121
- 3-3-5 　实现　 用 seaborn 绘制直方图　　122
- 3-3-6 　实现　 通过核密度估计将直方图平滑化　　123
- 3-3-7 　实现　 两个变量的直方图　　125
- 3-3-8 　将多变量可视化的代码　　127
- 3-3-9 　实现　 箱形图　　128
- 3-3-10 　实现　 小提琴图　　129
- 3-3-11 　实现　 条形图　　130
- 3-3-12 　实现　 散点图　　131
- 3-3-13 　实现　 散点图矩阵　　132

3-4 用 Python 模拟抽样　　135

- 3-4-1 　环境准备　　135
- 3-4-2 　抽样过程　　136
- 3-4-3 　在只有 5 条鱼的湖中抽样　　136
- 3-4-4 　术语　 随机数　　138
- 3-4-5 　术语　 放回抽样、不放回抽样　　138
- 3-4-6 　从鱼较多的湖中抽样　　139
- 3-4-7 　总体分布　　140
- 3-4-8 　对比总体分布和正态分布的概率密度函数　　141
- 3-4-9 　抽样过程的抽象描述　　143
- 3-4-10 　补充　 有限总体校正　　144

- 3-4-11 　补充　假设总体服从正态分布是否恰当　145
- 3-5 样本统计量的性质　146
  - 3-5-1 　术语　试验　146
  - 3-5-2 　术语　样本分布　146
  - 3-5-3 　导入所需的库　147
  - 3-5-4 　多次计算样本均值　148
  - 3-5-5 　样本均值的均值与总体均值相近　149
  - 3-5-6 　样本容量越大，样本均值越接近总体均值　150
  - 3-5-7 　定义用来计算样本均值的函数　152
  - 3-5-8 　不同样本容量所得的样本均值的分布　153
  - 3-5-9 　样本均值的标准差小于总体标准差　154
  - 3-5-10 　术语　标准误差　156
  - 3-5-11 　标准误差的直观解释　158
  - 3-5-12 　样本方差的均值偏离总体方差　158
  - 3-5-13 　采用无偏方差消除偏离　159
  - 3-5-14 　样本容量越大，其无偏方差越接近总体方差　160
  - 3-5-15 　术语　无偏性　161
  - 3-5-16 　术语　一致性　161
  - 3-5-17 　较好的参数估计量　162
  - 3-5-18 　补充　大数定律　162
  - 3-5-19 　补充　中心极限定理　162
- 3-6 正态分布及其应用　165
  - 3-6-1 　导入函数库　165
  - 3-6-2 　实现　概率密度　166
  - 3-6-3 　样本小于等于某值的比例　168
  - 3-6-4 　术语　累积分布函数　168
  - 3-6-5 　实现　累积分布函数　169
  - 3-6-6 　术语　左侧概率与百分位数　170
  - 3-6-7 　实现　百分位数　170
  - 3-6-8 　术语　标准正态分布　171
  - 3-6-9 　术语　t 值　171
  - 3-6-10 　t 值的样本分布　172
  - 3-6-11 　术语　t 分布　174
  - 3-6-12 　实现　t 分布　175
- 3-7 参数估计　177
  - 3-7-1 　本节任务　177
  - 3-7-2 　环境准备　177
  - 3-7-3 　术语　点估计　178
  - 3-7-4 　实现　点估计　179
  - 3-7-5 　术语　区间估计　179

3-7-6	术语 置信水平、置信区间	180
3-7-7	术语 置信界限	180
3-7-8	置信区间的计算	180
3-7-9	实现 区间估计	180
3-7-10	补充 置信区间的求解细节	181
3-7-11	决定置信区间大小的因素	183
3-7-12	区间估计结果的解读	184

3-8 假设检验　　187

3-8-1	术语 假设检验	187
3-8-2	单样本 t 检验	187
3-8-3	显著性差异	188
3-8-4	t 检验的直观解释	188
3-8-5	均值差异大不代表存在显著性差异	189
3-8-6	t 值	189
3-8-7	假设检验的结构：零假设与备择假设	190
3-8-8	术语 p 值	191
3-8-9	术语 显著性水平	191
3-8-10	t 检验与 t 分布的关系	191
3-8-11	术语 单侧检验与双侧检验	192
3-8-12	p 值的计算	192
3-8-13	t 检验的实现：环境准备	193
3-8-14	t 检验的实现：计算 t 值	194
3-8-15	t 检验的实现：计算 p 值	195
3-8-16	通过模拟实验计算 p 值	196

3-9 均值差的检验　　198

3-9-1	双样本 t 检验	198
3-9-2	配对样本 t 检验	198
3-9-3	环境准备	199
3-9-4	实现 配对样本 t 检验	200
3-9-5	独立样本 t 检验	201
3-9-6	实现 独立样本 t 检验	202
3-9-7	补充 独立样本 t 检验（同方差）	203
3-9-8	补充 p 值操纵	203

3-10 列联表检验　　205

3-10-1	使用列联表的好处	205
3-10-2	本节例题	206
3-10-3	计算期望频数	207
3-10-4	计算观测频数和期望频数的差	208
3-10-5	实现 计算 p 值	209
3-10-6	实现 列联表检验	209

3-11 检验结果的解读 211
    3-11-1 p 值小于 0.05 时的表述方法 211
    3-11-2 p 值大于 0.05 时的表述方法 211
    3-11-3 关于假设检验的常见误区 212
    3-11-4 p 值小不代表差异大 212
    3-11-5 p 值大于 0.05 不代表没有差异 213
    3-11-6 (术语) 第一类错误与第二类错误 213
    3-11-7 (术语) 假设检验的非对称性 213
    3-11-8 在检验之前确定显著性水平 214
    3-11-9 (补充) 统计模型的选择 214
    3-11-10 假设检验有什么用 214
    3-11-11 假设是否正确 215

第 4 章 统计模型基础 217

4-1 统计模型 218
    4-1-1 (术语) 模型 218
    4-1-2 (术语) 建模 218
    4-1-3 模型有什么用 218
    4-1-4 简化复杂的世界 219
    4-1-5 从某个角度观察复杂的现象 219
    4-1-6 (术语) 数学模型 220
    4-1-7 (术语) 概率模型 220
    4-1-8 (术语) 统计模型 221
    4-1-9 概率分布与统计模型 221
    4-1-10 基于统计模型的预测 222
    4-1-11 统计模型与经典数据分析的对比 222
    4-1-12 统计模型应用 223

4-2 建模方法 224
    4-2-1 本节例题 224
    4-2-2 (术语) 响应变量和解释变量 224
    4-2-3 (术语) 参数模型 224
    4-2-4 (术语) 非参数模型 224
    4-2-5 (术语) 线性模型 224
    4-2-6 (术语) 系数与权重 226
    4-2-7 建模 = 模型选择 + 参数估计 227
    4-2-8 线性模型的建模方法 227
    4-2-9 (术语) 变量选择 228
    4-2-10 (术语) 空模型 228
    4-2-11 通过假设检验选择变量 229
    4-2-12 通过信息量准则选择变量 229

	4-2-13	模型评估	230
	4-2-14	补充　在建模之前确定分析目的	230
4-3	数据表示与模型名称		231
	4-3-1	术语　正态线性模型	231
	4-3-2	术语　回归分析（经典术语）	231
	4-3-3	术语　多元回归分析（经典术语）	232
	4-3-4	术语　方差分析（经典术语）	232
	4-3-5	术语　广义线性模型	232
	4-3-6	补充　机器学习中的叫法	232
4-4	参数估计：最大似然估计		234
	4-4-1	为什么要学习参数估计	234
	4-4-2	术语　似然	234
	4-4-3	术语　似然函数	235
	4-4-4	术语　对数似然	235
	4-4-5	术语　对数的性质	235
	4-4-6	术语　最大似然法	238
	4-4-7	术语　最大似然估计量	238
	4-4-8	术语　最大对数似然	239
	4-4-9	服从正态分布的数据的似然	239
	4-4-10	术语　多余参数	239
	4-4-11	正态线性模型的似然	240
	4-4-12	补充　最大似然法计算举例	241
	4-4-13	补充　最大似然估计量的性质	243
4-5	参数估计：最小化损失		244
	4-5-1	术语　损失函数	244
	4-5-2	术语　残差	244
	4-5-3	为什么不把残差之和作为损失指标	245
	4-5-4	术语　残差平方和	246
	4-5-5	术语　最小二乘法	247
	4-5-6	补充　最小二乘法与最大似然法的关系	247
	4-5-7	术语　误差函数	248
	4-5-8	多种损失函数	248
4-6	预测精度的评估与变量选择		249
	4-6-1	术语　拟合精度与预测精度	249
	4-6-2	术语　过拟合	249
	4-6-3	变量选择的意义	250
	4-6-4	术语　泛化误差	250
	4-6-5	术语　训练集与测试集	250
	4-6-6	术语　交叉验证	250

4-6-7	术语 赤池信息量准则	251
4-6-8	术语 相对熵	252
4-6-9	最小化相对熵与平均对数似然	252
4-6-10	AIC 与平均对数似然中的偏离	253
4-6-11	AIC 与交叉验证	254
4-6-12	使用 AIC 进行变量选择	254
4-6-13	用变量选择代替假设检验	254
4-6-14	使用假设检验还是 AIC	255

第 5 章 正态线性模型 257

5-1 含有单个连续型解释变量的模型（一元回归） 258

5-1-1	环境准备	258
5-1-2	实现 读入数据并绘制其图形	259
5-1-3	建模	260
5-1-4	实现 使用 statsmodels 实现模型化	261
5-1-5	实现 打印估计结果并检验系数	261
5-1-6	关于 summary 函数的输出的说明	263
5-1-7	实现 使用 AIC 进行模型选择	264
5-1-8	术语 回归直线	266
5-1-9	实现 用 seaborn 绘制回归直线	266
5-1-10	实现 使用模型进行预测	267
5-1-11	实现 获取残差	269
5-1-12	术语 决定系数	270
5-1-13	实现 决定系数	270
5-1-14	术语 修正决定系数	272
5-1-15	实现 修正决定系数	272
5-1-16	实现 残差的直方图和散点图	273
5-1-17	术语 分位图	274
5-1-18	实现 分位图	275
5-1-19	根据 summary 函数的输出分析残差	277

5-2 方差分析 279

5-2-1	本节例题	279
5-2-2	什么时候应该使用方差分析	279
5-2-3	术语 多重假设检验	280
5-2-4	方差分析的直观理解：F 比	280
5-2-5	显著性差异与小提琴图	281
5-2-6	方差分析的直观理解：分离效应和误差	283
5-2-7	术语 组间差异与组内差异	283
5-2-8	环境准备	284
5-2-9	生成数据并可视化	284

- 5-2-10 【实现】 方差分析①：计算组间偏差平方和与组内偏差平方和 …… 286
- 5-2-11 【实现】 方差分析②：计算组间方差与组内方差 …… 287
- 5-2-12 【实现】 方差分析③：计算 p 值 …… 288
- 5-2-13 解释变量为分类变量的正态线性模型 …… 289
- 5-2-14 【术语】 虚拟变量 …… 289
- 5-2-15 【实现】 statsmodels 中的方差分析 …… 290
- 5-2-16 【术语】 方差分析表 …… 290
- 5-2-17 模型系数的含义 …… 290
- 5-2-18 使用模型分离效应和误差 …… 291
- 5-2-19 回归模型中的方差分析 …… 292

5-3 含有多个解释变量的模型 …… 295

- 5-3-1 环境准备 …… 295
- 5-3-2 【实现】 数据可视化 …… 296
- 5-3-3 错误的分析：建立只有 1 个变量的模型 …… 297
- 5-3-4 分析解释变量之间的关系 …… 299
- 5-3-5 【实现】 多解释变量的模型 …… 301
- 5-3-6 错误的分析：使用普通方差分析 …… 301
- 5-3-7 【实现】 回归系数的 t 检验 …… 303
- 5-3-8 【术语】 Type II ANOVA …… 304
- 5-3-9 模型选择与方差分析 …… 304
- 5-3-10 Type II ANOVA 与调整平方和 …… 307
- 5-3-11 【实现】 Type II ANOVA …… 308
- 5-3-12 Type II ANOVA 的含义 …… 310
- 5-3-13 【实现】 变量选择与模型选择 …… 310
- 5-3-14 使用 AIC 进行变量选择 …… 311
- 5-3-15 【补充】 多重共线性 …… 312

第 6 章 广义线性模型 …… 313

6-1 各种概率分布 …… 314

- 6-1-1 【术语】 二值随机变量 …… 314
- 6-1-2 【术语】 伯努利试验 …… 314
- 6-1-3 【术语】 成功概率 …… 315
- 6-1-4 【术语】 伯努利分布 …… 315
- 6-1-5 【术语】 二项分布 …… 315
- 6-1-6 二项分布的应用 …… 316
- 6-1-7 二项分布的概率质量函数 …… 316
- 6-1-8 环境准备 …… 317
- 6-1-9 【实现】 二项分布 …… 318
- 6-1-10 【术语】 泊松分布 …… 319
- 6-1-11 泊松分布的应用 …… 319

- 6-1-12 泊松分布的概率质量函数 … 320
- 6-1-13 **补充** 二项分布与泊松分布的关系 … 320
- 6-1-14 **实现** 泊松分布 … 320
- 6-1-15 **补充** 其他概率分布 … 323
- 6-1-16 **补充** 指数分布族 … 323

6-2 广义线性模型基础 … 325
- 6-2-1 广义线性模型的组成 … 325
- 6-2-2 概率分布 … 326
- 6-2-3 **术语** 线性预测算子 … 326
- 6-2-4 **术语** 联系函数 … 326
- 6-2-5 联系函数与概率分布的关系 … 327
- 6-2-6 广义线性模型的参数估计 … 328
- 6-2-7 **补充** 广义线性模型的检验方法 … 328

6-3 logistic 回归 … 329
- 6-3-1 **术语** logistic 回归 … 329
- 6-3-2 本节例题 … 329
- 6-3-3 二值分类问题 … 329
- 6-3-4 **术语** logit 函数 … 330
- 6-3-5 **术语** 反函数 … 330
- 6-3-6 **术语** logistic 函数 … 330
- 6-3-7 logistic 函数的性质 … 331
- 6-3-8 logistic 回归的推导 … 331
- 6-3-9 logistic 回归的似然函数 … 332
- 6-3-10 环境准备 … 333
- 6-3-11 **实现** 读取数据并可视化 … 334
- 6-3-12 **实现** logistic 回归 … 335
- 6-3-13 **实现** logistic 回归的结果 … 336
- 6-3-14 **实现** 模型选择 … 337
- 6-3-15 **实现** 回归曲线 … 337
- 6-3-16 **实现** 预测成功概率 … 338
- 6-3-17 **术语** 优势 … 339
- 6-3-18 **术语** 优势比 … 340
- 6-3-19 logistic 回归的系数与优势比的关系 … 340

6-4 广义线性模型的评估 … 342
- 6-4-1 环境准备 … 342
- 6-4-2 **术语** 皮尔逊残差 … 343
- 6-4-3 皮尔逊残差的含义 … 343
- 6-4-4 **实现** 皮尔逊残差 … 344
- 6-4-5 **术语** 模型偏差 … 345
- 6-4-6 模型偏差的含义 … 345

	6-4-7	补充 模型偏差与似然比检验	346
	6-4-8	术语 偏差残差	346
	6-4-9	实现 偏差残差	346
	6-4-10	补充 交叉熵误差	347
6-5	泊松回归		349
	6-5-1	术语 泊松回归	349
	6-5-2	本节例题	349
	6-5-3	泊松回归的推导	349
	6-5-4	环境准备	350
	6-5-5	实现 泊松回归	351
	6-5-6	实现 模型选择	352
	6-5-7	实现 回归曲线	352
	6-5-8	回归系数的含义	353

第 7 章 统计学与机器学习   355

7-1	机器学习基础		356
	7-1-1	术语 机器学习	356
	7-1-2	术语 有监督学习	356
	7-1-3	术语 无监督学习	357
	7-1-4	补充 强化学习	357
	7-1-5	补充 规则学习	357
	7-1-6	统计学与机器学习无法彻底分离	357
	7-1-7	统计学注重过程，机器学习注重结果	358
7-2	正则化、Ridge 回归与 Lasso 回归		359
	7-2-1	术语 正则化	359
	7-2-2	术语 Ridge 回归	359
	7-2-3	术语 Lasso 回归	361
	7-2-4	确定正则化强度	361
	7-2-5	将解释变量标准化	361
	7-2-6	Ridge 回归与 Lasso 回归的估计结果对比	362
	7-2-7	变量选择与正则化的对比	363
	7-2-8	正则化的意义	363
7-3	Python 中的 Ridge 回归与 Lasso 回归		365
	7-3-1	scikit-learn	365
	7-3-2	环境准备	365
	7-3-3	实现 标准化	366
	7-3-4	定义响应变量	368
	7-3-5	实现 普通最小二乘法	369
	7-3-6	实现 使用 sklearn 实现线性回归	370

7-3-7	实现 Ridge 回归：惩罚指标的影响	370
7-3-8	实现 Ridge 回归：确定最佳正则化强度	373
7-3-9	实现 Lasso 回归：惩罚指标的影响	374
7-3-10	实现 Lasso 回归：确定最佳正则化强度	376

7-4 线性模型与神经网络 378

7-4-1	本节例题	378
7-4-2	术语 输入向量、目标向量、权重、偏置	378
7-4-3	术语 单层感知机	379
7-4-4	术语 激活函数	379
7-4-5	从线性模型到神经网络	380
7-4-6	术语 隐藏层	381
7-4-7	术语 神经网络	381
7-4-8	神经网络的结构	381
7-4-9	神经网络中的 L2 正则化	382
7-4-10	环境准备	382
7-4-11	实现 读入数据并整理	383
7-4-12	实现 logistic 回归	385
7-4-13	实现 标准化	387
7-4-14	实现 神经网络	388
7-4-15	线性模型与神经网络的优点	389

7-5 扩展内容 390

7-5-1	数学原理	390
7-5-2	经典统计学	390
7-5-3	统计模型	391
7-5-4	机器学习	391
7-5-5	模型评估	392
7-5-6	数据科学	392

参考文献 394

第 1 章

统计学基础

统计学

本节将介绍统计学的目标,以及学习统计学能给我们带来的好处。

1-1-1 统计学的目标①:描述现有数据

什么是**统计学**?统计学是寻找更好的数据应用方法的学科。

数据分为两种:一种是我们已经拿在手中的现有数据,另一种是尚未在我们手中的未知数据。

整理和归纳现有数据,就是统计学的目标。数据就是许多数值的集合。在研究数据时会有两方面的问题:一方面,单纯观察 {1, 5, 3, 6, 4} 之类的数值集合,无法从中得到任何信息;另一方面,如果这样的集合里有 1 万个数值,那么即便是单纯的观察,也很难做到。

在这种情况下,统计学就派上用场了。我们可以基于统计学计算出能够代表这些数值的指标。比如,可以计算上述数值的平均数,结果为 3.8。逐一查看大量的数值确实是一种诚恳的做法,但这太花费时间了。整理和归纳可以帮助我们更方便地理解数据。

为了整理、归纳现有数据而产生的统计学分支,叫作**描述统计**。

1-1-2 统计学的目标②：估计未知数据

为了估计不在我们手中的未知数据而产生的统计学分支叫作**统计推断**。像"明天的销量数据"这种未来的数据就属于未知数据。

未知数据不好处理，但是如果我们没有一点头绪，数据分析基本上就没有什么意义了。

以红鞋和蓝鞋的销量为例，假设直到今晚都是红鞋卖得好，而卖家却对明天的销量这个未知数据毫无头绪："到今天为止红鞋销量一直很好，但谁知道明天哪种会卖得好呢。"

真希望他能灵活应用数据啊！

因为根据历史数据，红鞋卖得好，所以明天也应该增加红鞋的库存。

以上建议就是基于历史数据的推断：正因为现有数据指出红鞋销量好，所以即使我们还不知道明天的销量数据，也能估计明天红鞋会卖得好。这也算是一种销量估计。

使用现有数据能推断未知数据——这可以说是学习统计学给我们带来的最大好处。

1-1-3 术语 样本与总体

为了防止读者混乱，本书在解释每个术语时都会单列一小节。接下来我们将讲解学习统计学这个学科时必须掌握的术语。

样本是指现有数据。

总体是指既包含现有数据也包含未知数据的全部数据。

只使用样本这一部分数据来讨论总体这一全部数据就是统计推断的目标。请读者务必牢记这两个术语。

1-1-4　1-2 节及之后的内容

统计推断的目标是只使用样本来讨论总体，但是从一开始就直奔主题会非常困难。因此，为了最终实现统计推断的目标，本书会先从基础知识开始讲起。

1-2 节～1-4 节将介绍进行总体的推断所必需的基础知识。

在 1-2 节和 1-3 节，我们将以总体完全已知为前提进行讲解。笔者认为这样安排能方便读者掌握术语。**随机变量与概率分布这两个术语看起来很抽象，但理解它们的重要性十分关键**。1-4 节将介绍如何整理和归纳现有数据。

在 1-5 节，我们将首次以总体未知为前提来思考推断总体的方法。

1-6 节将介绍更高效地推断总体的方法。读完这一节，读者就应该能对统计推断的概况有个基本认识了。

1-1 节～1-6 节几乎没有使用数学式，也大胆地略去了"概率"这个词的定义。这样有助于初学者更容易地理解统计推断的整体情况。

不过，只阅读 1-1 节～1-6 节，读者对相关内容的印象还会有些模糊。我们将在 1-7 节～1-9 节通过数学式来补充说明。

1-7 节将介绍均值、期望值和方差这几个统计量的计算式，并讲解这些式子的含义。1-8 节将介绍承担统计学核心功能的概率的概念及应用。1-9 节将对随机变量和概率分布加以总结，以做出更准确的解释。

在第 3 章，我们将通过 Python 程序模拟来复习第 1 章的内容。如果读者觉得 1-7 节～1-9 节的数学式比较难理解，不妨大致读一下就跳过，待到第 3 章时再借助程序进行复习。

1-2

获取样本的过程

样本是经过怎样的步骤进入我们手里的呢？本节就来梳理这个过程。

1-2-1 术语 随机变量

根据随机法则变化的量叫作**随机变量**。理解随机变量为什么重要十分关键。

1-2-2 湖中钓鱼的例子

为了便于说明，这里举一个例子。假设有一片小湖，我们在此钓鱼。小湖里只有 1 种鱼，其他河流湖泊里的鱼也不会游进来。鱼的钓取难度完全相同。钓起的鱼还要放回湖中，保证湖中鱼的数目不变。鱼也不会伤亡。

现在钓出了 1 条鱼，那么这条鱼就是样本，湖中的所有鱼就是总体。

从总体中获取样本叫作抽样。在上例中，我们钓出湖中所有鱼的一部分，这就相当于完成了一次抽样。

测量鱼的体长后，四舍五入取整，得到的结果是 3 cm。

1-2-3　从总体中获取样本的过程

假设明天也使用相同的装备去同一片湖钓鱼，这次也只钓 1 条。那么这次钓起的鱼会是多长呢？

这时就要请出对这片湖无所不知的湖博士了。假设湖博士知道湖中所有鱼的体长，那么这就意味着能够完美地推断总体。

从湖博士那里知道湖里有 5 条鱼，体长分别如下所示（四舍五入取整）。

2 cm：1 条
3 cm：1 条
4 cm：1 条
5 cm：1 条
6 cm：1 条

这里重申一下：湖里只有 5 条鱼（虽然有点少）。钓起 1 条鱼的动作和从这 5 条鱼中任选 1 条的动作等价。

不过，就算能完美地推断总体，我们也无法知道明天会从这 5 条鱼中钓出哪条。

钓出 2 cm 长的那条鱼的概率是 20%。

钓出 5 cm 长的那条鱼的概率也是 20%。

如果要预测明天钓出的鱼的体长，我们可以回答"体长是 2 cm 的概率是 20%"，但无法说钓取的鱼体长一定是 2 cm。

湖中游着 5 条鱼，体长分别如上所示，这些是已知的。然而，明天钓到的那条鱼的体长则是随机变化的，毕竟我们也不知道明天会钓到哪条鱼。

明天既能以 20% 的概率钓到 2 cm 长的鱼，也能以 20% 的概率钓到 3 cm 长的鱼。像这样，明天所钓到的鱼的体长会随机变化，所以我们就把这个体长看作随机变量，即把样本看作随机变量。

1-2-4 术语 样本值

下面开始讲解统计学的术语。

由随机变量得来的具体数值叫作**样本值**。

之所以专门存在样本值这个说法，是为了更明确地表示存在未知数据。

在钓到 3 cm 长的鱼的情况下，3 cm 这个数据就是样本值。当然了，湖里还有 2 cm 和 4 cm 长的鱼，如果这次钓到的是它们也不奇怪。

1-2-5 术语 抽样

从总体中获取样本叫作**抽样**。

从湖中钓鱼并测得鱼的体长数据，就是抽样。

通过问卷调查得到调查结果，也是抽样。

投掷骰子并记下得到的点数，同样是抽样。

1-2-6 术语 简单随机抽样

随机选择总体中各个元素的方法叫作**简单随机抽样**。随机钓起 1 条鱼的行为就可以说是简单随机抽样，也简称为**随机抽样**。

本书例子中的样本一般认为是通过简单随机抽样获取的。也就是说，如果有 5 条鱼，就规定每条鱼被选中的概率是 1/5；如果有 10 000 条鱼，则规定每条鱼被选中的概率是 1/10 000。

1-2-7 术语 样本容量

样本的大小或现有数据的个数叫作**样本容量**。

钓到 1 条鱼，则样本容量是 1。

样本容量就是样本的大小，一般使用"大"和"小"描述，而非"多"和"少"。

1-2-8 术语 普查与抽样调查

调查完整的总体叫作**普查**。

只调查总体的一部分叫作**抽样调查**。

湖博士曾经进行了普查，所以知道湖中的所有情况。不过，能进行普查的机会很少，一般只能根据总体的一部分（样本）来推断总体。

1-3

抽样过程的抽象描述

从湖中钓鱼进行抽样,这个过程很简单,但统计学研究中会将该过程抽象化,以便使用数学语言加以描述。

本节将介绍统计学专有的抽象描述。希望读者能通过本节理解概率分布这个术语及其必要性。

1-3-1 符号 概率

概率使用它的英文 probability 的首字母 P 来表示。

获得某个数据的概率记为 $P($数据$)$。

在 1-2 节的湖中钓鱼的例子中,钓到 2 cm 长的鱼的概率是 20%。不过,2 cm 是四舍五入取整后得到的值,严格来说应该表示为"$P(1.5 \leqslant$ 体长 $< 2.5) = 20\%$"。

使用百分数表示较为麻烦,本书后面会常用分数来表示,即"$P(1.5 \leqslant$ 体长 $< 2.5) = 1/5$"。

1-3-2 术语 概率分布

概率分布表示随机变量及其概率之间的关系,有时简称为**分布**。

以在湖中钓鱼的例子来说,湖里 2 cm、3 cm、4 cm、5 cm 和 6 cm 的鱼各有 1 条,那么钓到的鱼的体长的概率分布如下所示。

$P(1.5 \leqslant 体长 < 2.5) = 1/5$

$P(2.5 \leqslant 体长 < 3.5) = 1/5$

$P(3.5 \leqslant 体长 < 4.5) = 1/5$

$P(4.5 \leqslant 体长 < 5.5) = 1/5$

$P(5.5 \leqslant 体长 < 6.5) = 1/5$

1-3-3 术语 服从概率分布

当某数据和某种概率分布相符时，就叫作**服从概率分布**。

以在湖中钓鱼的例子来说，就是"钓到的鱼的体长服从 {1/5, 1/5, 1/5, 1/5, 1/5} 这种概率分布"。

另外，在调查得知猫的性别的概率是 $\{P(雄), P(雌)\} = \{1/2, 1/2\}$ 时，则说"所调查的猫的性别服从 {1/2, 1/2} 这种概率分布"。

本书后面还会经常使用"服从"一词，请一定牢记它的含义。

1-3-4 术语 总体分布

总体服从的概率分布叫作**总体分布**。

下面我们通过总体分布来重新认识一下从总体中抽样的过程。

1-3-5 作为抽样过程的总体分布

考虑下述情形①和情形②是否等价。

① 在以下总体中进行简单随机抽样，获取 **1** 个样本。

　　$1.5 \leqslant 体长 < 2.5$：1 条

　　$2.5 \leqslant 体长 < 3.5$：1 条

3.5 ≤ 体长 < 4.5：1 条
4.5 ≤ 体长 < 5.5：1 条
5.5 ≤ 体长 < 6.5：1 条

② **获取 1 个服从以下概率分布的随机变量。**

$P(1.5 \leq 体长 < 2.5) = 1/5$
$P(2.5 \leq 体长 < 3.5) = 1/5$
$P(3.5 \leq 体长 < 4.5) = 1/5$
$P(4.5 \leq 体长 < 5.5) = 1/5$
$P(5.5 \leq 体长 < 6.5) = 1/5$

再以猫的性别为例来看一下。

① **在以下总体中进行简单随机抽样，获取 1 个样本。**

雄猫：1 万只
雌猫：1 万只

② **获取 1 个服从以下概率分布的随机变量。**

$\{P(雄), P(雌)\} = \{1/2, 1/2\}$

通过简单随机抽样从总体中获取 1 个样本的过程，可以看作获取 1 个服从总体分布的随机变量的过程。

1-3-6 无限总体的含义与总体分布

假设投掷骰子并记下点数，那么投掷后得到的点数就是样本。如果点数 5 向上，样本就是 "5"。

这个实验看起来很简单，但问题在于总体。

投掷骰子的点数所形成的总体到底是什么样的呢？

在投掷骰子并记录点数的实验中,总体就是全世界所有投掷骰子的实验中得到的结果。2000 年在东京塔上投掷的骰子、2010 年在拉斯维加斯的赌场里投掷的骰子、2018 年学习统计学的学生做作业时投掷的骰子……这些情况的实验结果放在一起形成总体。

这个总体是很难想象的,至少笔者无法想象全世界所有投掷结果放在一起会是什么样。

像投掷骰子的实验这种结果范围无穷大的总体叫作**无限总体**。

不过,投掷骰子的结果的总体分布却很清晰。在没有作弊的情况下,它的分布如下所示:

$$\{1, 2, 3, 4, 5, 6\} = \{1/6, 1/6, 1/6, 1/6, 1/6, 1/6\}$$

只要知道了总体的一部分所服从的分布,即使总体不好想象,也依然可以推断未知数据。根据上面的分布可以推断,下一次投掷骰子时得到点数 1 的概率是 1/6。

1-3-7 总结:抽样过程

A:从湖中钓到了 3 cm 长的鱼。

下面使用统计学术语来重新讲述上面这句话。

首先,我们学习了总体和样本的关系。湖中的所有鱼是总体,钓到的鱼是样本。

使用总体与样本的语言来讲,可以得到下句。

B:从总体中抽样,获取了 3 cm 长的鱼这个样本。

当然了,这里的抽样全部被看作简单随机抽样,不考虑大鱼更好钓等额外条件。

其次，我们学习了可以将样本看作随机变量，随机变量的分布对总体来说很重要。因此，B 句又可以说成如下的 C 句。

C：作为服从总体分布的随机变量，获取了 3 cm 长的鱼这个样本。

1-3-8 补充 瓮模型

使用瓮中取球的实验来描述多种现象的模型叫作**瓮模型**。使用瓮模型，可以将在只有 5 条鱼的湖中钓鱼的例子表示为从装有 5 个球的瓮中随机取出 1 个球。

1-4

描述统计基础

本节将介绍数据的分类,以及整理和归纳已知数据的方法。

1-4-1 术语 定量变量

下面介绍数据的分类。数据根据是否定量被分成两类。"定量"的意思就是**数值之间的差距所代表的意义是等价的**。

能够定量表示的数据叫作**定量变量**,也叫**数值变量**。

鱼的体长、钓取的条数等数据都属于定量变量。无论是 1 cm 和 2 cm 之差,还是 15 cm 和 16 cm 之差,它们的差距都可以认为是等价的。

1-4-2 术语 离散变量与连续变量

定量变量又分为两种。

1 条、2 条这种只取整数的数据叫作**离散变量**。

2.3 cm、4.25 cm 这种会取到小数点之后的值且变化连续的数据叫作**连续变量**。

不过,之前的湖中钓鱼的例子中出现的 2 cm、3 cm 等数据虽然记为整数,但它们是原数据四舍五入得来的,本质上还是连续变量。

1-4-3 术语 分类变量

不能定量表示的数据叫作**分类变量**。

在湖中钓鱼的例子中，鱼的种类只有1种。如果把鱼分为青鳉和鲤鱼2种，则"青鳉"等种类名称就是分类变量，这也叫作**名义尺度**。

有的分类变量叫作**顺序尺度**。比如，把鱼按大、中、小进行区分，像这种有顺序的分类就是顺序尺度。因为顺序尺度的"大""中"与"中""小"之间的差距未必等价，所以被划为分类变量。

1-4-4 术语 组、组中值

在定量变量中，我们经常会看到数值被分成几个范围，这些范围就叫作**组**。

代表组的值叫作**组中值**，取组的最大值和最小值之间的中间数值。

例如，在"$1.5 \leqslant$ 体长 < 2.5"这个组中，组中值就是2。

1-4-5 术语 频数、频数分布、频率

频数就是某个数据出现的次数。

如果只钓到了1条3 cm长的鱼，就说3 cm长的鱼的频数是1。

频数分布是每个组中数据的频数的排列。

在湖中钓鱼的例子中，体长与条数的对照表就是频数分布。体长是连续变量，所以要按组求出频数，结果如下所示。

$1.5 \leqslant$ 体长 < 2.5：1条

$2.5 \leqslant$ 体长 < 3.5：1条

$3.5 \leqslant$ 体长 < 4.5：1条

4.5 ≤ 体长 < 5.5：1 条

5.5 ≤ 体长 < 6.5：1 条

在对 2 万只猫的性别进行调查的结果中，把雄猫和雌猫的数量排列在一起就是频数分布，如下所示。

雄猫：1 万只

雌猫：1 万只

频数占总数的比例叫作**频率**。

在猫的性别调查的例子中，雄猫的频率是 1/2，雌猫的频率也是 1/2。

1-4-6 术语 累积频数、累积频率

把组按从小到大的顺序排列，将频数相加，得到的和叫作**累积频数**。按同样方法得到的频率的和叫作**累积频率**。

假设有容量为 10 的样本，频数分布如下所示。

1.5 ≤ 体长 < 2.5：1 条

2.5 ≤ 体长 < 3.5：2 条

3.5 ≤ 体长 < 4.5：4 条

4.5 ≤ 体长 < 5.5：2 条

5.5 ≤ 体长 < 6.5：1 条

此时，累积频数分布如下所示。

1.5 ≤ 体长 < 2.5：1 条

2.5 ≤ 体长 < 3.5：1 + 2 = 3 条

3.5 ≤ 体长 < 4.5：1 + 2 + 4 = 7 条

$4.5 \leqslant$ 体长 < 5.5：$1 + 2 + 4 + 2 = 9$ 条

$5.5 \leqslant$ 体长 < 6.5：$1 + 2 + 4 + 2 + 1 = 10$ 条

累积频率如下所示。

$1.5 \leqslant$ 体长 < 2.5：$1/10$

$2.5 \leqslant$ 体长 < 3.5：$3/10$

$3.5 \leqslant$ 体长 < 4.5：$7/10$

$4.5 \leqslant$ 体长 < 5.5：$9/10$

$5.5 \leqslant$ 体长 < 6.5：$10/10$

1-4-7 术语 直方图

表示频数分布的图叫作**直方图**。在直方图中，横轴是组，纵轴是频数。

例如，将下列频数分布绘制成直方图（图1-1）。

数据①

$1.5 \leqslant$ 体长 < 2.5：1 条

$2.5 \leqslant$ 体长 < 3.5：1 条

$3.5 \leqslant$ 体长 < 4.5：1 条

$4.5 \leqslant$ 体长 < 5.5：1 条

$5.5 \leqslant$ 体长 < 6.5：1 条

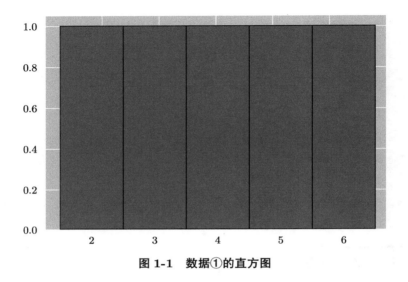

图 1-1　数据①的直方图

接着，把下面的频数分布绘制成直方图（图 1-2）。

数据②

1.5 ≤ 体长 < 2.5：1 条

2.5 ≤ 体长 < 3.5：2 条

3.5 ≤ 体长 < 4.5：4 条

4.5 ≤ 体长 < 5.5：2 条

5.5 ≤ 体长 < 6.5：1 条

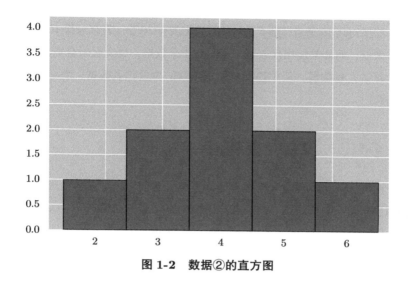

图 1-2　数据②的直方图

1-4-8　术语　统计量

用于统计数据的值叫作**统计量**。

抽样的目的是推断总体，但在此之前要先分析样本的特征。分析样本的特征的方法有两种：一种是用图表；另一种是计算数据的统计量。第 3 章我们将通过 Python 来绘制图表。

接下来，我们介绍用于分析样本特征的统计量的基础内容，这些内容很重要。

1-4-9　术语　均值

最常用的统计量是**均值**。

想必大部分读者已经知道了均值的定义和计算方法，所以这里就不再赘述了。1-7 节将介绍均值的数学式。

需要注意的是，均值被用作代表已知数据（样本）的值，即**代表值**。

如果钓到 10 条鱼，那么鱼的体长数据就有 10 个。直接分析 10 个数据效率太低，而如果使用代表值，则只有 1 个数据，研究起来会更加方便。

总结大量数据，从中得出更便于理解的少量代表数据，就是分析数据的窍门。

1-4-10　术语　期望值

在统计学中，均值经常被称为**期望值**。我们可以把期望值理解为能够用于未知数据的均值。均值和期望值多记作 μ（miu）。

假设今天在某个较大的湖中钓到了 10 条鱼，鱼体长的均值是 4 cm。

明天也决定在同一个地方钓鱼。今天的我们必然没有明天的数据，如果要给出明天将会得到的数据的代表值，就要用到期望值。

期望值可以通过所有"取值的概率 × 取到的值"的总和算出。

假设钓到的鱼的体长服从以下概率分布（四舍五入取整）：

$$\{2\ cm, 3\ cm, 4\ cm, 5\ cm, 6\ cm\}$$
$$= \{1/5,\ 1/5,\ 1/5,\ 1/5,\ 1/5\}$$

此时，鱼的体长的期望值可如下计算：

$$\mu = \left(\frac{1}{5} \times 2\right) + \left(\frac{1}{5} \times 3\right) + \left(\frac{1}{5} \times 4\right) + \left(\frac{1}{5} \times 5\right) + \left(\frac{1}{5} \times 6\right) \quad (1\text{-}1)$$
$$= 4$$

如上所述，只要知道了概率分布，即使数据未知，也能计算期望值。期望值经常被当作预测值使用，这是期望值也能用作未知数据均值的方便之处。

根据期望值的定义，在样本中，均值和期望值完全相同，以描述统计为主的教材往往会等同视之。

1-4-11 **术语** 方差

方差用来表示数据与均值（期望值）之间相差多少。

均值和期望值常被用作数据的代表值，但是当代表值与数据之间差距较大时，它们就不能很好地代表数据了。

如果数据正好处在均值（期望值）附近，则方差较小；如果数据远离均值（期望值），则方差较大。

方差一般记作 σ^2（sigma 的平方）。

1-4-12 **补充** 均值、方差与数据范围

只观察均值和方差这两个指标就能得出数据的大致轮廓。

在图 1-3 中，横轴是鱼的体长，黑球和白球分别代表各样本的实际数据，灰色的范围就是我们想象中的数据形状。

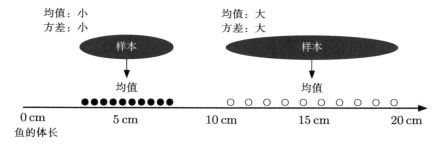

图 1-3　均值、方差与数据范围

如果只想观察数据范围，我们可能觉得只要看最大值和最小值就够了。但如果偶尔存在一两个极端的值，那么从这个角度看到的范围也会变大。

在图 1-4 中，两个样本之间最大值与最小值的差相近，但直觉上看这两组数据的形状是不一样的。在这种情况下，用来表示数据与均值（期望值）之间相差多少的方差就起到了作用。

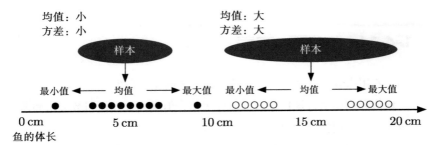

图 1-4　最大值、最小值的差与方差的比较

不过，只通过方差和均值也未必能够正确判断数据形状，此时可以绘制直方图，直观地把握数据的特征。

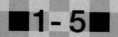

总体分布的推断

从本节开始,我们以总体分布未知为前提来讨论问题。总体分布是很难已知的,只能通过推断来把握,可以说统计推断就是为此而产生的。本节将介绍推断总体分布的基本方法。

1-5-1 总体分布与总体的频率分布

在求取总体分布的过程中,人们经常使用概率质量函数和概率密度函数,以便直接算出概率。这两种函数可以说是能够有效推断总体分布的技巧。不过,如果一上来就使用这样的技巧,我们将难以理解它们背后的思想。因此,我们先用更直白的方式求取总体分布。

这个做法非常简单,就是把总体中的数据全部数一遍来求频率分布。

我们再次使用湖中钓鱼的例子。在湖博士的帮助下,我们完美地掌握了总体。湖中共有 5 条鱼,体长如下,这也是频数分布。

$1.5 \leqslant$ 体长 < 2.5:1 条
$2.5 \leqslant$ 体长 < 3.5:1 条
$3.5 \leqslant$ 体长 < 4.5:1 条
$4.5 \leqslant$ 体长 < 5.5:1 条
$5.5 \leqslant$ 体长 < 6.5:1 条

频率分布如下所示。

1.5 ≤ 体长 < 2.5：1/5
2.5 ≤ 体长 < 3.5：1/5
3.5 ≤ 体长 < 4.5：1/5
4.5 ≤ 体长 < 5.5：1/5
5.5 ≤ 体长 < 6.5：1/5

如上所示，我们完美地掌握了总体的频率分布，这也可以看作总体分布。从中随机抽出 1 个样本，得到的就是服从总体分布的样本。拿湖中钓鱼的例子来说，就是在钓到 1 条鱼时，鱼的体长服从 {1/5, 1/5, 1/5, 1/5, 1/5} 这个分布。不过，如果不能完美地掌握总体，这种方法就失效了。

从 1-5-2 节开始，我们将介绍通过样本分布来推断总体分布的方法。

1-5-2　更现实一些的湖中钓鱼

下面我们让湖中钓鱼的例子更现实一些。

首先，不存在湖博士，也不存在有关总体的已知信息。

其次，湖中有无数条鱼。鱼的种类还是 1 种，但因为数量众多，我们不可能把所有鱼的体长都测一遍。

在这种情况下，我们通过钓鱼进行抽样，假设这次钓了 10 条。

钓到的鱼的体长如下所示（四舍五入取整）：

$$\{2, 3, 3, 4, 4, 4, 4, 5, 5, 6\}$$

1-5-3　做假设

统计学中会通过**做假设**来简化计算。

比如，在考虑假期安排时，可能会有郊游、购物等许多选项，很难选定答案。

但是，假设"假期会下雨"，那么人们就会放弃郊游的想法而选择室内活动，这样就限制了选项。

与此类似，在统计学中也会为总体分布做假设。

具体来说，人们一般会选择通过计算就能简单地得到概率的常见的分布。不过，我们不能只考虑计算是否容易，所选择的分布也应该符合实际数据。

正态分布就是其中一种，既容易计算又符合数据。

假设总体分布是正态分布，通过简单随机抽样得到的样本的直方图如图 1-5 所示。

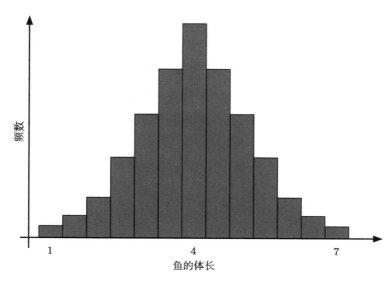

图 1-5　假设总体分布是正态分布时的样本的直方图

服从正态分布的随机变量的直方图的特征在于，以均值为轴左右对称。

图 1-5 的形状和这次得到的样本的频数分布很像，所以我们决定假设它的总体分布是正态分布。

而图1-6的样本的直方图则很难让人假设总体分布是呈正态分布的。

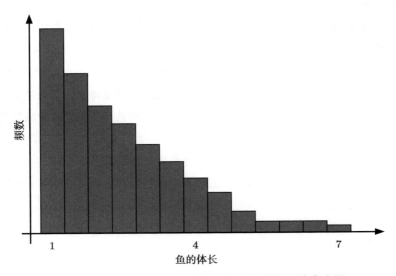

图1-6 难以假设总体分布是正态分布的样本的直方图

下一节我们将看到,通过假设总体分布是正态分布,可以简化总体分布的推断。但需要注意的是,这样假设的前提是所得样本不会出现如图1-6所示的分布。

1-6 概率质量函数与概率密度函数

本节将介绍概率密度函数等术语,以及这些术语在推断总体分布时的用法。让我们先从整理术语开始。

1-6-1 术语 概率质量函数

在将数据作为参数时,所得函数值是概率的函数叫作**概率质量函数**。概率质量函数的数学式大多比较复杂,但它们很少在实践中直接使用。

1-6-2 术语 概率密度

离散变量可以直接计算概率,而连续变量不能直接计算概率。

例如我们测量鱼的体长是 4 cm,但如果换用精密的显微镜,则结果可能就是 4.01 cm。如果换用电子显微镜等更精密的仪器,就会得到更精确的值。严格来说,鱼不存在恰好为 4 cm 的体长。这就意味着鱼的体长恰好是 4 cm 的概率是 0。同理,鱼的体长恰好是 4.01 cm 的概率也是 0。

这种情况不好处理,于是人们就用**概率密度**来代替概率。我们可以把概率密度看作用于连续变量的类似于概率的概念。

我们无法求得体长是 4 cm 的概率,但如果求体长不小于 4 cm 且不大于 5 cm 的概率,就可以通过计算概率密度在 4 cm 和 5 cm 之间的积分得到。

1-6-3 补充 积分与加法的关系

下面将对积分的定义进行简单的补充说明。这里的说法不严密,具体内容将在 1-9 节详细介绍。

首先,可以认为**积分是加法的扩展**。

我们可以直接求离散变量的概率。假设钓到 3 条鱼的概率是 20%,钓到 4 条鱼的概率是 10%,可以算出钓到的鱼在 3 条到 4 条之间的概率是:钓到 3 条的概率 + 钓到 4 条的概率 = 20% + 10% = 30%。

类似地,要计算体长不小于 4 cm 且不大于 5 cm 的概率,只要把概率密度从 4 加到 5 就可以了。但问题是,体长是连续变量,不小于 4 cm 且不大于 5 cm 的值有无数个。

这里就不能用普通的加法来计算了,此时就要使用积分。计算体长不小于 4 cm 且不大于 5 cm 的概率就相当于取概率密度在 4 到 5 的区间上的积分。

取概率密度在 4 到 5 的区间上的积分,基本等同于求 4 到 5 的区间上无数个概率密度的总和。

1-6-4 术语 概率密度函数

在将数据作为参数时,所得函数值是概率密度的函数叫作**概率密度函数**。

在概率质量函数和概率密度函数中,如果概率和概率密度总是不小于 0,所有函数值之和(或者 $-\infty \sim +\infty$ 上的积分)是 1,则我们可以想到多种数学式。比如可以构建这样一个函数:数据在 1～2 的概率是 100%,其余全部是 0%。

但是我们不能随意选定函数,否则式子就会不符合实际的总体分布,这样就麻烦了。

1-6-5 　术语　正态分布

正态分布因为计算简单又符合数据,所以经常被使用。
正态分布具有如下性质:

1. 定义域是 $-\infty \sim +\infty$ 的实数;
2. 均值附近的概率密度较大(数据更容易集中在均值附近);
3. 数据距离均值越远,概率密度越小;
4. 概率密度的大小相对于均值左右对称。

图 1-7 是假设总体分布是正态分布时的样本的直方图(即 1-5 节的图 1-5)。从图中可以看出,均值大致是 4,数据相对于均值左右对称分布。

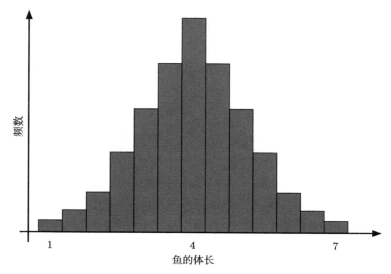

图 1-7　假设总体分布是正态分布时的样本的直方图

1-6-6 术语 参数（概率分布的参数）

参数是用于定义概率分布的值。

正态分布可以进行多种变形。湖中的小鱼和海里的金枪鱼的体长的概率分布不可同日而语，不过两者的概率分布可能都有体长相对于均值左右对称这样的正态分布性质。

此时，定义了两者的正态分布的值，也就是正态分布的参数是各异的。

虽然也有很多人把样本容量称为参数，但是这其实是术语误用。我们可以说容量很大，但不能说参数很大。

大家要知道，这里的参数是概率分布的参数，而不是样本的大小。概率分布的形状会随着参数的变化而变化。

正态分布有两个参数，分别是均值（期望值）μ 和方差 σ^2。

若将随机变量记为 x，则正态分布的概率密度函数就记为 $\mathcal{N}(x)$。通过计算 $\mathcal{N}(x)$，可以求得随机变量对应的概率密度。

有时也将正态分布的概率密度函数记为 $\mathcal{N}(x\,|\,\mu, \sigma^2)$，以明确地表示参数。

1-6-7 补充 各种各样的概率分布

如前所述，正态分布的一个性质是随机变量取 $-\infty \sim +\infty$ 的实数，但鱼的体长肯定大于 0，于是可能就会有人指出分布不符合数据。这样说也没错。但因为正态分布计算方便，所以很多时候人们也会把不严格相符的数据近似看作正态分布。实际上，本例所选的正态分布的随机变量小于 0 的概率很低，可以认为负面影响很小。

另外，中心极限定理证明，很多样本呈正态分布。关于这一点，我们将在第 3 章结合程序模拟来讲解。

不过，如果假设总体分布是正态分布，有的数据则会严重偏离实际。正态分布确实计算方便，但也不能死板套用。

因此，人们有时也会使用其他概率分布，常用的有二项分布和泊松分布等。二项分布适用于硬币的正反面这种结果只有两种形式的数据。泊松分布多用于个数、次数等只取大于 0 的整数的数据。这些分布也有可能适用于图 1-6 的直方图所示的样本。

虽然本书是先从统计推断的思想说起的，但是学习概率分布也格外重要，很多统计学相关的书会花费大量篇幅来讲解概率分布的种类及性质，因为概率分布的种类可以直接代表总体分布的类型。

在统计学分析中，人们常将正态分布、二项分布等广为人知的分布用于总体分布。但如果不在一定程度上假设概率分布的种类，分析就很难进行下去。需要注意的是，如果套用了错误的分布，数据分析就会偏离实际。

在本书后半部分，我们将通过广义线性模型（Generalized Linear Models，GLM）来讲解非正态分布。

1-6-8 推断总体分布 = 确定分布 + 估计参数

下面是笔者在 1-6 节最想表达的内容。

完成以下两个步骤，就能够实现总体分布的推断：

1. 确定分布的种类；
2. 估计分布的参数。

本书后面会反复使用 Python 来计算分布的参数。之所以进行这样的计算，是因为我们想要推断总体分布。

假设总体分布是正态分布，我们就可以把"推断总体分布"这个任务变为"估计正态分布的参数"。

也就是说，我们想要完成正态分布的参数估计。

1-6-9 把样本的统计量看作参数的估计值

假设总体分布是正态分布。接下来，只要求出正态分布的参数，即均值和方差，就能推断出总体分布。

估计参数最直接的思路就是把样本的统计量看作总体分布的参数。

拿在湖中钓鱼的例子来说，假设钓出 10 条鱼，体长如下所示：

$$\{2, 3, 3, 4, 4, 4, 4, 5, 5, 6\}$$

可以算出样本的均值是 4，方差是 1.2。

如果把样本的统计量看作总体分布的参数，则总体分布的均值是 4，方差是 1.2，这样就推断出了总体分布。

总体分布是期望值为 4、方差为 1.2 的正态分布。

钓出任意体长的鱼的概率密度也可以通过 $\mathcal{N}(x|4, 1.2)$ 计算。

假设明天也钓 10 条鱼，那么体长的期望值是多少呢？通过上式，可以得出期望值是 4。

钓到体长在 6 cm 到 7 cm 之间的鱼的概率又是多少？这个计算会有些复杂，不过既然已知概率密度函数，接下来只要求积分就可以了。

通过样本来讨论总体是统计推断的目的。

请大家记住达成这个目标的过程。

1-6-10 补充 估计误差

在估计参数时，把样本的统计量作为总体分布的参数，这个想法本身没错。

但是样本的统计量和参数之间普遍存在差别，我们必须认识到估计出来的参数存在**估计误差**。

在进行参数估计时，如果要考虑估计误差，可以使用**区间估计**等方法。在存在估计误差的情况下依然要证明某个想法时，可以使用**假设检验**。

这些关于统计推断的应用的内容我们将在第 3 章通过 Python 模拟来学习，而这些模拟也是对统计推断的一种评估。

1-6-11 总结：统计学基础

我们只是想要分析一下数据，为什么还要学习随机变量、概率分布和正态分布等内容呢？阅读到这里，希望读者已经找到了这个问题的答案。除此之外，也希望读者掌握研究未知数据的方法的大致流程。我们将在第 3 章通过程序模拟来进一步学习。

1. 统计学
   ① 描述统计：整理、归纳样本
   ② 统计推断：推断总体、未知数据
   - 只使用样本（总体的一部分）来研究总体
2. 抽样过程
   ① 根据随机法则变化的量叫作随机变量
   ② 本书例子中的样本一般认为是通过简单随机抽样从总体中获取的
   ③ 样本就是随机变量
   - 总体有 5 条鱼，样本就是从 5 条鱼中随机选择 1 条的结果
   - 不论选择哪条鱼，结果都是随机决定的
   - 预测明天的钓鱼结果时，表述为"钓到 2 cm 鱼的概率是 1/5"
3. 抽样过程的抽象描述
   ① 概率分布展示了随机变量和它的概率之间的关系
   ② 把抽样理解为从所服从的分布中获取随机变量的过程
   ③ 总体服从的分布叫作总体分布

④ 关于总体
- 样本从总体分布中获取

4. 描述统计基础

① 数据的分类
- 定量变量（离散变量、连续变量）、分类变量（名义尺度、顺序尺度）

② 频数、频数分布、频率分布等整理数据的方法

③ 直方图数据表示法

④ 统计量
- 均值：已知数据的代表值
- 期望值：未知数据的代表值
- 方差：表示数据与均值之间相差多少

5. 总体分布的推断

① 总体分布以总体的频率分布的形式得到
- 但是，这种方法必须以普查为前提条件

② 直接假设一种总体分布，可以让推断的过程更轻松

6. 概率质量函数与概率密度函数

① 让总体分布发生变化的量叫作参数

② 正态分布有均值和方差这两个参数
- 给定均值和方差，通过计算正态分布的概率密度函数，可以得到任意随机变量对应的概率密度

③ 假设总体分布为正态分布
- 只要估计出正态分布的参数，就能推断出总体分布
- 参数可以直接使用样本的统计量，但此时必须考虑估计误差

1-7 统计量的计算

从本节开始,我们将学习用数学式表示数据的方法。首先学习如何计算基本的统计量。本节内容以如何把文字描述替换为数学式为主。从数学式这种严密的表达方式中,我们会有新的发现,本节我们会将这些发现作为术语进行整理。

1-7-1 为什么要使用数学式

本书很少出现高深的数学知识,也基本省去了数学式的变形和证明,但依然会出现大量数学式。之所以使用数学式,是因为这种表达方式简洁而准确。

本书将重点放在对数学式背后含义的说明,为此会牺牲部分严谨性。本书不要求读者去体会数学的美丽与神奇,只希望大家把数学式当作一门语言,学会如何阅读它们。

1-7-2 符号 样本

设样本容量为 N,则样本记作:

$$\{x_i\}_{i=1}^{N} = \{x_1, x_2, \cdots, x_N\} \tag{1-2}$$

1-7-3 符号 均值

样本的**均值** μ 可通过下式求出：

$$\mu = \frac{1}{N} \sum_{i=1}^{N} x_i \tag{1-3}$$

准确来说，这个均值叫作**算术平均值**。

假设钓到了 10 条鱼，体长如下所示：

$$\{2, 3, 3, 4, 4, 4, 4, 5, 5, 6\}$$

我们可以通过下式求得它们的均值：

$$\mu = \frac{2+3+3+4+4+4+4+5+5+6}{10} = \frac{40}{10} = 4 \tag{1-4}$$

1-7-4 符号 期望值

离散变量的期望值 μ 可以通过求"取值的概率 × 取到的值"的总和计算出来：

$$\mu = \sum_{i=1}^{N} P(x_i) \cdot x_i \tag{1-5}$$

代入 1-7-3 节的鱼的体长数据，计算如下：

$$\mu = \frac{2}{10} + \frac{3}{10} + \frac{3}{10} + \frac{4}{10} + \frac{4}{10} + \frac{4}{10} + \frac{4}{10} + \frac{5}{10} + \frac{5}{10} + \frac{6}{10} = 4 \tag{1-6}$$

1-7-5 术语 总体均值与样本均值

总体的均值叫作**总体均值**。

样本的均值叫作**样本均值**。

总体均值是未知的,是要推断的目标,所以我们用样本均值来代替它。

总体均值与样本均值经常存在差距,但不会偏离。也就是说,两者之间出现正的或负的微小差距的情况基本各占一半。当扩大样本容量时,样本均值会逐渐接近总体均值,我们将在第 3 章通过 Python 模拟来确认这一性质。

1-7-6 符号 样本方差

方差用来表示数据与均值(期望值)之间相差多少,由下式求得:

$$\sigma^2 = \frac{1}{N} \sum_{i=1}^{N} (x_i - \mu)^2 \tag{1-7}$$

其中,$x_i - \mu$ 叫作**偏差**。各个偏差的平方的总和,即 $\sum (x_i - \mu)^2$,叫作**偏差平方和**。

使用概率 $P(x_i)$,可以将式 (1-7) 表示为:

$$\sigma^2 = \sum_{i=1}^{N} P(x_i) \cdot (x_i - \mu)^2 \tag{1-8}$$

数据和期望值之间相差越大,$(x_i - \mu)^2$ 的值就越大。$(x_i - \mu)^2$ 可用来表示数据与期望值之间的距离。

因此,方差也就是数据与期望值之间的距离的期望值。

准确来说,此处的方差叫作**样本方差**。

1-7-7 术语 无偏方差

下面介绍一个新概念——**无偏方差**。

实际上,样本方差和总体方差之间存在偏离,前者比后者偏小。而无偏方差就是为了修正这个偏离而出现的。

要计算方差,首先必须计算均值。样本均值是从样本中得到的估计量,所以我们可以认为样本均值与总体均值存在差距。因此,使用这个与总体均值存在差距的均值计算得到的方差,自然也就难以准确地推断总体方差了。希望读者能认识到这一点。

通过下式计算无偏方差:

$$\sigma^2 = \frac{1}{N-1} \sum_{i=1}^{N}(x_i - \mu)^2 \qquad (1\text{-}9)$$

把计算样本方差的式 (1-7) 中的分母换为 $N-1$,就可以得到大于样本方差的值。

1-7-8 为什么样本方差会偏离

为什么直接使用样本方差会过低地推断总体方差呢?这里简单解释一下原因。注意此时样本只是总体的一部分。

假设湖中只有 7 条鱼,体长如下:

$$\{1, 2, 3, 4, 5, 6, 7\}$$

总体均值是 4。

现在进行抽样,从湖中钓到 3 条鱼,钓到的样本如下所示:

$$\{1, 2, 3\}$$

样本均值是 2。

由于方差表示数据与均值之间的距离，所以我们原本应该计算的是数据与总体均值之间的距离（图 1-8a）。

但是，因为总体均值是未知的，所以我们无法计算准确的方差，而如果使用样本均值替代总体均值进行计算，就会得到过小的方差，如图 1-8b 所示。

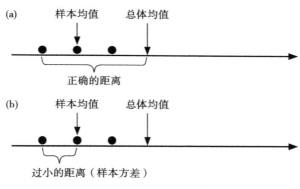

图 1-8　方差过小的原因

为了避免这个问题，我们使用进行了修正的无偏方差，无偏方差的值比样本方差更大一些。

1-7-9　术语　标准差

标准差通过对方差取平方根而得出。这里的方差一般使用无偏方差。方差由数据的平方求得，因此其单位也变成了平方。以平方为单位不容易处理，所以我们先开平方，得到标准差的值，以使单位一致。

标准差的英文是 Standard Deviation，简称为 SD，计算如下：

$$\sigma = \sqrt{\sigma^2} = \sqrt{\frac{1}{N-1}\sum_{i=1}^{N}(x_i - \mu)^2} \quad (1\text{-}10)$$

很多人认为，与其先平方再开平方，不如从一开始就取绝对值。

这里之所以不使用绝对值，是因为绝对值会使计算变复杂。在使用绝对值的情况下，计算会出现"如果小于 0 则乘以 -1"这种分支，这样就不能只使用四则运算了。另外，绝对值也不能计算微分。如果不能计算微分，就不容易求最大值和最小值。再者，虽然本书中基本不涉及证明，但在证明方差性质时，出现绝对值也会让计算变烦琐。正因为计算不方便，所以我们要尽量避免使用绝对值。

1-8

概率论基础

本节将介绍概率论的基础知识，比如概率到底是什么、统计学中是怎样使用数据的。由于严密的表述方式会使内容显得比较复杂，所以本节尽量不去涉及，不过习惯一些形式化的写法也有好处，如果读者实在觉得困难，也可在初读时略过。

本节将首先讲解集合论的基础知识。就算只是理解了符号的含义，在阅读数理统计学方面的书时也会轻松不少。

1-8-1　术语　集合

集合是由客观标准定义的事物一起形成的总体。

客观标准非常重要。比如，"不小于 0 且不大于 5 的整数"可以称为集合，"小的整数"不能称为集合。

设不小于 0 且不大于 5 的整数的集合为 A，则 A 表示为：

$$A = \{0, 1, 2, 3, 4, 5\} \tag{1-11}$$

这种写法也叫作**外延表示**。

1-8-2　术语　元素

前面提到事物的总体就是集合，下面我们来看一下单个事物。

设有集合 A，某个事物 a 是 A 的**元素**，则记作 $a \in A$，读作 a **属于** A。

例如，集合 $A = \{0, 1, 2, 3, 4, 5\}$，$a = 3$，则 $a \in A$。

如果某元素 b 不属于某集合，则记作 $b \notin A$。

例如，$b = 9$，则 $b \notin A$。

1-8-3 集合的两种表示方法

前面我们使用了 $A = \{0, 1, 2, 3, 4, 5\}$ 这种把元素列举出来的方法来表示集合。但是，如果要表示的集合元素很多，这种方法就会非常麻烦。

还有一种表示集合的方法，就是列出成为集合元素的条件。这种写法也叫内涵表示。例如，不小于 0 且不大于 5 的整数可如下表示：

$$A = \{a; a \in \mathbb{Z} \text{ 且 } 0 \leqslant a \leqslant 5\} \tag{1-12}$$

其中，$\mathbb{Z}$ 是整数的集合。

分号的右边表示元素符合的条件。分号也可以用竖线"|"代替。

1-8-4 术语 子集

接下来讲解集合之间的比较。

设有两个集合 A、B。如果当 $a \in A$ 时，$a \in B$，则称 A 是 B 的**子集**，记作 $A \subset B$。

下面举几个子集的例子。

设 $A = \{0, 1, 2, 3, 4, 5\}$，$B = \{0, 1, 2, 3, 4, 5, 6, 7\}$，则 $A \subset B$。

A 是 B 的子集，这看起来就像是集合 B 包含集合 A。为了更严密地表述这个概念，于是就有了上面的定义。例如，$a = 3$、$a = 0$ 等满足 $a \in A$ 的元素也都同时满足 $a \in B$。

1-8-5 术语 维恩图

在比较集合时,人们经常使用**维恩图**。$A = \{0, 1, 2, 3, 4, 5\}$ 和 $B = \{0, 1, 2, 3, 4, 5, 6, 7\}$ 可以用维恩图表示如下(图 1-9)。

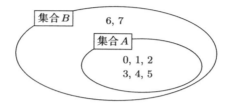

图 1-9 维恩图(子集)

维恩图是很方便的表示方法,但当集合有 4 个以上时,就会很难画,这也是它的缺点。

1-8-6 术语 交集与并集

对于 A、B 两个集合,**交集** $A \cap B$ 的定义如下所示(图 1-10a):

$$A \cap B = \{a; a \in A \text{ 且 } a \in B\} \tag{1-13}$$

对于 A、B 两个集合,**并集** $A \cup B$ 的定义如下所示(图 1-10b):

$$A \cup B = \{a; a \in A \text{ 或 } a \in B\} \tag{1-14}$$

交集与并集的符号容易混淆。笔者把交集 $A \cap B$ 的符号想象成做饼干时的模具,把并集 $A \cup B$ 的符号想象成能盛东西的杯子。

也可以把交集 $A \cap B$ 记忆为 "A 且 B",把并集 $A \cup B$ 记忆为 "A 或 B"。

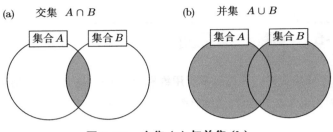

图 1-10 交集 (a) 与并集 (b)

1-8-7 术语 差集

对于 A、B 两个集合,**差集** $A - B$ 的定义如下所示(图 1-11):

$$A - B = \{a; a \in A \text{ 且 } a \notin B\} \tag{1-15}$$

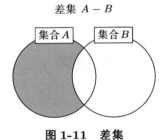

图 1-11 差集

1-8-8 术语 空集

不含任何元素的集合叫作**空集**,本书中将空集记作 $\varnothing$。

1-8-9 术语 全集

设有集合 S,当所研究的问题只考虑 S 的子集时,称 S 为**全集**。

1-8-10 术语 补集

已知全集 S，关于 S 的子集 A 有如下关系成立，则称集合 A^c 为 A 的**补集**（图 1-12）：

$$A^c = S - A \tag{1-16}$$

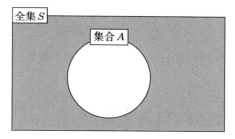

图 1-12 补集

1-8-11 术语 样本点、样本空间、事件

接下来，我们结合集合的术语来讲解概率论的术语。

可能发生的实验结果称为**样本点**，样本点的总体的集合称为**样本空间**。样本点记作 ω，样本空间记作 Ω，两个符号均读作 omega。这里，样本空间被看作全集，样本点就是这个全集的元素。

样本空间的子集叫作**事件**。与集合一样，事件也有**并事件**与**交事件**的定义。

只由一个样本点组成且不可再分解的事件叫作**基本事件**。含有多个样本点且可以分解为多个基本事件的事件叫作**复合事件**。与空集类似，不含任何样本点的事件叫作**空事件**。

说到事件,在一般的语境里是指发生的事情,在这里是指样本空间的子集。我们可以通过这种联想来理解它的数学含义。

下面通过掷骰子的例子来解释上述概念。骰子可能出现点数 1, 2, 3, 4, 5, 6,不可能出现点数 7。另外,也会发生掷得偶数、掷得奇数、掷得 3 的倍数等事件。其中,"掷得的点数是 1"这样的事件是基本事件。

在只投掷 1 次的前提下,相关结果如下所示。

- 样本点:$\omega_1=1, \omega_2=2, \omega_3=3, \omega_4=4, \omega_5=5, \omega_6=6$
- 样本空间:$\Omega = \{1, 2, 3, 4, 5, 6\}$
- 复合事件:掷得偶数($A = \{2, 4, 6\}$),掷得奇数($B = \{1, 3, 5\}$),等等
- 基本事件:掷得点数 1($C = \{1\}$),掷得点数 2($D = \{2\}$),等等

1-8-12 术语 互斥事件

当 $A \cap B = \varnothing$ 时,或者当事件之间没有重叠时,称事件 A 和 B 是**互斥事件**(图 1-13)。

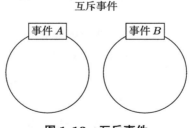

图 1-13 互斥事件

在掷骰子的例子中,掷得偶数和掷得奇数是互斥事件。掷得点数 2 和掷得点数 3 是互斥事件。

1-8-13 通过掷骰子可以联想到的各种概率分布

概率分布表示随机变量和它的概率之间的关系。那么，在掷骰子的例子中，各种事件会有怎样的概率呢？

比如，我们可以想到如下概率分布：

$$\{P(\{1\}), P(\{2\}), P(\{3\}), P(\{4\}), P(\{5\}), P(\{6\})\}$$
$$= \{1/6, 1/6, 1/6, 1/6, 1/6, 1/6\}$$

而作弊者掷骰子的结果可能服从下面的分布：

$$\{P(\{1\}), P(\{2\}), P(\{3\}), P(\{4\}), P(\{5\}), P(\{6\})\}$$
$$= \{1/4, 1/4, 1/4, 1/12, 1/12, 1/12\}$$

我们只要愿意去想，就能想到各种各样的分布。但概率并不是随便赋予的值。比如，我们不能说掷得点数 3 的概率是 720。

接下来我们研究一下什么是概率，以及它的数值是如何确定的。

1-8-14 概率的公理化定义

根据概率的公理化定义，概率满足下述 3 条公理：

(a) 对于所有事件 A，$0 \leqslant P(A) \leqslant 1$；
(b) $P(\Omega) = 1$；
(c) 对于互斥事件 $A_1, A_2, \cdots$，$P(A_1 \cup A_2 \cup \cdots) = P(A_1) + P(A_2) + \cdots$。

(a) 的含义是，概率必须在 0 到 1 之间。(b) 的含义是，若以样本空间为事件，则这个事件的概率为 1。(a) 和 (b) 这两个条件是显而易见的。

(c) 的含义是，互斥事件中任意事件发生的概率，等于这些事件发生的概率之和。这一条也很显然，但给出定义后更方便用数学语言描述。

只要满足上述条件，就可以称为概率。根据这些公理，可以推导出系统的概率论。

1-8-15 用频率解释概率

关于如何解释概率，有两种学派广为人知：一种是本节介绍的频率学派，一种是 1-9 节介绍的贝叶斯学派。

频率学派认为，概率是频率的极限。

这里我们回顾一下，频数就是事件发生的次数。频率就是"事件发生的次数 ÷ 实验次数"。考虑投掷骰子无数次的情况，当点数 1 出现的比例逼近 1/6 时，则称出现点数 1 的概率是 1/6。

本书主要采用上述解释。这是因为经典的统计推断与假设检验理论主要采用这个解释，用于分析数据的方法论和工具也是完善的。完善的工具尤为重要。比如，使用 Python，只需少量的代码和计算，就可以轻松完成数据分析。

但是，简单的解释也会存在相应的问题。因为只有无穷尽地实验下去才能知道精确的概率，所以即使进行 1 万次甚至 5000 万亿次实验，也都远远不够。另外，第 3 章中将出现置信区间和 p 值等术语，我们还要注意避免错误地解释那些概念。

1-8-16 主观概率

如果把概率定义为频率的极限，那么所有人的计算结果都是相同的。而在主观概率中，概率是由个人主观决定的。这种解释方式叫作贝叶斯学派。

由于基于主观概率的统计学使用贝叶斯定理，所以也叫作贝叶斯统计学。本书中不采用这个解释。

1-8-17 术语 概率的加法公式

前面讲的都是概率的定义,从现在开始,我们来学习如何使用概率。

概率的加法公式是,如果 A、B 是互斥事件,则满足:

$$P(A \cup B) = P(A) + P(B) \tag{1-17}$$

使用概率的公理 (c) 可以很容易地证明上式。

现在,我们去掉互斥的条件,将概率的加法公式一般化,如下所示:

$$P(A \cup B) = P(A) + P(B) - P(A \cap B) \tag{1-18}$$

也就是说,事件 A 或 B 发生的概率,是 $P(A)$ 加上 $P(B)$,再减去重复计算的 $P(A \cap B)$。

我们通过投掷骰子的例子来说明。点数 1 到点数 6 出现的概率都是 1/6。设事件 A 为得到偶数点数,即 $A = \{2, 4, 6\}$,事件 B 为得到 3 的倍数,即 $B = \{3, 6\}$。那么 $A \cup B = \{2, 3, 4, 6\}$,即得到的点数是偶数或 3 的倍数。$A \cap B = \{6\}$,即得到的点数是偶数且是 3 的倍数。为了不重复计算,需要把它减掉:

$$\begin{aligned} P(A \cup B) &= P(A) + P(B) - P(A \cap B) \\ &= \frac{3}{6} + \frac{2}{6} - \frac{1}{6} \\ &= \frac{2}{3} \end{aligned} \tag{1-19}$$

1-8-18 术语 条件概率

以发生事件 B 为前提条件,事件 A 发生的概率叫作**条件概率**,记作 $P(A|B)$,定义如下所示:

$$P(A \mid B) = \frac{P(A \cap B)}{P(B)} \qquad (1\text{-}20)$$

我们结合投掷骰子的例子进行说明。

设事件 A 为出现 3 的倍数，即 $A = \{3, 6\}$。设事件 B 为出现大于等于 5 的点数，即 $B = \{5, 6\}$。

此时，$P(A|B)$ 就是在出现大于等于 5 的点数的前提条件下，出现 3 的倍数的概率：

$$P(A \mid B) = \frac{P(A \cap B)}{P(B)} = \frac{P(\{6\})}{P(\{5,6\})} = \frac{\frac{1}{6}}{\frac{2}{6}} = \frac{1}{2} \qquad (1\text{-}21)$$

1-8-19　术语　概率的乘法公式

将条件概率的公式进行变形，可得到下式：

$$P(A \cap B) = P(B) \cdot P(A|B) \qquad (1\text{-}22)$$

该式称为**概率的乘法公式**。

求点数既是 3 的倍数又大于等于 5 的概率，就是计算"点数大于等于 5 的概率" × "在点数大于等于 5 的基础上得到 3 的倍数的概率"。

1-8-20　术语　独立事件

当 $P(A \cap B) = P(A) \cdot P(B)$ 成立时，称事件 A、B 相互独立。变形后就是 $P(A|B) = P(A)$。

例如，出现偶数点数与出现 3 的倍数这两个事件就相互独立。

1-9

随机变量与概率分布

本节主要介绍如何使用概率分布。前面几节也涉及了同样的内容，本节的目的是让读者熟悉相关数学式。

1-9-1 随机变量与样本值

参考丰田秀树的《从基础学贝叶斯统计》一书，这里简单介绍一下随机变量与样本值的关系。

考虑只投掷 1 次硬币的情况，则样本空间为 $\Omega = \{\,正, 反\,\}$。设得到正面为 1，得到反面为 0，有：

$$X(正) = 1,\ X(反) = 0 \tag{1-23}$$

此时的 X 称为**随机变量**。随机变量经常省略括号，简单地记为 X。

式 (1-23) 的右侧就是**样本值**。样本值多使用表示随机变量的字母的小写形式来表示。

例如，统计学教材中经常会出现下式：

$$P(X = x) \tag{1-24}$$

该式的含义是某个随机变量取某个样本值的概率。在不作弊的情况下，投掷硬币的结果就是 $P(X = 1) = 1/2$。

1-9-2 离散型概率分布与概率质量函数

对于离散型随机变量 X，每个样本值对应的概率是 $P(X=x_i)$，用函数 $f(x_i)$ 来表示，即：

$$P(X=x_i) = f(x_i), i=1,2,\cdots \quad (1\text{-}25)$$

此时，称 X 服从**离散型概率分布**，称函数 $f(x_i)$ 为**概率质量函数**。

用文字描述就是：在将数据作为函数参数时，如果所得函数值直接就是概率，那么这样的函数就叫作概率质量函数。

概率质量函数满足以下条件：概率不小于 0（式 (1-26)）；所有函数值的和为 1（式 (1-27)）。

$$0 \leqslant f(x_i), i=1,2,\cdots \quad (1\text{-}26)$$

$$\sum_{i=1}^{\infty} f(x_i) = 1 \quad (1\text{-}27)$$

1-9-3 概率密度

下面我们来考虑随机变量 X 为实数的概率，其中 X 的取值为 $x \leqslant X \leqslant x + \Delta x$[①]。如果当 $\Delta x \to 0$ 时，可由 $P(x) \cdot \Delta x$ 算得概率，那么 $P(x)$ 就是 x 的**概率密度**。

在连续变量中，样本值恰好为 4.0 的概率是 0。使用无限接近于 0 而非 0 的 Δx，所求的就是变量落在这个狭小范围内的概率。

与概率不同，概率密度可以大于 1。

---

① Δ 读作 delta，多用于表示绝对值很小的数。

1-9-4　连续型概率分布与概率密度函数

在使用 $f(x)$ 如下表示连续型随机变量 X 对应的概率密度时，

$$P(a \leqslant X \leqslant b) = \int_a^b f(x)\mathrm{d}x \tag{1-28}$$

称 X 服从**连续型概率分布**，称函数 $f(x)$ 为**概率密度函数**。

连续型随机变量取得特定值的概率永远是 0。而如果求随机变量落在某个范围内的概率，则需要使用积分。

概率密度函数 $f(x)$ 满足以下条件：概率密度不小于 0（式 (1-29)）；在 $-\infty \leqslant x \leqslant +\infty$ 区间上取积分的结果是 1（式 (1-30)）。

$$0 \leqslant f(x) \tag{1-29}$$

$$\int_{-\infty}^{+\infty} f(x)\mathrm{d}x = 1 \tag{1-30}$$

反过来看，只要满足这两个条件，我们就能想象出很多概率密度函数。但是，就像在 1-6 节提到的那样，我们要注意实际数据的特征，使用比较符合数据特征的概率分布（如正态分布等），不能随意套用。

1-9-5　概率的总和与概率密度的积分

离散型数据可以通过求概率的总和来得到各种事件的概率，而连续型数据则要通过求概率密度的积分来得到事件的概率。二者的方法是互相对应的。

比如，把 1 条、2 条、3 条等钓到的鱼的条数 X 作为研究对象，当离散变量 X 服从的概率分布的概率质量函数为 $f(x_i)$ 时，$1 \leqslant X \leqslant 3$ 的概率如下计算，其中 $x_1 = 1, x_2 = 2, x_3 = 3$：

$$P(1 \leqslant X \leqslant 3) = \sum_{i=1}^{3} f(x_i) \tag{1-31}$$

也可以直接计算 $f(1) + f(2) + f(3)$。总之，概率可以通过求和来得出。

另外，把 1.5 cm、2.3 cm 等鱼的体长 Y 作为研究对象，当连续变量 Y 服从的概率分布的概率密度函数为 $g(y)$ 时，$1 \leqslant Y \leqslant 3$ 的概率如下计算：

$$P(1 \leqslant Y \leqslant 3) = \int_{1}^{3} g(y) \mathrm{d}y \tag{1-32}$$

计算概率密度在 1 到 3 之间的积分，就相当于把 1 到 3 之间的无数个值对应的概率密度全部加在一起。

1-9-6 补充 积分与面积的关系

相信许多读者在高中阶段就学过，积分就是曲线下方的面积大小。基于这个思想，很多教材中指出概率就是面积。

不过我们最好明确面积和无穷多次加法之间的关系。

矩形的面积公式很简单，即"底 × 高 = 面积"。

如图 1-14a 所示，使用底为 1 的矩形来填充曲线下方的面积，这样能简化面积计算，但结果会和真正的面积相差很大。

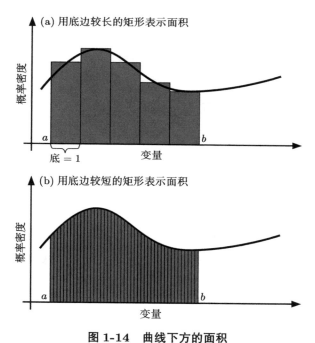

图 1-14 曲线下方的面积

于是,我们可以像图 1-14b 那样,让矩形的底边变短。

将用来求面积的区间分成 n 个,用 Δx 表示底边的长度。如果将第 i 个变量记为 x_i,将概率密度函数记为 $f(x_i)$,则矩形面积之和为:

$$\text{矩形面积之和} = \sum_{i=1}^{n} f(x_i) \times \Delta x \tag{1-33}$$

当 $n \to \infty$,即当区间分成无穷多个时,上述面积之和就叫作积分,表示为:

$$\lim_{n \to \infty} \left[\sum_{i=1}^{n} f(x_i) \times \Delta x \right] = \int_a^b f(x) \mathrm{d}x \tag{1-34}$$

请读者牢记加法和积分的关系。

离散变量使用加法，连续变量使用积分，这是常见的区分方式。明白二者其实在做同一件事，会有助于理解概率的计算。

1-9-7　正态分布的概率密度函数

正态分布的概率密度函数如下所示：

$$\mathcal{N}(x \mid \mu, \sigma^2) = \frac{1}{\sqrt{2\pi\sigma^2}} e^{\left[-\frac{(x-\mu)^2}{2\sigma^2}\right]} \tag{1-35}$$

今后我们会使用 Python 进行计算，届时只需一行代码就能搞定，所以大家没有必要记住这个式子。相比记住这个式子，更重要的是掌握正态分布的性质。

下面我们来回顾一下正态分布的性质：

1. 定义域是 $-\infty \sim +\infty$ 的实数；
2. 均值附近的概率密度较大（数据更容易集中在均值附近）；
3. 数据距离均值越远，概率密度越小；
4. 概率密度的大小相对于均值左右对称。

1-9-8　（符号）服从概率分布

当某个随机变量 X（比如鱼的体长）服从均值（期望值）为 μ、方差为 σ^2 的正态分布时，记作：

$$X \sim \mathcal{N}(x \mid \mu, \sigma^2) \tag{1-36}$$

右侧的 x 经常省略，上式可变形为：

$$X \sim \mathcal{N}(\mu, \sigma^2) \tag{1-37}$$

1-9-9 独立同分布

独立同分布即随机变量服从同一分布且相互独立,英文是 independent and identically distributed,简写为 i.i.d.。

在第 3 章的 Python 模拟中,我们也会假设随机变量是独立同分布的。如果去掉这个假设(例如,当第 1 条鱼较长时第 2 条鱼也较长),后述的区间估计和假设检验等就会失去正确性。

1-9-10 使用正态分布的概率密度函数计算概率的方法

体长不小于 4 cm 且不大于 5 cm 的概率由概率密度函数在 4 到 5 的区间上取积分求得。

但是,正态分布的概率密度函数很难直接计算区间上的积分,所以我们可以把问题转化为求 $-\infty \sim 5$ 上的积分减去 $-\infty \sim 4$ 上的积分:

$$\begin{aligned} P(4 \leqslant X \leqslant 5) &= \int_{-\infty}^{5} \mathcal{N}(x \mid \mu, \sigma^2) \mathrm{d}x - \int_{-\infty}^{4} \mathcal{N}(x \mid \mu, \sigma^2) \mathrm{d}x \\ &= \int_{-\infty}^{5} \frac{1}{\sqrt{2\pi\sigma^2}} \mathrm{e}^{\left[-\frac{(x-\mu)^2}{2\sigma^2}\right]} \mathrm{d}x - \int_{-\infty}^{4} \frac{1}{\sqrt{2\pi\sigma^2}} \mathrm{e}^{\left[-\frac{(x-\mu)^2}{2\sigma^2}\right]} \mathrm{d}x \end{aligned}$$
(1-38)

难算的积分就交给 Python 吧。只要知道了均值和方差这两个参数,我们就可以通过 Python 迅速得到结果。

1-9-11 使用概率密度计算期望值的方法

要计算连续变量的期望值,就必须计算积分。

期望值通过"取值的概率 × 取到的值"的总和计算得出,连续变量则要使用积分来计算这个总和:

$$\begin{aligned}\mu &= \int_{-\infty}^{+\infty} f(x) \cdot x \mathrm{d}x \\ &= \int_{-\infty}^{+\infty} \mathcal{N}(x \mid \mu, \sigma^2) \cdot x \mathrm{d}x\end{aligned} \quad (1\text{-}39)$$

在正态分布中,这个积分的结果就是参数 μ。

第 2 章

Python 与 Jupyter Notebook 基础

笔者在撰写本书时所用的环境是：
Windows 10 64-bit
Python 3.6.2（Anaconda 3.5.0.0 64-bit）

2-1

环境搭建

在计算机上创建一个可以编程的环境叫作环境搭建。本节将介绍如何在使用最广泛的 Windows 操作系统下安装 Python。

2-1-1 什么是 Python

Python 是一种编程语言,可以免费使用。Python 的语法简单易学,适合初学编程的人士。

使用 Python 能够以简短的代码完成统计分析、机器学习等的计算。

2-1-2 Python 的版本

Python 分为 2 和 3 两大版本。版本 2 较旧,版本 3 最新。如果没有特殊要求,最好使用版本 3。能够在版本 2 上运行的代码未必能在版本 3 上运行。

2-1-3 Python 与 Anaconda

Anaconda 是一个著名的 Python 发行版,包含了大量有助于数据分析的组件。

虽然也可以先安装 Python,再单独安装用于数据分析的包,但是这个做法略为烦琐，所以笔者推荐直接安装 Anaconda。虽说安装 Anaconda 也有一定的缺点，但笔者认为这对初学者来说是最简单的环境搭建方式。

2-1-4　Jupyter Notebook

Jupyter Notebook 是编写程序时要用到的工具。安装 Anaconda 后应该能够立即使用 Jupyter Notebook。

启动 Jupyter Notebook 后，系统默认浏览器（如 Google Chrome 等）会随之启动，这样我们就可以在浏览器里编写代码了。

2-1-5　下载和安装

从 Anaconda 的官方网站可以获取 Anaconda 的安装程序。

从主页点击"Products"→"Individual Edition"→"Download"，然后选择符合自己计算机系统的版本下载安装即可。

安装时可以全部使用默认选项。

2-1-6　补充　Python 编程术语

下面将对编写 Python 程序时经常遇到的术语，以及在网上搜索相关内容时经常出现的词加以整理。在网上搜索相关内容时，一些较旧的文章可能是基于 Python 2 的，笔者建议阅读较新的文章。以下内容不是特别重要，大家可以简单浏览一下。

- 实现：编写程序。
- 代码：所编写的程序本身。
- 源代码：和代码基本同义，英文是 source code。

- 包、库：可以理解为 Python 的插件。在安装 Anaconda 时也会安装数据分析相关的库，如 numpy、pandas、matplotlib、seaborn、scipy、statsmodels 和 scikit-learn 等。
- pip：包管理器。Anaconda 基本不使用它。
- easyinstall：旧的包管理器。一般不使用。
- conda-install：在 Anaconda 中多用于安装、更新包。不过 Anaconda 基本包含了所有需要的包，因此也就无须使用该工具了。
- 编辑器：编写程序时使用的软件，在使用 Jupyter Notebook 的情况下可忽略。
- IDE：集成开发环境，带有很多有助于编写大型程序的方便功能（如语法检查）。著名的 IDE 有 PyCharm、Visual Studio 等。在使用 Jupyter Notebook 的情况下可忽略，不过了解一下 IDE 的用法也有助于编写 Python 应用。阅读本书时不需要使用 IDE。
- 交互界面：输入程序后可立即打印结果的界面。在使用 Jupyter Notebook 的情况下可忽略。
- IPython Notebook：Jupyter Notebook 的旧称。

2-2 认识 Jupyter Notebook

本节我们就开始编写 Python 程序。本书自始至终都将坚持这样一种模式：在 Jupyter Notebook 里写代码并当场执行得到结果。

2-2-1 启动 Jupyter Notebook

安装 Anaconda 之后就能立即使用 Jupyter Notebook 了。Windows 10 用户可以在 Cortana 的搜索框里输入 Jupyter Notebook 并按回车键来启动。其他 Windows 系统用户可以依次选取"开始"→"所有程序"→"Anaconda"→"Jupyter Notebook"来启动。

启动 Jupyter Notebook 后，屏幕上会出现一个命令提示符窗口（默认为黑色），之后系统默认浏览器（如 Google Chrome 等）就会启动，并打开如图 2-1 所示的界面。我们可以像使用社交网络一样在浏览器里编写代码。

图 2-1　Jupyter Notebook 的初始界面

接下来，我们就在 Jupyter Notebook 上进行操作。

2-2-2 创建新文件

Jupyter Notebook 启动后应该会显示"C:\Users\用户名"文件夹中的内容（在安装时可以修改默认文件夹）。如果要进入其他文件夹，点击界面上方的文件夹名即可。

我们来创建一个用于数据分析的新文件夹。选择界面右上方的"New ▼"→"Folder"，就会创建一个名为 Untitled Folder 的文件夹（图 2-2）。

图 2-2　创建文件夹

勾选这个文件夹左边的复选框，单击界面上方的 Rename，就可以为这个文件夹更名，比如我们可以命名为 PyStat。

点击 PyStat 的名称，就会进入文件夹 PyStat。

再次选择界面右上的"New ▼"→"Python 3"，就会出现编写程序的界面（图 2-3）。左边写着 In [ ] 的就是写代码的地方，叫作单元格。

图 2-3　编写代码的界面

2-2-3　执行代码

在单元格中输入半角字符 1 后，按 Shift+Enter，就会出现左边写着 Out[1] 的运行结果。本例中的结果就是刚刚输入的 1 本身。

2-2-4　保存执行结果

点击界面左上角的 Untitled 就可以为当前文件更名。这里就叫"2-2 认识 Jupyter Notebook"吧。

然后按下 Ctrl+S 键，即可保存这个文件。现在 PyStat 文件夹中应该已经有了名为"2-2 认识 Jupyter Notebook.ipynb"的文件。

选择界面左上方菜单中的"File"→"Download as"→"HTML (.html)"，可以将执行结果以 HTML 文件的形式下载下来。在与他人共享结果时，这一操作很方便。

2-2-5　Markdown 的用法

Jupyter Notebook 不仅能用来计算，还可以把计算结果总结成报告的形式。制作报告时需要撰写标题，以及分条列举内容等，这时使用 Markdown 功能会很方便。

将鼠标光标放在左侧写着 In [ ] 的单元格上，在上方写着"Code ▼"的下拉框中选择"Markdown"，就可以使用 Markdown 了。

在 Markdown 形式的单元格中可以方便地撰写标题、分条内容等。在行首输入"#"并紧跟一个空格，这一行就会成为标题。单个"#"代表字号最大的标题，随着"#"增多，字号会逐渐变小。

在行首输入半角减号"-"并紧跟一个空格，即可编写分条内容。在行首依次输入数字、点、空格（例如"1."），即可编写带序号的分条内容。

和编写 Python 代码一样，写好 Markdown 的单元格后，按 Shift+Enter 提交，就会生成所写的报告内容。

在原单元格处双击，就可以再次编辑已经写好的内容。

2-2-6 退出 Jupyter Notebook

在启动 Jupyter Notebook 时出现的命令提示符窗口中，按下 Ctrl+C，即可退出 Jupyter Notebook。在某些环境中，可能需要输入"Y"或再次按下 Ctrl+C 来确认退出。

下一节我们将开始正式编写代码，如果你现在已经退出了，请重新启动。

2-3

Python 编程基础

本节将讲解 Python 编程的基础知识。一开始介绍的语法可能有点枯燥,但大家也没必要全都记住,在应用时如果想不起来了,再回过头来查看即可。

2-3-1 实现 四则运算

首先介绍四则运算。

本书使用灰底框代表 In [ ] 部分。

```
1 + 1
```

使用白底框代表 Out[ ] 部分。执行上式,得到如下结果。

```
2
```

减法使用减号 "-"。

```
5 - 2
```
```
3
```

乘法使用星号"*"。

```
2 * 3
```

```
6
```

乘方使用两个星号"**"。以下代码表示2的3次方，即 $2 \times 2 \times 2 = 8$。

```
2 ** 3
```

```
8
```

除法使用斜杠"/"。

```
6 / 3
```

```
2.0
```

注意，在计算除法时，计算结果出现了小数点。

要明确表示舍弃小数点及其后数字时，使用两个斜杠"//"。

```
7 // 3
```

```
2
```

2-3-2 实现 编写注释

如果行首为"#"，那么这一行就会被当成**注释**。

```
# 1 + 1
```

上面这行代码只是注释，按 Shift+Enter 后不会出现任何结果。

2-3-3 实现 数据类型

就像数据会分为定量数据和分类数据一样，Python 中也有不同的数据类型。

首先是**字符串型**，用于表示类别的名称等。字符串型使用单引号或双引号将字符括起来，虽然没有严格规定使用哪种引号，但是统一使用一种形式会使代码更加整洁。

"A"
'A'

使用函数 type 可以打印出类型的名称。

type("A")
str

str 是 String 的缩写，代表函数的参数是字符串。

数值有**整型**和**浮点型**两种。两者的区别在于有没有小数点后面的部分。

整型也叫 int 型。

type(1)
int

浮点型也叫 float 型。

type(2.4)
float

用 True 表示真，用 False 表示假的数据类型叫作**布尔型**。注意这里的 True 和 False 区分大小写。

```
type(True)
```
```
bool
```

False 也是布尔型。

```
type(False)
```
```
bool
```

不同类型的数据之间进行计算可能会出错。

```
"A" + 1
```
```
-------------------------------------------------------
---------------
TypeError                                 Traceback (most
recent call last)
<ipython-input-22-8fbfa9dc7313> in <module>()
----> 1 "A" + 1

TypeError: must be str, not int
```

2-3-4　实现　比较运算符

要比较数值的大小关系等，就要使用**比较运算符**。比较运算符的结果是布尔型。

```
1 > 0.89
```
```
True
```

表达式不正确时会返回 False。

```
3 < 2
```
```
False
```

比较运算符有以下几种。

>	大于
>=	大于等于
<	小于
<=	小于等于
==	相等
!=	不相等

2-3-5 　实现　变量

变量用于保存数据。

```
x = 2
x + 1
```
```
3
```

2 存放在了变量 x 里。给变量 x 加 1，就得到了 $2+1=3$。

如果把均值、样本容量等数据存放在变量里，就能简化方差的计算。为了更高效地进行计算，人们经常使用变量。

2-3-6 　实现　函数

函数用于保存计算逻辑。计算逻辑多被称为**过程**。函数也称为**方法**。例如，对某个值加上 2 后再乘以 4，代码如下。

```
(x + 2) * 4
```
```
16
```

变量 x 里存放的是 2，因此这个计算就是 $(2 + 2) \times 4 = 16$。

在需要把这个过程应用在更多数据上的情况下，如果每次都写一遍，那就有些麻烦了。

这时就可以把计算过程保存在函数里。

```
def sample_function(data):
    return((data + 2) * 4)
```

在创建函数时，需要遵照下述规则。

```
def 函数名（参数）：
    过程
```

注意第 1 行的行首要输入 `def`，行尾要输入冒号。

在第 2 行及之后的行，行首要插入空格，这些空格也叫**缩进**。如果忘记了缩进，程序就无法正常运行。

使用 `return` 返回计算结果 —— 请牢记这个规则。

通过改变参数，函数可以为不同的数据执行完全相同的运算逻辑。

首先，把之前的变量 x 代入进去。

```
sample_function(x)
```
```
16
```

改变参数再执行一次。

```
sample_function(3)
```
```
20
```

这个计算就是 $(3 + 2) \times 4 = 20$。

函数的返回结果也可以参与运算。

```
sample_function(x) + sample_function(3)
36
```

函数的方便之处在于，可以直接使用其他人设计好的运算逻辑。

在对数据进行统计分析时，经常需要完成复杂的计算。独立编写运算逻辑费时费力，而使用他人已经写好的函数，就可以使用简单的代码很快完成任务。

2-3-7 实现 类与实例

这里将介绍类与实例这两个概念。这里我们不对其进行深究，只介绍一些有助于数据分析的内容。如果读者觉得难以理解，可以暂且略过。

类同时定义了数据结构和运算逻辑。

接下来我们将实际生成类，但其实本书后面的内容都不会进行生成，而是直接调用已经写好的类。读者只要知道什么是类，以及如何使用类即可。

首先，生成一个名为 `Sample_Class` 的类。

```
class Sample_Class:
    def __init__(self, data1, data2):
        self.data1 = data1
        self.data2 = data2

    def method2(self):
        return(self.data1 + self.data2)
```

在生成类时，需要遵照下述规则。

```
class 类名:
    def 函数名 1（参数）:
        函数名 1 的过程

    def 函数名 2（参数）:
        函数名 2 的过程
```

函数也不限于 2 个，可以是 3 个、4 个，甚至更多个。

只是这个类看起来里面只有函数。

其实，上面的那个名为 __init__ 的函数是一个特殊函数，叫作**构造函数**，用于类的初始化。我们使用构造函数向类里存放数据。

如前所述，类中存放了数据结构和运算逻辑，**实例**则真正存放了数据。下面生成一个实例。

```
sample_instance = Sample_Class(data1 = 2, data2 = 3)
```

这样就生成了实例 sample_instance，其中 data1 存放了 2，data2 存放了 3。构造函数的参数列表里的 self 指的是类本身，可以不赋值。

要获取实例中的数据，就要使用点操作符。

sample_instance.data1
2

要使用其中的函数，也要使用点操作符。

sample_instance.method2()
5

代码里实际应用的是真正存放了数据的实例。要获取实例的内容（数据、运算逻辑），就要使用点操作符。在阅读本书时，只要记住这两点就可以了。

严格来说，实例是类的实体。如果说类是设计图，那么实例就是基于设计图制作出来的物品。

在进行数据分析时，把类粗略地看作数据结构的定义而不是设计图，或许能更好地理解什么是类。

2-3-8 实现 基于 if 语句的程序分支

如果要实现"如果××，则执行××"这样的程序分支，可以使用 if 语句。

```
data = 1
if(data < 2):
    print("数据小于2")
else:
    print("数据不小于2")
```

数据小于 2

因为 data = 1，比 2 小，所以就显示了上述结果。

一般而言，if 语句的写法如下所示。

```
if(条件):
    符合条件时的操作
else:
    不符合条件时的操作
```

下面我们来看一下当条件不满足时结果会怎样。

```
data = 3
if(data < 2):
    print("数据小于2")
else:
    print("数据不小于2")
```

数据不小于 2

2-3-9 实现 基于 for 语句的循环

在反复执行同一计算时,可以使用 for 语句。

指定循环的范围很简单,方法也很多。这里使用 range 函数来指定范围。

```
range(0, 3)
```

```
range(0, 3)
```

range(0, 3) 代表从 0 开始数 3 个数,也就是 0, 1, 2。

下面的代码以 i 为变量,让 i 在 range(0, 3) 里变化,并反复执行 print(i)。

```
for i in range(0, 3):
    print(i)
```
```
0
1
2
```

把第 2 行改为 print("hello"),hello 就会被打印 3 次。

```
for i in range(0, 3):
    print("hello")
```
```
hello
hello
hello
```

使用 for 语句可以反复执行完全相同的处理,也可以不断改变数据来执行相似的处理。组合使用 if 语句和 for 语句,可以用程序完成多种操作。这些内容在第 3 章进行程序模拟时都会用到。

2-3-10 编写易用程序的窍门

Jupyter Notebook 里有多个单元格，程序可以从任意一个单元格开始执行。但如果某个程序必须先执行第 5 个单元格才能执行第 2 个单元格，它就会非常难用。

所以**请保证所写的程序在从上到下依次执行时能得到正确结果**，这样做还能大大提升代码可读性。

其次，同样的代码不要重复编写。如果要反复进行相同的计算，可以把它放在函数里，或者放在 `for` 语句下。

最后，不仅限于 Python，写程序最重要的是**让别人能知道代码在干什么**。

像变量 A 这种只有一个字母的变量名就不合适。

因篇幅有限，本书有时也会使用简短的变量名，但读者在实际应用中最好使用便于理解、能表明数据含义的变量名（不过 `for` 语句里的 `i` 就是 index 的 i，这种单字母变量名很常见）。

另外，在代码里适当添加注释也是个好习惯。

写的代码要让别人能看懂，也要**让 3 个月后的自己能看懂**，这对个人学习和团队合作来说都十分重要。

2-4 认识 numpy 与 pandas

借助 numpy、pandas 等外部包,能大幅简化数据处理。本节将介绍如何使用外部包、如何处理数据,以及如何读取数据。

2-4-1 导入用于分析的功能

导入外部包后就可以调用各种函数和类,这可以大幅简化数据分析。要导入包,只需执行以下代码即可。

```
import numpy as np
import pandas as pd
```

这样就导入了 numpy 和 pandas 两个包。本书后面章节要导入的包会越来越多,不过如果只是对数据进行整理、统计,这两个包就已经足够了。

在导入包时,笔者分别给 numpy 和 pandas 赋予了别名 np 和 pd。输入 np 要比输入 numpy 的全名更简便。在使用 numpy 里的功能时,以 np. 开头,比如 np. 类名;在使用 pandas 里的功能时,以 pd. 开头。

2-4-2 numpy 与 pandas

简单来说，numpy 和 pandas 都是用于导入数据并对其进行整理、统计的包。

至于如何区分使用 numpy 和 pandas，读者可以根据自己的习惯决定，本书中的用法也只是其中一例。

numpy 主要使用 array 类（实际上是 ndarray）来存放数据。它的矩阵计算功能十分强大。

pandas 主要使用 DataFrame 类，这个类专门用于管理数据。本书用到 pandas 的地方基本上是为了使用 DataFrame。

2-4-3 实现 列表

把多个数据放在一起的数据类型叫作**列表**（list）。列表不需要 numpy 或 pandas，它是 Python 标准的数据类型。

使用方括号将多个数据括起来，就形成了列表。

要打印列表的内容，只需在第 2 行写上变量名即可。使用 print 函数的结果也一样。

```
sample_list = [1,2,3,4,5]
sample_list
```
```
[1, 2, 3, 4, 5]
```

2-4-4 术语 行与列

在继续接下来的内容之前，这里先介绍一组非常重要的术语，即行与列。

行是横向的。

列是纵向的。

有时使用 row 表示行，使用 column 的缩写 col 表示列。按照行号、列号的顺序表示数据的方式很常见。

这里再重申一遍，搞错行和列的顺序会造成严重错误，大家一定要注意。

4 行 3 列的表如下所示。

	col 1（第 1 列）	col 2（第 2 列）	col 3（第 3 列）
row 1（第 1 行）			
row 2（第 2 行）			
row 3（第 3 行）			
row 4（第 4 行）			

也可以参考汉字的笔画来理解："行"字横线较多，"列"字竖线较多（图 2-4）。

图 2-4　理解行和列的方法

2-4-5 实现 数组

下面来看一下 numpy 里的数组的用法。使用列表生成数组。由于要使用 numpy 这个外部包里的类，所以输入 np.array。

```
sample_array = np.array([1,2,3,4,5])
sample_array
```
```
array([1, 2, 3, 4, 5])
```

对数组进行的运算会作用在数组的所有元素上。例如，加法运算的结果如下所示。

```
sample_array + 2
```
```
array([3, 4, 5, 6, 7])
```

乘法运算等也同样。

```
sample_array * 2
```
```
array([ 2, 4, 6, 8, 10])
```

一个数组只能存放相同类型的数据。如果同时存放数值型和字符串型的数据，则所有数据都会被当成字符串处理。

```
np.array([1, 2, "A"])
```
```
array(['1', '2', 'A'],
      dtype='<U11')
```

也可以生成二维数组。把嵌套了列表的列表作为参数输入即可。

```
sample_array_2 = np.array(
    [[1,2,3,4,5],
    [6,7,8,9,10]])
sample_array_2
```

```
array([[ 1,  2,  3,  4,  5],
       [ 6,  7,  8,  9, 10]])
```

获取行数和列数的方法如下。本例的答案是 2 行 5 列。

```
sample_array_2.shape
```

```
(2, 5)
```

2-4-6 实现 生成等差数列的方法

除了将参数指定为列表之外，还有其他方法来生成数组。

首先介绍使用**等差数列**的方法。

像 {1, 2, 3, 4, 5} 这种前后元素之差相等的数列就是等差数列，其中前后元素之差叫作**公差**。在这个例子中，公差是 1。同样，{0.1, 0.3, 0.5, 0.7} 也是等差数列，公差是 0.2。

首先，生成 {1, 2, 3, 4, 5} 这个首项为 1、公差为 1 的数列。这里使用 np.arange 函数。

参数有 3 个，分别是起始位置 start、结束位置 stop 和公差 step。结束位置表示"一到这里就结束"，**生成的结果不含结束位置**。要生成从 1 到 5 的数列，结束位置就是最后一个数加上 1，也就是 6。

```
np.arange(start = 1, stop = 6, step = 1)
```

```
array([1, 2, 3, 4, 5])
```

接下来生成 {0.1, 0.3, 0.5, 0.7}。

```
np.arange(start = 0.1, stop = 0.8, step = 0.2)
array([ 0.1, 0.3, 0.5, 0.7])
```

在调用函数时,可以省略"start ="等显式标记。也就是说,即使写成 np.arange(0.1, 0.8, 0.2),结果也不变。

2-4-7　实现 多种生成数组的方式

要生成元素相同的数组,可以使用函数 np.tile。例如,生成含有 5 个字母 A 的数组,代码如下所示。

```
np.tile("A", 5)
array(['A', 'A', 'A', 'A', 'A'],
      dtype='<U1')
```

该函数也可以生成包含多个相同数字的数组,比如存放 4 个 0 的数组。

```
np.tile(0, 4)
array([0, 0, 0, 0])
```

在生成只有 0 的数组时,使用函数 np.zeros 会更简便。它的参数是数组的元素个数。

```
np.zeros(4)
array([ 0., 0., 0., 0.])
```

该函数也可以生成二维数组,将元素个数按 [行数,列数] 的顺序传入即可。

```
np.zeros([2,3])
```
```
array([[ 0., 0., 0.],
       [ 0., 0., 0.]])
```

使用函数 `np.ones` 可以生成只有 1 的数组。这个函数的参数也可以是列表。

```
np.ones(3)
```
```
array([ 1., 1., 1.])
```

2-4-8　实现　切片

使用**切片**（slice），可以从数组或列表中轻松地取出数据。

首先，生成 1 行的数组。

```
d1_array = np.array([1,2,3,4,5])
d1_array
```
```
array([1, 2, 3, 4, 5])
```

在取出数据时使用方括号。例如，要取出第 1 个元素，就写成 `d1_array[0]`。注意索引是以 0 为起点的。

```
d1_array[0]
```
```
1
```

要取出一定范围的数据，就要使用冒号。`[1:3]` 表示取出索引为 1 和 2 的元素。

```
d1_array[1:3]
```

```
array([2, 3])
```

在 2 行及以上的数组中，也可以使用方括号轻松地取出数据。
首先生成二维数组。

```
d2_array = np.array(
    [[1,2,3,4,5],
    [6,7,8,9,10]])
d2_array
```

```
array([[ 1,  2,  3,  4,  5],
       [ 6,  7,  8,  9, 10]])
```

按照行索引、列索引的顺序指定元素位置。注意索引从 0 开始，[0, 3] 表示第 1 行第 4 列。

```
d2_array[0, 3]
```

```
4
```

这里也可以使用冒号来获取多个元素。

```
d2_array[1, 2:4]
```

```
array([8, 9])
```

2-4-9 实现 数据帧

接下来介绍 pandas 里的**数据帧**（DataFrame）的用法。

数据帧有多种生成方法，我们可以轻松地通过数组或列表生成。注意在写代码时不要忘了方括号。

```
sample_df = pd.DataFrame({
    'col1' : sample_array,
    'col2' : sample_array * 2,
    'col3' : ["A", "B", "C", "D", "E"]
})
print(sample_df)

   col1  col2 col3
0     1     2    A
1     2     4    B
2     3     6    C
3     4     8    D
4     5    10    E
```

在定义数据帧时，列名和列中的数据按照 `'col1' : sample_array` 这样的格式指定。与数组不同，在数据帧中，不同的列保存的数据类型可以不同。

另外，上例在打印数据帧的内容时使用了 print 函数，但也可以不使用该函数。如果不写 print(sample_df) 而写成 sample_df，输出结果的外观会变化。不过，具体采用哪种风格完全取决于读者。本书中也没有特别进行区分，两种方式都在用。

不使用 print 函数时的输出结果如下所示，可以看出外观有一定的变化。

```
sample_df
```

	col1	col2	col3
0	1	2	A
1	2	4	B
2	3	6	C
3	4	8	D
4	5	10	E

2-4-10 实现 读取文件中的数据

我们可以自己编写数据帧,也可以从文件中读取,后者十分常用。

假设调查结果的数据存放在 csv 文件里,这个文件在工作文件夹下(本例中为 PyStat 文件夹)。在这种情况下,我们可以如下读取文件中的数据。

```
存放数据的变量名 = pd.read_csv("文件名")
```

这次读取名为 `2-4-1-sample_data.csv` 的文件。读出的数据变成了数据帧。

```
file_data = pd.read_csv("2-4-1-sample_data.csv")
print(file_data)

   col1 col2
0    1    A
1    2    A
2    3    B
3    4    B
4    5    C
5    6    C
```

2-4-11 实现 连接数据帧

把数据帧连接在一起,可以生成新的数据帧。

首先生成两个 3 行 2 列的数据帧。

```
df_1 = pd.DataFrame({
    'col1' : np.array([1, 2, 3]),
    'col2' : np.array(["A", "B", "C"])
})
df_2 = pd.DataFrame({
    'col1' : np.array([4, 5, 6]),
    'col2' : np.array(["D", "E", "F"])
})
```

下面使用 pd.concat 函数把这两个数据帧在纵向上连接，连接结果是 6 行 2 列的数据帧。

```
print(pd.concat([df_1, df_2]))
   col1 col2
0     1    A
1     2    B
2     3    C
0     4    D
1     5    E
2     6    F
```

接着在横向上连接。这时要添加参数 axis = 1。连接结果是 3 行 4 列的数据帧。

```
print(pd.concat([df_1, df_2], axis = 1))
   col1 col2 col1 col2
0     1    A    4    D
1     2    B    5    E
2     3    C    6    F
```

pd.concat 函数还有许多其他的连接方法。pandas 的数据帧和用于数据库操作的 SQL 有相似之处。如果了解 SQL，就可以配合它完成更复杂的操作。

2-4-12　实现　数据帧的列操作

数据帧有很多用于进行提取数据等操作的函数。下面介绍常用的几个。

这里对 2-4-9 节生成的 sample_df 进行操作，它有 3 列数据。

```
print(sample_df)

   col1  col2 col3
0     1     2    A
1     2     4    B
2     3     6    C
3     4     8    D
4     5    10    E
```

要按列名提取数据，可以使用点操作符。

```
print(sample_df.col2)

0     2
1     4
2     6
3     8
4    10
Name: col2, dtype: int32
```

也可以像下面这样使用方括号。

```
print(sample_df["col2"])

0     2
1     4
2     6
3     8
4    10
Name: col2, dtype: int32
```

另外，还可以提取多个列。在方括号中以列表的形式指定多个列名即可。

```
print(sample_df[["col2", "col3"]])

   col2 col3
0     2    A
1     4    B
2     6    C
3     8    D
4    10    E
```

也可以用 drop 函数删除指定的列。

```
print(sample_df.drop("col1", axis = 1))

   col2 col3
0     2    A
1     4    B
2     6    C
3     8    D
4    10    E
```

2-4-13　实现　数据帧的行操作

这里使用 head 函数提取 sample_df 最上面的 3 行。

```
print(sample_df.head(n = 3))

   col1 col2 col3
0     1    2    A
1     2    4    B
2     3    6    C
```

还可以使用 sample_df 的 query 函数更灵活地提取数据，比如只获取第 1 行。

```
print(sample_df.query('index == 0'))

   col1 col2 col3
0     1    2    A
```

query 函数很方便，可以按照各种各样的条件提取数据。例如，只获取 col3 列中值为 A 的行。

```
print(sample_df.query('col3 == "A"'))

   col1 col2 col3
0     1    2    A
```

还可以指定多个条件。

query('col3 == "A" | col3 == "D"') 表示按照 "col3 是 A 或 D" 的条件提取数据。"或"也叫作 OR 条件。

```
print(sample_df.query('col3 == "A" | col3 == "D"'))

   col1  col2 col3
0     1     2    A
3     4     8    D
```

query('col3 == "A" & col1 == 3') 表示按照 "col3 是 A 且 col1 是 3"的条件提取数据。"且"也叫作 AND 条件。本例中的数据没有符合这项条件的。

```
print(sample_df.query('col3 == "A" & col1 == 3'))
Empty DataFrame
Columns: [col1, col2, col3]
Index: []
```

最后，同时指定行和列的条件。

```
print(sample_df.query('col3 == "A"')[["col2", "col3"]])

   col2 col3
0     2    A
```

除了 query 函数之外，还有很多方法可以提取行的数据，不过初学时只使用这种方法也没有什么问题。

2-4-14　补充　序列

从数据帧里取出 1 列，该列数据会转换为另一种名叫**序列**（series）的数据类型。

首先来看一下 sample_df 的类型名,现在是 DataFrame。

```
type(sample_df)
```
```
pandas.core.frame.DataFrame
```

接下来,只取出其中的 1 列,并查看其类型。可以看到类型变成了 Series。

```
type(sample_df.col1)
```
```
pandas.core.series.Series
```

这里的序列和 numpy 的数组的用法基本相同。

用户一般不会主动创建序列,但因为从数据帧提取 1 列后,该列数据会自动变成序列,所以它在数据分析中很常见。

虽然序列和数组用法相似,但是有时还是数组更易使用。将序列作为函数 np.array 的参数,序列就可以转换为数组。

```
type(np.array(sample_df.col1))
```
```
numpy.ndarray
```

访问序列的 .values 函数也可以得到数组。

```
type(sample_df.col1.values)
```
```
numpy.ndarray
```

2-4-15　补充　函数文档

我们很难记住函数的所有用法。

Python 准备了十分方便的 `help` 函数。例如，要查询 `query` 函数的用法，可以执行下列代码。

```
help(sample_df.query)
```
```
Help on method query in module pandas.core.frame:
……以下省略
```

文档是用英文写的，里面也给出了代码示例。如果不太熟悉英文，也可以从代码示例中得到一些参考。

第 3 章

使用 Python 进行数据分析

3-1

使用 Python 进行描述统计：单变量

本章 3-1 节和 3-2 节将讲解如何使用 Python 进行统计。3-1 节先介绍单变量数据的统计方法。

3-1-1 统计分析与 scipy

scipy 中包含用于"计算统计量等基础的数据分析工作"的函数。本节的主角就是 scipy。

导入用于存放数据的 numpy，同时导入 scipy。

```
import numpy as np
import scipy as sp
```

然后指定浮点数的打印精度。执行下面的语句，即可将打印精度设置为 3 位。

```
%precision 3
```

3-1-2 单变量数据的操作

单变量数据是指只有一种类型的数据，例如鱼的体长。本节只研究单变量数据，使用 numpy 中的数组可以方便地对其进行处理。

3-1 使用 Python 进行描述统计：单变量

在变量 `fish_data` 里存放 10 个虚构的鱼的体长数据。

```
fish_data = np.array([2,3,3,4,4,4,4,5,5,6])
fish_data
```
```
array([2, 3, 3, 4, 4, 4, 4, 5, 5, 6])
```

3-1-3　实现　总和与样本容量

我们来熟悉一下 `scipy` 的用法。导入语句是 `import scipy as sp`，所以只需写 `sp.`，即可使用 `scipy` 里的函数。

使用 `scipy` 里的 `num` 函数可以计算数据的**总和**。

```
sp.sum(fish_data)
```
```
40
```

实际上，如果只是计算总和，则没有必要使用 `scipy`，`numpy.sum` 和 Python 标准函数（`sum`）也可以达到相同效果。我们还可以直接调用 `fish_data` 的 `sum` 方法。

不过，不同包里的同名函数的逻辑未必相同。本书在使用数据分析相关的基础函数时会尽量选择 `scipy` 里的函数。

有一个例外是求样本容量，本书将使用 Python 标准函数。

```
len(fish_data)
```
```
10
```

3-1-4 实现 均值（期望值）

下面计算均值（期望值）。先回顾一下计算均值的公式：

$$\mu = \frac{1}{N}\sum_{i=1}^{N} x_i \tag{3-1}$$

使用 Python 实现如下。

```
N = len(fish_data)
sum_value = sp.sum(fish_data)
mu = sum_value / N
mu
```

```
4.000
```

把样本容量存放在变量 `N` 中，再把样本总和存放在变量 `sum_value` 中，求得均值后，把结果放在变量 `mu` 中。后面将使用这个 `mu` 来计算方差等统计量。

也可以使用 `scipy` 里的 `mean` 函数快捷地求得均值。

```
sp.mean(fish_data)
```

```
4.000
```

3-1-5 实现 样本方差

接下来计算方差。方差用来表示数据距离均值有多远。先回顾一下样本方差的计算公式：

$$\sigma^2 = \frac{1}{N}\sum_{i=1}^{N}(x_i - \mu)^2 \tag{3-2}$$

使用 Python 实现如下。

```
sigma_2_sample = sp.sum((fish_data - mu) ** 2) / N
sigma_2_sample
```

```
1.200
```

计算偏差平方和的语句 sp.sum((mu - fish_data) ** 2) 可能较难理解，下面拆分讲解一下。

首先观察 fish_data，它就是 x_i。

```
fish_data
```

```
array([2, 3, 3, 4, 4, 4, 4, 5, 5, 6])
```

通过 fish_data - mu 就能算得所有的 $x_i - \mu$。

其中 mu 的值是 4。结果中的小数部分是 0，所以 2.0 被省略显示为 2.。

```
fish_data - mu
```

```
array([-2., -1., -1., 0., 0., 0., 0., 1., 1., 2.])
```

语句 (fish_data - mu) ** 2 计算上面所有值的平方，得到所有的 $(x_i - \mu)^2$。

```
(fish_data - mu) ** 2
```

```
array([ 4., 1., 1., 0., 0., 0., 0., 1., 1., 4.])
```

最后把这些值加在一起。

```
sp.sum((fish_data - mu) ** 2)
```

```
12.000
```

使用这个数除以样本容量（10），就可以得到方差。

使用 scipy 里的 var 函数可以方便地计算方差。注意这里要将参数 ddof 设为 0。

```
sp.var(fish_data, ddof = 0)
```
1.200

3-1-6 实现 无偏方差

样本方差是利用样本均值计算而来的，这个结果存在偏差，过小地推断了总体方差。无偏方差则去除了这个偏差。

回顾一下无偏方差的公式：

$$\sigma^2 = \frac{1}{N-1} \sum_{i=1}^{N} (x_i - \mu)^2 \tag{3-3}$$

其结果比样本方差稍大。

使用 Python 实现如下。

```
sigma_2 = sp.sum((fish_data - mu) ** 2) / (N - 1)
sigma_2
```
1.333

将 scipy 的 var 函数中的参数 ddof 设为 1，即可得到无偏方差。

```
sp.var(fish_data, ddof = 1)
```
1.333

3-1-7 实现 标准差

方差由数据的平方得来，因此数据的单位也变成了平方。平方单位不容易处理，所以我们先开平方得到标准差。

回顾一下标准差的公式：

$$\sigma = \sqrt{\sigma^2} = \sqrt{\frac{1}{N-1}\sum_{i=1}^{N}(x_i - \mu)^2} \qquad (3\text{-}4)$$

使用 Python 实现如下，其中 sqrt 函数用于计算平方根。

```
sigma = sp.sqrt(sigma_2)
sigma
```
```
1.155
```

使用 scipy 的 std 函数可以方便地进行计算。需要注意的是，在使用无偏方差的平方根的情况下，应将 ddof 设为 1。

```
sp.std(fish_data, ddof = 1)
```
```
1.155
```

3-1-8 补充 标准化

标准化就是把均值转化为 0，把标准差（方差）转化为 1。均值不相等的随机变量放在一起很难把握其特征，所以人们有时会先进行标准化再分析。

要使得均值为 0，只需用所有样本减去均值即可，其实现如下。

```
fish_data - mu
array([-2., -1., -1., 0., 0., 0., 0., 1., 1., 2.])
```

fish_data - mu 的均值是 0。

```
sp.mean(fish_data - mu)
0.000
```

同样，要使得数据的标准差（方差）为 1，只需用所有样本除以标准差即可，其实现如下。

```
fish_data / sigma
array([ 1.732, 2.598, 2.598, 3.464, 3.464, 3.464,
        3.464, 4.33 , 4.33 , 5.196])
```

fish_data / sigma 的标准差是 1。

```
sp.std(fish_data / sigma, ddof = 1)
1.000
```

执行这两种转化就可以把数据的均值转化为 0，把标准差（方差）转化为 1。

```
standard = (fish_data - mu) / sigma
standard
array([-1.732, -0.866, -0.866, 0. , 0. , 0. , 0. ,
        0.866, 0.866, 1.732])
```

现在查看一下均值是否为 0。

```
sp.mean(standard)
0.000
```

再查看一下标准差是否为 1。

```
sp.std(standard, ddof = 1)
```
```
1.000
```

3-1-9　补充　其他统计量

均值和方差是最重要的统计量，但有时也不能很好地表示数据。下面介绍一些其他的统计量。

先介绍几个很容易从直觉上理解的量。

使用 amax 函数可以求最大值。

```
sp.amax(fish_data)
```
```
6
```

使用 amin 函数可以求最小值。

```
sp.amin(fish_data)
```
```
2
```

接下来介绍一下**中位数**。

数据 $\{1, 2, 3, 4, 5\}$ 的中位数是 3。

把数据按升序排列，位置在最中间的数就是中位数。

使用 median 函数可以求中位数。

```
sp.median(fish_data)
```
```
4.000
```

在 `fish_data` 里，均值和中位数相等。一般而言，左右对称的数据的均值和中位数相等；而如果是左右不对称的数据，则这两个统计量不等。

例如下面这样一组数据，里面只有一条特别大的鱼。

```
fish_data_2 = np.array([2,3,3,4,4,4,4,5,5,100])
```

均值被这条大鱼拉高了。

```
sp.mean(fish_data_2)
```
```
13.400
```

但是，中位数依然不变。

```
sp.median(fish_data_2)
```
```
4.000
```

在一般情况下，一组小鱼的样本里应该不会出现 100 cm 长的大鱼，这可能是因为计量失误或样本里混入了其他品种。这样的值叫作**极端值**。均值易受极端值的影响，而中位数不易受极端值的影响。

因此，**中位数对于极端值更有稳健性**。

3-1-10　实现 scipy.stats 与四分位数

通过以下代码导入 scipy 中用于统计分析的函数。

```
from scipy import stats
```

下面使用这个函数计算**四分位数**。

把数据按升序排列，处在 25% 和 75% 位置的数就是四分位数。

为了方便展示执行结果，这里新定义一组数据 `fish_data_3`。

```
fish_data_3 = np.array([1,2,3,4,5,6,7,8,9])
stats.scoreatpercentile(fish_data_3, 25)
```

```
3.000
```

从小到大开始数，在 75% 位置的数如下所示。

```
stats.scoreatpercentile(fish_data_3, 75)
```

```
7.000
```

3-2

使用 Python 进行描述统计：多变量

包含多个变量的数据叫作多变量数据，例如包含鞋的销量和颜色的数据。本节将从介绍相关术语开始，来讲解如何处理多变量数据。多变量数据和单变量数据的处理方式是不同的。

把多变量数据整理成整洁数据非常重要。对初学者而言，学会如何整理出整洁数据，以及如何使用 Python 完成这个任务，要比直接学习复杂计算更有意义。

在本节的最后，我们将补充介绍列联表和相关系数的内容。

3-2-1 术语 整洁数据

根据哈德利·威克姆（Hadley Wickham）的定义，**整洁数据**是指便于数据分析的表格形式的数据。

整洁数据具有以下 4 个性质：

1. 每个单元格代表一个数值；
2. 每个变量构成一列；
3. 每项观察构成一行；
4. 每种类型的观察单元构成一个表格。

本书主要关注前 3 个性质。

整洁数据的特征是数据的意义与其结构对应，所以性质 1～3 可以理解为"数值 ⇔ 单元格""变量 ⇔ 列""观察 ⇔ 行"这种对应形式。

使用整洁数据的一个好处就是分析者可以通过统一的处理来进行复杂的统计。人类易于理解的形式和程序易读的形式是有区别的。整洁数据就是一种易于程序读取的形式。

如下表所示的数据就是整洁数据。

鱼的种类	鱼的体长
A	2
A	3
A	4
B	7
B	8
B	9

如果把"A 类"和"2 cm"放在同一个单元格里,那么就连计算体长均值都很麻烦,所以应该先把数据分离开。

表格分为 2 列,列名为变量名。显然,这份数据中有"鱼的种类"和"鱼的体长"2 个变量。

除了变量名之外,表格中有 6 行数据,可知该例中对 6 条鱼进行了观察。

3-2-2 术语 杂乱数据

整洁数据以外的数据形式就是**杂乱数据**。

把 3-2-1 节的数据表示为杂乱数据,如下所示。

A 类的鱼	B 类的鱼
2	7
3	8
4	9

这些数值的含义都是"鱼的体长",但表格的列名却不是"鱼的体长"。单看这个表格,我们无法得知这些数值到底是体长、体重、当天钓到的条数还是别的什么含义,所以不应以这种形式来管理数据。

3-2-3 术语 列联表(交叉分类表)

下表是整洁数据。

分店	颜色	销量
大阪店	蓝色	13
大阪店	红色	9
东京店	蓝色	10
东京店	红色	15

第 1 列是店铺种类,第 2 列是鞋的颜色,第 3 列是销售数量。
下表不是整洁数据。

鞋子销量表		颜色	
		蓝色	红色
分店	大阪店	13	9
	东京店	10	15

这种数据形式称为**列联表**或**交叉分类表**。

杂乱数据的一个特点是表格的行容易带有变量的含义。在上面的数据中，表格的行带有"店铺种类"这个变量的含义。相对地，整洁数据则是一行代表一个观察结果。

由于人们能在这样的表格中一眼看出数据特征，所以有些教材也推荐使用这种形式，这无可厚非。但若要维护、管理、共享、复用数据，这样的形式是不合适的。

我们应该尽量以整洁数据的形式管理数据，有必要时可以用几行简单的 Python 代码将其转换成列联表的形式。

在委托他人进行数据分析时，最好交给对方整洁数据。同样地，在共享数据时，也最好使用整洁数据的形式。**把杂乱数据变为整洁数据所花费的时间和精力往往超乎想象**。

3-2-4　多变量数据的管理

使用 pandas 的数据帧可以方便地管理整洁数据。

在代码中导入 pandas 和 scipy，并修改浮点数的打印精度。

```
# 用于数值计算的库
import pandas as pd
import scipy as sp
# 设置浮点数打印精度
%precision 3
```

接下来读入不同种类的鱼的体长数据。

```
fish_multi = pd.read_csv("3-2-1-fish_multi.csv")
print(fish_multi)

  species  length
0       A       2
1       A       3
2       A       4
3       B       6
4       B       8
5       B      10
```

3-2-5 实现 求各分组的统计量

怎样才能按鱼的种类求体长的均值呢？

在求多变量数据的统计量时，可以应用 2-4 节介绍的数据提取方法，按照提取数据、计算所提取的数据的统计量这种流程进行分析。虽然这是一种可行的方法，但是比较烦琐。

利用 groupby 函数的分组处理功能就可以使用简短的代码算出统计量。

```
group = fish_multi.groupby("species")
print(group.mean())

         length
species
A             3
B             8
```

第 1 行按鱼的种类完成分组，第 2 行分别为每组求得均值并打印。所求结果为：A 类鱼的体长均值是 3 cm，B 类鱼的体长均值是 8 cm。

也可以使用类似的方法计算每组的标准差。

```
print(group.std(ddof = 1))
          length
species
A            1.0
B            2.0
```

还可以一次性求出每组的均值、标准差、四分位数等统计量。

```
group.describe()
```

	length							
	count	mean	std	min	25%	50%	75%	max
species								
A	3.0	3.0	1.0	2.0	2.5	3.0	3.5	4.0
B	3.0	8.0	2.0	6.0	7.0	8.0	9.0	10.0

3-2-6 实现 列联表

接下来介绍如何将读入的整洁数据转换为列联表的形式。在管理数据时我们使用的是整洁数据，而在有必要转换成列联表形式时，只需几行代码即可做到。

首先读入各分店各颜色鞋子的销量数据。

```
shoes = pd.read_csv("3-2-2-shoes.csv")
print(shoes)

   store  color  sales
0  tokyo  blue     10
1  tokyo  red      15
2  osaka  blue     13
3  osaka  red       9
```

使用 pandas 中的 pivot_table 函数可以实现多种统计功能。

```
cross = pd.pivot_table(
    data = shoes,
    values = "sales",
    aggfunc = "sum",
    index = "store",
    columns = "color"
)
print(cross)

color  blue  red
store
osaka   13    9
tokyo   10   15
```

代码第 2 行指定数据,第 3 行指定要统计的对象,第 4 行指定统计所用的函数,第 5 行和第 6 行指定列联表的行和列。

3-2-7 术语 协方差

研究两个连续变量之间的关系时使用的统计量叫作**协方差**。

协方差的含义如下。

- 协方差大于 0:一个变量取值越大,另一个变量的取值也**越大**。
- 协方差小于 0:一个变量取值越大,另一个变量的取值却**越小**。
- 协方差等于 0:两个变量不相关。

变量 x、y 的协方差 $\mathrm{Cov}(x, y)$ 的计算公式如下:

$$\mathrm{Cov}(x,y) = \frac{1}{N} \sum_{i=1}^{N}(x_i - \mu_x)(y_i - \mu_y) \qquad (3\text{-}5)$$

其中,μ_x、μ_y 分别是变量 x、y 的均值,N 是样本容量。Cov 是协方差的英文 Covariance 的缩写。

我们对照着看一下方差的公式：

$$\sigma^2 = \frac{1}{N} \sum_{i=1}^{N}(x_i - \mu)^2 \tag{3-6}$$

方差是由平方得来的，所以上式是把"$x_i - \mu$""$x_i - \mu$"这两个同样的式子乘在一起。而协方差则是把这两个因式分别换成了变量 x、y 对应的式子。

当协方差大于 0 时，如果 x 的取值大于均值，则 y 的取值也会大于均值。反之亦然（图 3-1）。

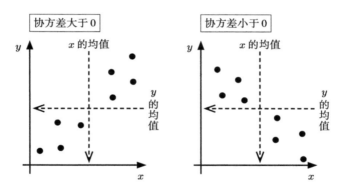

图 3-1　协方差与数据的分布

和方差一样，协方差的公式中也可以使用 $N - 1$ 作为分母：

$$\text{Cov}(x, y) = \frac{1}{N-1} \sum_{i=1}^{N}(x_i - \mu_x)(y_i - \mu_y) \tag{3-7}$$

3-2-8 术语 协方差矩阵

把多个变量的方差和协方差放在一起形成的矩阵，叫作**协方差矩阵**。变量 x、y 的协方差矩阵为：

$$\mathrm{Cov}(x,y) = \begin{bmatrix} \sigma_x^2 & \mathrm{Cov}(x,y) \\ \mathrm{Cov}(x,y) & \sigma_y^2 \end{bmatrix} \quad (3\text{-}8)$$

其中，σ_x^2、σ_y^2 分别是 x、y 的方差。第 1 行第 2 列和第 2 行第 1 列都是 $\mathrm{Cov}(x,y)$，填入的是相同的值。

3-2-9 实现 协方差

下面使用 Python 计算协方差。首先按照公式来计算。

导入用于计算协方差的样本数据。

```
cov_data = pd.read_csv("3-2-3-cov.csv")
print(cov_data)

      x    y
0  18.5   34
1  18.7   39
2  19.1   41
3  19.7   38
4  21.5   45
5  21.7   41
6  21.8   52
7  22.0   44
8  23.4   44
9  23.8   49
```

算好协方差要用到的各项数据。

```
# 读取数据的列
x = cov_data["x"]
y = cov_data["y"]
# 求样本容量
N = len(cov_data)
# 求各变量均值
mu_x = sp.mean(x)
mu_y = sp.mean(y)
```

计算样本的协方差。

```
cov_sample = sum((x - mu_x) * (y - mu_y)) / N
cov_sample
```

```
6.906
```

计算分母为 $N-1$ 的协方差。

```
cov = sum((x - mu_x) * (y - mu_y)) / (N - 1)
cov
```

```
7.673
```

3-2-10　实现　协方差矩阵

使用 scipy 的 cov 函数可以便捷地计算协方差矩阵。

```
sp.cov(x, y, ddof = 0)
```

```
array([[  3.282,   6.906],
       [  6.906,  25.21 ]])
```

通过指定 ddof = 1，可以计算分母为 $N-1$ 的协方差矩阵。

```
sp.cov(x, y, ddof = 1)
array([[  3.646,   7.673],
       [  7.673,  28.011]])
```

3-2-11　术语　皮尔逊积矩相关系数

对于变量 x、y，如下式计算所得的 ρ_{xy} 叫作**皮尔逊积矩相关系数**。说到**相关系数**，通常指的就是下式：

$$\rho_{xy} = \frac{\mathrm{Cov}(x,y)}{\sqrt{\sigma_x^2 \sigma_y^2}} \tag{3-9}$$

该式也可以看作将协方差标准化成最大值为 1、最小值为 −1 而得出的。

协方差是一种非常方便的量，但它的最大值和最小值是不确定的。假设数据的单位由厘米变成了米，那么协方差也会随之变化，从而变得难以使用。对此，可以使用相关系数对协方差加以修正，让它的值始终处在 −1 到 1 的范围内。

3-2-12　术语　相关矩阵

把多个变量的相关系数放在一起得到的矩阵，叫作**相关矩阵**。

变量 x、y 的相关矩阵为：

$$\mathrm{Cov}(x,y) = \begin{bmatrix} 1 & \rho_{xy} \\ \rho_{xy} & 1 \end{bmatrix} \tag{3-10}$$

3-2-13 实现 皮尔逊积矩相关系数

下面计算相关系数。

```
# 计算两个变量的方差
sigma_2_x = sp.var(x, ddof = 1)
sigma_2_y = sp.var(y, ddof = 1)
# 计算相关系数
rho = cov / sp.sqrt(sigma_2_x * sigma_2_y)
rho
```

```
0.759
```

分母和分子都被同一个数所除，所以不论方差和协方差的分母是 N 还是 $N-1$，相关系数都不会变。

```
# 计算两个变量的方差
sigma_2_x_sample = sp.var(x, ddof = 0)
sigma_2_y_sample = sp.var(y, ddof = 0)
# 计算相关系数
cov_sample / sp.sqrt(sigma_2_x_sample * sigma_2_y_sample)
```

```
0.759
```

使用 scipy 的 corrcoef 函数可以快捷地得到相关矩阵。

```
sp.corrcoef(x, y)
```

```
array([[ 1.   ,  0.759],
       [ 0.759,  1.   ]])
```

3-2-14　补充　相关系数无效的情况

在研究多个变量之间的关系时经常使用相关系数，但它并不是万能的。

在图 3-2 所示的数据中，相关系数接近于 0。对于这样的数据，有必要通过图形来进一步分析它们的关系。

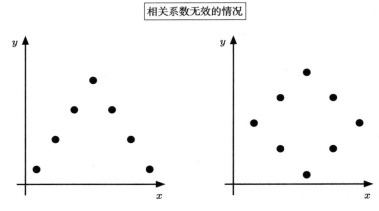

图 3-2　相关系数无效的数据示例

3-3 基于 matplotlib、seaborn 的数据可视化

只观察统计量的数值难以把握数据的特征,因此,数据可视化可以说是数据分析中的必要任务。

本节主要使用 matplotlib 和 seaborn 这两个库来绘制美观实用的数据图表。

3-3-1 Python 中的数据可视化

Python 有很多用于绘图的库,它们有各自的优缺点。本书在选取库时主要考虑了所绘制的图形是否美观以及应用是否方便。

如果只用 matplotlib 和 seaborn 进行数据可视化,那么只记住很少的知识即可。matplotlib 是用于绘图的标准库;seaborn 是用于美化 matplotlib 所绘图形的库。

本书将介绍一下 matplotlib 的用法,然后尽量只使用 seaborn 中的函数进行数据可视化。

3-3-2 实现 数据可视化的环境准备

在进行可视化之前,需要导入相关的库。另外,还需要让 Jupyter Notebook 直接显示所绘制的图形,否则代码运行后就得不到图形。

```
# 用于数值计算的库
import numpy as np
import pandas as pd
# 用于绘图的库
%precision 3
# 设置浮点数打印精度
from matplotlib import pyplot as plt
# 在 Jupyter Notebook 里显示图形
%matplotlib inline
```

3-3-3　实现　用 pyplot 绘制折线图

现在已经从 matplotlib 导入了 pyplot。只用 pyplot 就可以绘制出多种多样的图形。特别是在绘制折线图（lineplot）时，pyplot 是最方便的工具。下面我们来看一下如何用 pyplot 绘制折线图。

折线图直观地展示了数据的变化。

首先准备一些数据。

```
x = np.array([0,1,2,3,4,5,6,7,8,9])
y = np.array([2,3,4,3,5,4,6,7,4,8])
```

然后绘制这些数据的折线图（图 3-3）。

```
plt.plot(x, y, color = 'black')
plt.title("lineplot matplotlib")
plt.xlabel("x")
plt.ylabel("y")
```

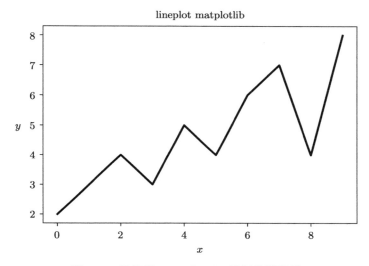

图 3-3　只使用 matplotlib 绘制的折线图

真正进行绘图的函数是 plt.plot，只要把 x 轴和 y 轴的数据（数组或序列）作为参数传入即可。该例中还设定了一个改变折线颜色的参数。绘图之后，使用 plt.title 和 plt.xlabel、plt.ylabel 函数为图形添加了标题和坐标轴的名称。

步骤很简单，不过图形也很简陋。

执行 plt.savefig("文件名") 可以把生成的图形保存为文件。

3-3-4　实现 用 seaborn 和 pyplot 绘制折线图

下面导入 seaborn 来绘制折线图。导入 seaborn 并将其重命名为 sns，执行 sns.set() 后，图形的外观就会改变。

```
import seaborn as sns
sns.set()
```

执行和 3-3-3 节相同的绘图步骤。

```
plt.plot(x, y, color = 'black')
plt.title("lineplot seaborn")
plt.xlabel("x")
plt.ylabel("y")
```

这里依然使用了 matplotlib 中的函数 plt.plot，但图形背景有了一些变化，现在的图形应该更清晰易读了（图 3-4）。

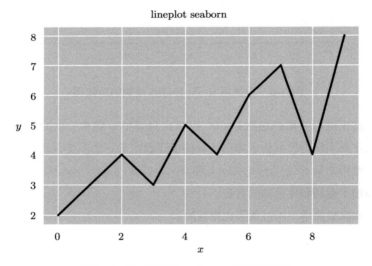

图 3-4　配合使用 seaborn 后的折线图

3-3-5　实现　用 seaborn 绘制直方图

接下来，我们不使用 pyplot，只使用 seaborn 中的函数来绘制直方图。使用 seaborn 的函数得到的结果和 pyplot 基本相同，而且也可以用 plt.title 等函数添加各种标签，不过 seaborn 的函数功能强大，有时会自动添加各种标签。

准备一组虚构的鱼的体长数据。

```
fish_data = np.array([2,3,3,4,4,4,4,5,5,6])
fish_data
```

```
array([2, 3, 3, 4, 4, 4, 4, 5, 5, 6])
```

然后绘制直方图（图 3-5）。

```
sns.distplot(fish_data, bins = 5,
             color = 'black', kde = False)
```

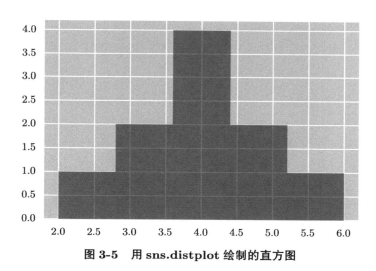

图 3-5　用 sns.distplot 绘制的直方图

绘图时使用了函数 sns.distplot，bins = 5 表示分割成 5 组并求各组频数，kde = False 表示禁用核密度估计。

3-3-6　实现　通过核密度估计将直方图平滑化

前面通过 kde = False 禁用了核密度估计，但其实核密度估计是一个方便的工具，下面我们就来简单地介绍一下其用途。

核密度估计是为了解决直方图的一个缺点而诞生的。

这个缺点就是，直方图的形状会随着组的大小变化而剧烈变动。设 bins = 1，那么直方图将完全无法体现数据特征（图 3-6）。

```
sns.distplot(fish_data, bins = 1,
             color = 'black', kde = False)
```

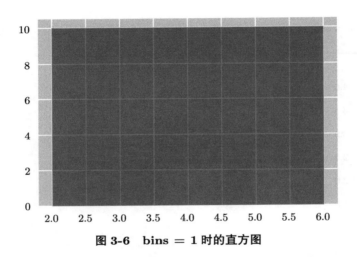

图 3-6　bins = 1 时的直方图

这显然无法应用。虽然有公式可以用来求合适的组数，但依然显得有些随意。

那么，如果不进行分组，而是用平滑的曲线把直方图连在一起呢？核密度估计就是实现这一想法的一种方式。

只要去掉参数 kde = False，即可得到使用了核密度估计的图形（图 3-7）。这里同时还去掉了 bins 的赋值。

```
sns.distplot(fish_data, color = 'black')
```

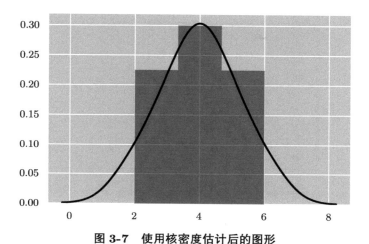

图 3-7 使用核密度估计后的图形

可以看到，直方图上绘制了一条平滑的曲线，纵轴的数值也变了。此时，直方图的面积相当于概率，总和是 1，非常清晰。上述变换可由参数 norm_hist = True 显式指定。

3-3-7 实现 两个变量的直方图

多个变量的直方图可以绘制在一起。

例如，读入不同种类（species）的鱼的体长（length）数据。

```
fish_multi = pd.read_csv("3-3-2-fish_multi_2.csv")
print(fish_multi)

   species  length
0        A       2
1        A       3
2        A       3
3        A       4
4        A       4
5        A       4
6        A       4
7        A       5
```

```
8    A    5
9    A    6
10   B    5
11   B    6
12   B    6
13   B    7
14   B    7
15   B    7
16   B    7
17   B    8
18   B    8
19   B    9
```

计算各种类的统计量。可知 B 类鱼的均值更大。

```
fish_multi.groupby("species").describe()
```

	length							
species	count	mean	std	min	25%	50%	75%	max
A	10.0	4.0	1.154701	2.0	3.25	4.0	4.75	6.0
B	10.0	7.0	1.154701	5.0	6.25	7.0	7.85	9.0

把各类鱼的体长数据分别存放到新的变量中。

```
length_a = fish_multi.query('species == "A"')["length"]
length_b = fish_multi.query('species == "B"')["length"]
```

连续执行两次绘制直方图的函数,就可以得到绘制在一起的直方图(图 3-8)。

```
sns.distplot(length_a, bins = 5,
             color = 'black', kde = False)
sns.distplot(length_b, bins = 5,
             color = 'gray', kde = False)
```

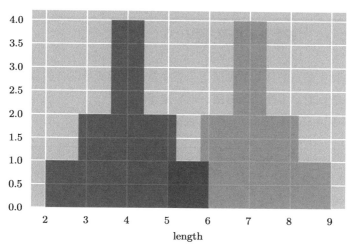

图 3-8 两个变量的直方图

3-3-8 将多变量可视化的代码

直方图主要还是用于单变量数据，所以最好分别为每个变量绘图，但是这样做会很烦琐。因此，对于多变量数据，需要有更高效的可视化方法。

使用 seaborn 可以如下绘制多变量数据的图形。

```
sns.函数名(
  x = "x轴对应的列名",
  y = "y轴对应的列名",
  data = 数据帧,
  其他参数
)
```

如果读取的是整洁数据，列名应该与随机变量的名称一致，这样就可以统一地绘制数据的图形。

3-3-9 实现 箱形图

各种类的鱼的体长数据属于分类变量和定量变量混合的数据。在表示这种数据时，多使用**箱形图**，也叫**盒须图**。

下面用 sns.boxplot 绘制一张箱形图（图 3-9）。

```
sns.boxplot(x = "species", y = "length",
            data = fish_multi, color = 'gray')
```

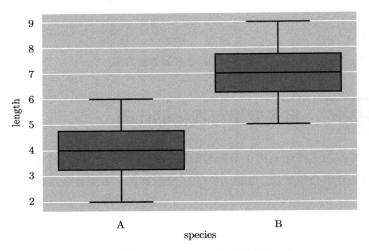

图 3-9 用 sns.boxplot 生成的箱形图

箱子中心的线段表示中位数。箱子上下底边表示上四分位数（75%处）和下四分位数（25% 处）。箱子上下边缘表示数据范围。读者可以通过 fish_multi.groupby("species").describe() 来理解这张图的含义。

3-3-10 实现 小提琴图

小提琴图和箱形图十分类似,它用核密度估计的结果替换了箱子。小提琴图的历史较新,一些旧的教材中可能没有介绍。小提琴图非常清晰易读。

下面用 `sns.violinplot` 绘制一张小提琴图(图 3-10)。

```
sns.violinplot(x = "species", y = "length",
               data = fish_multi, color = 'gray')
```

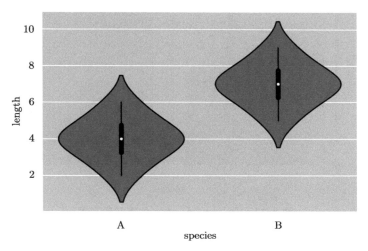

图 3-10 用 sns.violinplot 生成的小提琴图

图 3-10 上的平滑曲线是核密度估计的结果。小提琴图也可以理解为用横向放置的直方图代替了箱形图中的箱子。比起箱形图,小提琴图还展示了频数最高的位置。

3-3-11 实现 条形图

接下来介绍**条形图**。绘制条形图时使用 seaborn 中的 barplot 函数，调用方法和箱形图完全一致，只需换掉函数名即可（图 3-11）。

```
sns.barplot(x = "species", y = "length",
            data = fish_multi, color = 'gray')
```

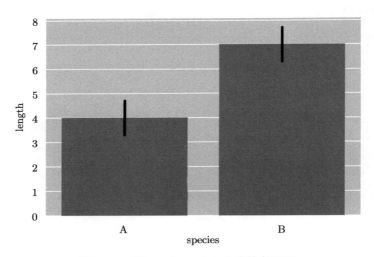

图 3-11　用 sns.barplot 生成的条形图

各条的高度表示均值。条中间的黑线叫作**误差线**，代表置信区间。置信区间将在 3-7 节介绍。

条形图展示的数据比箱形图等图形少，因此，在写报告、论文时，一般使用箱形图、小提琴图等信息量更丰富的图形。请读者根据实际情况选用。

3-3-12 实现 散点图

散点图用来表示两种定量变量组合起来的数据。

首先导入 3-2 节中用于计算相关系数的数据。

```
cov_data = pd.read_csv("3-2-3-cov.csv")
print(cov_data)

      x     y
0  18.5   34
1  18.7   39
2  19.1   41
3  19.7   38
4  21.5   45
5  21.7   41
6  21.8   52
7  22.0   44
8  23.4   44
9  23.8   49
```

接下来同时绘制散点图和直方图（图 3-12）。

```
sns.jointplot(x = "x", y = "y",
              data = cov_data, color = 'black')
```

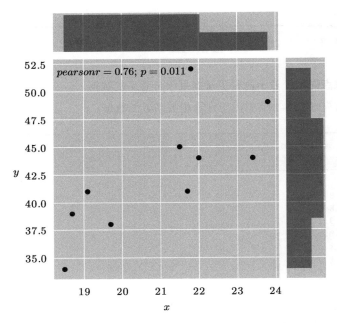

图 3-12　用 sns.jointplot 生成的散点图

图 3-12 中的 $pearsonr$ 是相关系数，p 是假设检验的结果。假设检验将从 3-8 节开始介绍。这里的 $pearsonr$ 是 0.76，所以两个变量的相关系数是正值，散点图的整体形状向右上方倾斜。

3-3-13　实现　散点图矩阵

最后介绍如何将多变量数据可视化。在将两个以上的变量数据可视化时，代码和之前有所不同。

首先导入 seaborn 内置的鸢尾花数据。

```
iris = sns.load_dataset("iris")
iris.head(n = 3)
```

	Sepal_length	sepal_width	petal_length	petal_width	species
0	5.1	3.5	1.4	0.2	setosa
1	4.9	3.0	1.4	0.2	setosa
2	4.7	3.2	1.3	0.2	setosa

这份鸢尾花数据是常用的数据分析样本数据，其中按鸢尾花的种类记录了萼片（sepal）和花瓣（petal）的长度（length）和宽度（width）。分类变量和定量变量总共有 5 种。

为了观察数据的特征，先求每种鸢尾花[1]的各数据的均值。

```
iris.groupby("species").mean()
```

Species	Sepal_length	sepal_width	petal_length	petal_width
Setosa	5.006	3.428	1.462	0.246
Versicolor	5.936	2.770	4.260	1.326
Virginica	6.588	2.974	5.552	2.026

由上表可大致看出，不同种类的花的大小也不一样，但只依靠该表无法把握数据的全貌。

下面我们将其可视化，使用 pairplot 函数通过一行代码即可实现。

```
sns.pairplot(iris, hue="species", palette='gray')[2]
```

只需把数据帧传入 pairplot，即可得到散点图矩阵（图 3-13）。通

---

[1] 下表中的 Setosa、Versicolor 和 Virginica 分别指山鸢尾、杂色鸢尾和维吉尼亚鸢尾。——编者注
[2] 这里使用的是旧版 seaborn，如果使用新版 seaborn，那么在显示直方图时，可能需要在此处添加 diag_kind = 'hist' 参数，否则图 3-13 中的直方图形状可能发生改变。——编者注

过参数 hue = "分类变量的列名" 可以得到彩色的图形，不同的类别使用不同的颜色。在其他一些函数中也有参数 hue。

每行每列都标上了变量名。例如第 2 行第 1 列的散点图纵轴是 sepal_width，横轴是 sepal_length。矩阵的主对角线是直方图。

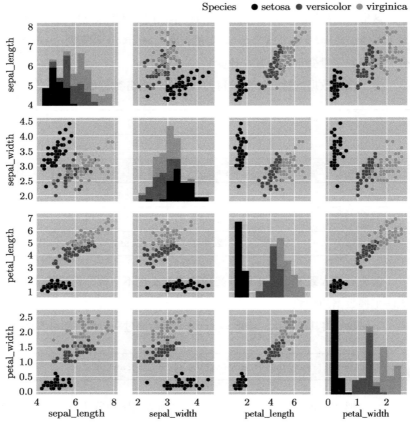

图 3-13　用 sns.pairplot 生成的散点图矩阵

3-4

用 Python 模拟抽样

3-4 节到 3-6 节将讲解统计推断的基础理论。

本节我们将用程序模拟总体完全已知的抽样,并结合第 1 章的内容学习如何获取数据,以及如何用 Python 进行程序模拟。

3-4-1 环境准备

首先导入本节要用到的所有函数库。

```
# 用于数值计算的库
import numpy as np
import pandas as pd
import scipy as sp
from scipy import stats
# 用于绘图的库
from matplotlib import pyplot as plt
import seaborn as sns
sns.set()
# 设置浮点数打印精度
%precision 3
# 在 Jupyter Notebook 里显示图形
%matplotlib inline
```

3-4-2 抽样过程

样本就是随机变量，它的取值会随机变化。

假设湖中只有 5 条鱼，那么总体就是 5 条鱼。现在从湖中随机钓出 1 条鱼作为样本，具体钓到了哪条是随机的，所以样本就被看作随机变量。

假设湖中的鱼体长如下（四舍五入取整）：

$$\{2, 3, 4, 5, 6\}$$

如果偶然钓到了体长为 4 cm 的鱼，也只能说明样本值偶尔是 4 cm。它也可能是 2 cm 或 6 cm。

在现实中钓鱼只能得到 1 个样本值，而使用 Python 进行程序模拟则可以在完全相同的条件下反复抽样，所以可以得到多个样本值。

3-4-3 在只有 5 条鱼的湖中抽样

我们把 3-4-2 节中只有 5 条鱼的湖作为研究对象。

使用 numpy 中的数组准备鱼的体长数据。

```
fish_5 = np.array([2,3,4,5,6])
fish_5
```
```
array([2, 3, 4, 5, 6])
```

使用 np.random.choice 函数从这 5 条鱼中随机抽出一部分。size = 1 表示将样本容量设定为 1。replace = False 表示函数不重复选取相同的值。

```
np.random.choice(fish_5, size = 1, replace = False)
array([3])
```

从中抽取 3 条鱼。

```
np.random.choice(fish_5, size = 3, replace = False)
array([5, 3, 4])
```

因为抽取的样本是随机变化的,所以重复执行相同的代码所得到的样本也可能不同。

下面再执行一次。

```
np.random.choice(fish_5, size = 3, replace = False)
array([4, 3, 2])
```

这里介绍一个程序模拟的小技巧 —— **随机种子**(seed)。

每次执行函数 np.random.choice 都会得到随机的样本。但如果设置了随机种子,每次执行所得的样本都将相同。

下面结合代码来理解。使用 np.random.seed 函数设置随机种子,参数可以是任意数。给定相同的参数,后续的随机函数就会得到相同的结果。参数不同,得到的结果也不同。

首先,把种子设为 1,并随机抽出 3 条鱼。

```
np.random.seed(1)
np.random.choice(fish_5, size = 3, replace = False)
array([4, 3, 6])
```

把上述代码再执行一次。

```
np.random.seed(1)
np.random.choice(fish_5, size = 3, replace = False)
```
```
array([4, 3, 6])
```

可以看到两次代码执行的结果相同,这就是设定随机种子的效果。为了让本书的模拟结果与读者所用环境的结果一致,本书会给出随机种子。

计算所得样本的均值,即样本均值。

```
np.random.seed(1)
sp.mean(
    np.random.choice(fish_5, size = 3, replace = False)
)
```
```
4.333
```

3-4-4　术语　随机数

下面介绍一些程序模拟中会用到的术语。

随机得到的数叫作**随机数**。有些领域会将其看作随机变量。

过去人们通过掷骰子、抛硬币等方式得到随机数,现在用计算机就可以方便地生成随机数。这里的模拟抽样也是一种生成随机数的过程。

3-4-5　术语　放回抽样、不放回抽样

把抽出的样本放回总体再重新抽样叫作**放回抽样**。抽出的样本不放回总体的抽样叫作**不放回抽样**。

Python 代码中指定参数 replace = False 的抽样就是不放回抽样。

3-4-6 从鱼较多的湖中抽样

下面继续进行模拟抽样。

之前的研究对象是只有 5 条鱼的湖,现在把研究对象换成鱼更多的湖。这里使用文件 3-4-1-fish_length_100000.csv 中虚构的体长数据。这些数据是普查数据,相当于测量了总体中的所有元素,这在现实中是很难做到的。

这份数据只有 1 列,所以没必要使用 pandas 的数据帧。下面的代码直接选取了数据所在的列。

```
fish_100000 = pd.read_csv(
    "3-4-1-fish_length_100000.csv")["length"]
fish_100000.head()
```

```
0    5.297442
1    3.505566
2    3.572546
3    3.135979
4    4.689275
Name: length, dtype: float64
```

湖里有 10 万条鱼。

```
len(fish_100000)
```

```
100000
```

从这么多条鱼里抽样的方法也和之前一样。这次抽出 10 条鱼。

```
sampling_result = np.random.choice(
    fish_100000, size = 10, replace = False)
sampling_result
```

```
array([ 4.091, 5.465, 3.426, 4.287, 4.244, 4.282,
        4.29 , 5.087, 2.769, 5.296])
```

最后计算样本均值。

```
sp.mean(sampling_result)
```
```
4.324
```

3-4-7　总体分布

"湖里的鱼"这个总体比较大,下面我们来仔细研究一下它的性质。先求它的均值,即总体均值。

```
sp.mean(fish_100000)
```
```
4.000
```

接着求总体的标准差。

```
sp.std(fish_100000, ddof = 0)
```
```
0.800
```

然后求总体的方差。

```
sp.var(fish_100000, ddof = 0)
```
```
0.640
```

最后绘制总体的直方图(图 3-14)。

```
sns.distplot(fish_100000, kde = False, color = 'black')
```

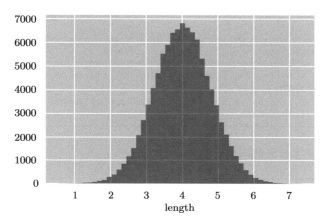

图 3-14 总体的普查结果的直方图

体长的频数分布大致以均值（4）为轴左右对称。

我们可以大胆想象，假设总体的概率分布是均值为 4、方差为 0.64 的正态分布，那么无须对总体进行普查，也能方便地讨论总体的性质。

3-4-8　对比总体分布和正态分布的概率密度函数

我们不妨对比一下总体的直方图和均值为 4、方差为 0.64 的正态分布的概率密度的图形。

首先绘制均值为 4、方差为 0.64 的正态分布在 1～7 上的图形。

准备 1～7 上以 0.1 为公差的等差数列。

```
x = np.arange(start = 1, stop = 7.1, step = 0.1)
x
```
```
array([ 1. , 1.1, 1.2, 1.3, 1.4, 1.5, 1.6, 1.7,
······中间省略······
        6.5, 6.6, 6.7, 6.8, 6.9, 7. ])
```

使用函数 stats.norm.pdf 计算概率密度。参数 loc 为均值，scale 为标准差。结果中的 e-04 代表 10^{-4}。

```
stats.norm.pdf(x = x, loc = 4, scale = 0.8)
```
```
array([ 4.407e-04, 6.988e-04, 1.091e-03, 1.676e-03, 2.536e-03,
······中间省略······
        3.778e-03, 2.536e-03, 1.676e-03, 1.091e-03, 6.988e-04,
        4.407e-04])
```

画出概率密度的图形（图 3-15）。

```
plt.plot(x,
         stats.norm.pdf(x = x, loc = 4, scale = 0.8),
         color = 'black')
```

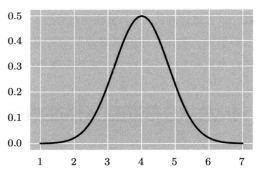

图 3-15　正态分布的概率密度的图形

可以看到，这是以均值为轴左右对称的平滑的概率分布。

最后，把正态分布的概率密度的图形和总体的直方图叠放（图3-16）。

```
sns.distplot(fish_100000, kde = False,
             norm_hist = True, color = 'black')
plt.plot(x,
         stats.norm.pdf(x = x, loc = 4, scale = 0.8),
         color = 'black')
```

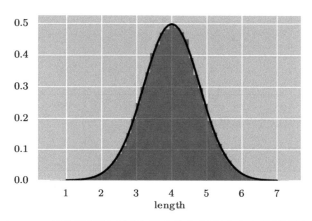

图 3-16 把总体的直方图和正态分布的概率密度的图形叠放

将函数 sns.distplot 的参数指定为 norm_hist = True，可以得到总面积为 1 的直方图。

可以看到，正态分布的概率密度的图形和总体的直方图非常相似，此时可以假设总体分布是均值为 4、方差为 0.64 的正态分布。

3-4-9 抽样过程的抽象描述

可以假设总体分布为均值为 4、方差为 0.64 的正态分布，这就意味着，从总体中抽样就相当于生成服从正态分布的随机数。

之前的抽样都是使用 np.random.choice 函数在 fish_100000 上进行的。后面将不再使用这种方法，而是改用 stats.norm.rvs 函数直接生成服从正态分布的随机数。

在 stats.norm.rvs 函数的参数中，loc 为均值，scale 为标准差，size 为样本容量。

```
sampling_norm = stats.norm.rvs(
    loc = 4, scale = 0.8, size = 10)
sampling_norm
array([ 4.037, 3.498, 4.322, 5.295, 5.499, 2.905,
        4.437, 4.665, 3.786, 4.569])
```

样本均值也可以简单地求出。

```
sp.mean(sampling_norm)
4.301
```

本书后面也经常使用 stats.norm.rvs 函数生成正态随机数，注意这相当于从总体中进行抽样。

观察直方图可知，fish_100000 里 4 cm 左右的鱼较多。继续抽样也更容易得到 4 cm 左右的样本。于是，似乎可以说这个概率分布是"4 cm 附近的概率更高的正态分布"。

3-4-10　补充　有限总体校正

3-4-9 节的讨论中跳过了两个问题。

一是将总体直方图等价于正态分布的概率密度的图形。直方图分组展示了频数，它必然是锯齿形状的。而正态分布的概率密度的图形是平滑变化的。因此，严格来说正态分布的概率密度的图形和直方图不是完全等价的。

"假设总体分布为正态分布"这句话的含义是，假设总体为无限总体，组数有无穷多个，组的大小也分得无穷细，则它的直方图和正态分布的概率密度的图形一致。

二是 fish_100000 这个样本只有 10 万条鱼。虽说 10 万已经不是小数目了，但它不是无限的。而 stats.norm.rvs 函数生成随机数的过程却是从无限总体中进行抽样。

3-5 节将基于无限总体讲解样本特征的分析。要想基于有限总体，就需要进行有限总体校正。

当总体容量远大于样本容量时，无须进行校正。例如，在从 10 万条鱼中随机选出 10 条鱼的情况下，进行校正基本没有意义。本书给出的例子中总体都是足够大的。

3-4-11　补充　假设总体服从正态分布是否恰当

假设总体服从正态分布，各种程序模拟会变得简单，也可以方便地使用程序计算样本的各种特征（从 3-5 节开始讲解）。

这时想必大家会产生一个疑问：假设总体服从正态分布是否恰当？

回答是：严格来说，总体分布不是正态分布，但实践中多会假设总体服从正态分布。

正态分布的变量可以取负数，而鱼的体长不可能是负数。事实上，即使假定体长服从正态分布，它取负数的概率也小到可以忽略不计，因而可以大胆采用正态分布。

有时，我们会对数据取对数，使数据总体接近于正态分布，或者像广义线性模型那样假定数据总体服从正态分布以外的分布。不管怎样，我们要事先假设数据总体服从某种概率分布。

通常我们难以做到普查总体，所以总体的直方图是很难绘制出来的。不过，我们有时会先绘制样本的直方图，再判断总体是否与所假设的分布差别过大。

3-5

样本统计量的性质

现实中的抽样一般只能进行1次，但借助程序模拟，可以进行无数次。本节将借助程序模拟来研究样本统计量的各种性质。

3-5-1　术语　试验

试验可以在完全相同的条件下进行多次，这叫作**重复试验**。例如，在同一片湖中使用同一支钓竿钓了2次，就是进行了2次重复试验。投掷骰子得到点数也是一种试验。

在能够重复试验的前提下重复进行试验的次数叫作**试验次数**。

1次模拟抽样就相当于1次试验。反复进行模拟抽样就能增加试验次数。这和在完全相同的条件下多次钓鱼并测量鱼的体长的含义相同。

3-5-2　术语　样本分布

样本分布是样本的统计量所服从的概率分布。

例如，进行1万次模拟抽样就能得到1万个样本。我们可以计算这些样本的均值并得到1万个均值，这1万个样本均值所服从的分布就是样本分布。

为避免误解，下面详细解释一下。

现实中的抽样调查一般只进行1次。假设我们钓了10条鱼并测量了它们的体长，那么这些体长的平均数，即样本均值，也只能计算 1 次。

不论样本容量是 10 还是 100，样本都只有 1 份。

每次进行调查得到的样本都只有 1 份（图 3-17）。

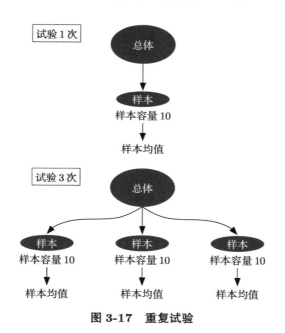

图 3-17　重复试验

我们今后要学习的样本分布就是反复进行相同调查得到的结果。反复进行 3 次调查，即当试验次数为 3 时，就能得到 3 个样本均值。

现实中无法反复进行条件完全相同的抽样调查，但借助程序模拟可以轻松实现。在模拟的过程中，也可以研究样本的各种特征。

3-5-3　导入所需的库

首先，导入本节的程序模拟要用到的所有函数库。

```python
# 用于数值计算的库
import numpy as np
import pandas as pd
import scipy as sp
from scipy import stats
# 用于绘图的库
from matplotlib import pyplot as plt
import seaborn as sns
sns.set()
# 设置浮点数打印精度
%precision 3
# 在 Jupyter Notebook 里显示图形
%matplotlib inline
```

这里研究的总体服从均值为 4、标准差为 0.8（方差为 0.64）的正态分布。将这个总体实例化，并命名为 population。

```python
population = stats.norm(loc = 4, scale = 0.8)
```

3-5-4　多次计算样本均值

把试验次数定为 1 万次，即计算得到 1 万个样本均值。

准备一个大小为 1 万的数组来存放这些均值。

```python
sample_mean_array = np.zeros(10000)
```

把这 1 万个样本均值都放进去。

```python
np.random.seed(1)
for i in range(0, 10000):
    sample = population.rvs(size = 10)
    sample_mean_array[i] = sp.mean(sample)
```

第 1 行是随机种子。

第 2 行使用 for 语句指定重复操作 1 万次。

第 3 行和第 4 行从总体中抽样并计算样本均值，将结果存放在 `sample_mean_array` 的第 i 格中。

`population.rvs` 函数用来抽样，它和语句 `stats.norm.rvs(loc = 4, scale = 0.8, size = 10)` 等价。样本容量是 10。`sp.mean` 函数用来计算所得样本的均值。

这 1 万个样本均值如下所示。数量很多，所以这里略去了一部分。

```
sample_mean_array
```
```
array([ 3.922, 3.864, 4.07 , ..., 4.136, 4.575, 4.099])
```

3-5-5 样本均值的均值与总体均值相近

我们通过程序模拟得到了 1 万个样本均值，下面计算这些样本均值的均值。

计算 `sample_mean_array` 的均值。

```
sp.mean(sample_mean_array)
```
```
4.004
```

总体均值是 4，而上面的结果也非常接近于 4。

然后计算样本均值的标准差。

```
sp.std(sample_mean_array, ddof = 1)
```
```
0.251
```

总体标准差是 0.8，相比而言上面的结果很小。

最后绘制出样本均值的直方图，这就是样本均值的概率分布（图 3-18）。

```
sns.distplot(sample_mean_array, color = 'black')
```

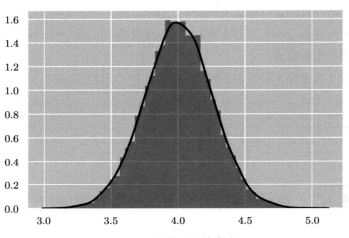

图 3-18　样本均值的直方图

3-5-6　样本容量越大,样本均值越接近总体均值

下面看一下样本容量、样本均值和总体均值之间的关系。
按以下方针进行程序模拟。

- 对象:样本均值。
- 变量:样本容量。
- 求证:样本容量越大,样本均值越接近总体均值。

准备公差是 100 的样本容量,范围是 10 ~ 100 010。

```
size_array = np.arange(
    start = 10, stop = 100100, step = 100)
size_array

array([    10,    110,    210, ...,  99810,  99910, 100010])
```

再准备好存放样本均值的容器。

```
sample_mean_array_size = np.zeros(len(size_array))
```

下面是程序模拟。在改变样本容量的同时反复计算样本均值。

```
np.random.seed(1)
for i in range(0, len(size_array)):
    sample = population.rvs(size = size_array[i])
    sample_mean_array_size[i] = sp.mean(sample)
```

以横轴为样本容量（sample size）、纵轴为样本均值（sample mean），绘制出折线图（图 3-19）。

```
plt.plot(size_array, sample_mean_array_size,
         color = 'black')
plt.xlabel("sample size")
plt.ylabel("sample mean")
```

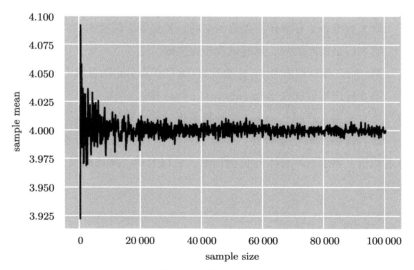

图 3-19　样本容量与样本均值的关系

从图 3-19 中可知，总体上，样本容量越大，样本均值越接近总体均值（4）。

3-5-7 定义用来计算样本均值的函数

为了简化代码，下面定义一个用来反复计算样本均值的函数，我们将其命名为 calc_sample_mean。

```
def calc_sample_mean(size, n_trial):
    sample_mean_array = np.zeros(n_trial)
    for i in range(0, n_trial):
        sample = population.rvs(size = size)
        sample_mean_array[i] = sp.mean(sample)
    return(sample_mean_array)
```

参数 size 是样本容量，n_trial 是试验次数。这个函数可以随意改变样本大小和试验次数，最终可以得到试验次数（n_trial）个样本均值。

下面解释一下代码。

第 2 行准备了存放样本均值的空间，数量等于试验次数。

第 3 行是循环语句，重复试验相应次数。

第 4 行在服从均值为 4、标准差为 0.8 的正态分布的总体中进行抽样。

第 5 行把均值放在 sample_mean_array 中。

第 6 行用来返回 n_trial 次计算所得的样本均值。

最后检查函数的正确性。设样本容量为 10，进行 1 万次抽样并求样本均值，再求这些样本均值的均值。可以看到，所得结果与 3-5-5 节相同。

```
np.random.seed(1)
sp.mean(calc_sample_mean(size = 10, n_trial = 10000))
```

```
4.004
```

3-5-8 不同样本容量所得的样本均值的分布

下面让我们仔细看一下样本容量的影响。

下面使用小提琴图观察样本容量分别为 10、20、30 时样本均值的分布。

先把 3 种样本容量所得的样本均值都放在 pandas 的数据帧里。试验次数都是 1 万次。

```
np.random.seed(1)
# 样本容量10
size_10 = calc_sample_mean(size = 10, n_trial = 10000)
size_10_df = pd.DataFrame({
    "sample_mean":size_10,
    "size"       :np.tile("size 10", 10000)
})
# 样本容量20
size_20 = calc_sample_mean(size = 20, n_trial = 10000)
size_20_df = pd.DataFrame({
    "sample_mean":size_20,
    "size"       :np.tile("size 20", 10000)
})
# 样本容量30
size_30 = calc_sample_mean(size = 30, n_trial = 10000)
size_30_df = pd.DataFrame({
    "sample_mean":size_30,
    "size"       :np.tile("size 30", 10000)
})
# 拼接表格
sim_result = pd.concat(
    [size_10_df, size_20_df, size_30_df])
# 打印结果
print(sim_result.head())
```

```
   sample_mean     size
0     3.922287  size 10
1     3.864329  size 10
2     4.069530  size 10
3     3.857140  size 10
4     4.184654  size 10
```

上述代码按照样本容量生成了 size_10 等 3 个数据帧。每个数据帧的试验次数都是 1 万，所以它们都有 1 万行。把这些数据帧连接在一起就得到了 sim_result 这个 3 万行的数据帧。

绘制这个数据帧的小提琴图（图 3-20）。

```
sns.violinplot(x = "size", y = "sample_mean",
               data = sim_result, color = 'gray')
```

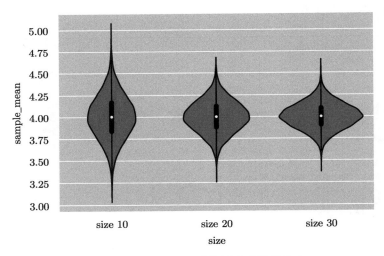

图 3-20　不同样本容量的样本均值的分布

可以看出，样本容量越大，样本均值越集中在总体均值（4）的附近。

3-5-9　样本均值的标准差小于总体标准差

下面看一下样本均值的标准差随样本容量的变化，重新观察一下"样本容量越大，样本均值越集中"这一现象。

按以下方针进行程序模拟。

3-5 样本统计量的性质

- 对象：样本均值的标准差。
- 变量：样本容量。
- 求证：样本容量越大，样本均值的标准差越小，即样本容量越大，样本均值越有说服力。

准备公差为 2 的样本容量，范围是 2 ~ 100。

```
size_array = np.arange(
    start = 2, stop = 102, step = 2)
size_array
array([  2,   4,   6,   8,  10,  12,  14,  16,  18,  20,
        22,  24,  26,  28,  30,  32,  34,  36,  38,  40,
        42,  44,  46,  48,  50,  52,  54,  56,  58,  60,
        62,  64,  66,  68,  70,  72,  74,  76,  78,  80,
        82,  84,  86,  88,  90,  92,  94,  96,  98, 100])
```

准备好存放这些样本均值的标准差的容器。

```
sample_mean_std_array = np.zeros(len(size_array))
```

开始试验，试验次数定为 100 次。

```
np.random.seed(1)
for i in range(0, len(size_array)):
    sample_mean = calc_sample_mean(size =size_array[i],
                                   n_trial = 100)
    sample_mean_std_array[i] = sp.std(sample_mean,
                                      ddof = 1)
```

以横轴为样本容量、纵轴为样本均值的标准差（mean_std value），绘制出折线图（图 3-21）。

```
plt.plot(size_array, sample_mean_std_array,
         color = 'black')
plt.xlabel("sample size")
plt.ylabel("mean_std value")
```

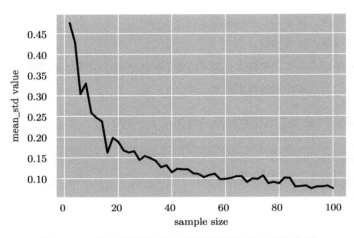

图 3-21　样本容量与样本均值的标准差之间的关系

由图 3-21 可知，大致上，样本容量越大，样本均值的标准差就越小。增加样本容量就能得到更集中更可信的样本均值。

3-5-10　术语　标准误差

样本均值的标准差的理论值可以通过数学式计算得到，这个值也叫**标准误差**（Standard Error，SE）。

标准误差的计算公式如下：

$$标准误差 = \frac{\sigma}{\sqrt{N}} \tag{3-11}$$

其中，σ 是总体标准差，N 是样本容量。不难看出，样本容量越大，标准误差就越小。

下面通过程序模拟对比一下理论值（标准误差）和实际值（样本均值的标准差）。

首先计算标准误差。

```
standard_error = 0.8 / np.sqrt(size_array)
standard_error
```

```
array([ 0.566, 0.4  , 0.327, 0.283, 0.253, 0.231,
······ 中间省略 ······
        0.081, 0.08 ])
```

把结果绘制在 3-5-9 节得到的样本均值的标准差的图形上（图 3-22）。

通过 `linestyle = 'dotted'` 指定标准误差的图形为虚线。

```
plt.plot(size_array, sample_mean_std_array,
         color = 'black')
plt.plot(size_array, standard_error,
         color = 'black', linestyle = 'dotted')
plt.xlabel("sample size")
plt.ylabel("mean_std value")
```

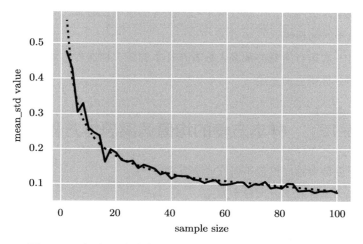

图 3-22 标准误差（虚线）与样本均值的标准差（实线）

由图 3-22 可知，3-5-9 节的程序模拟所得到的值与标准误差的理论值基本相等。

3-5-11 标准误差的直观解释

样本均值的标准差必然小于总体的标准差,下面我们直观地解释一下这个现象。

相信不少读者坐过电梯。假设电梯能载 10 人且不限制乘客的身材。一般而言,很少出现这 10 位乘客全都小巧或全都高大的情况。

不同身材的人随机乘坐电梯,即 10 位乘客中既有身材小巧的又有高大的,那么乘客体重的均值就比较靠近中间。综合来看,电梯每次所载乘客的体重均值不会太大或太小,而会显得比较集中。

如果把空间放大到能坐 100 人的飞机,很难想象这 100 个座位上全是特别高大的人。

乘坐人数越多,出现身材小巧的乘客的概率就越大,乘客的体重均值就越不容易极端。

将一次运行所载的乘客人数看作样本容量,那么样本均值也服从上述规律,显得更加集中。

3-5-12 样本方差的均值偏离总体方差

下面结合程序模拟来研究样本方差。

先尝试计算 1 万次样本方差。

首先,准备存放方差值的空间。

```
sample_var_array = np.zeros(10000)
```

接着进行程序模拟:执行 1 万次"取出 10 个数据并求其方差"的试验。

```
np.random.seed(1)
for i in range(0, 10000):
    sample = population.rvs(size = 10)
    sample_var_array[i] = sp.var(sample, ddof = 0)
```

最后得到的样本方差的均值如下。

```
sp.mean(sample_var_array)
0.575
```

总体方差是 0.8 的平方，即 0.64，而样本方差的均值是 0.575。可见，这个数过小地估计了总体方差。

3-5-13 采用无偏方差消除偏离

采用无偏方差应该能够消除 3-5-12 节中的偏离。下面结合程序模拟来确认一下。除了参数 ddof = 1 以外，其他代码与 3-5-12 节基本一致。

```
# 用于存放无偏方差的空间
unbias_var_array = np.zeros(10000)
# 进行 1 万次"计算 10 个数据的无偏方差"的操作
np.random.seed(1)
for i in range(0, 10000):
    sample = population.rvs(size = 10)
    unbias_var_array[i] = sp.var(sample, ddof = 1)
# 无偏方差的均值
sp.mean(unbias_var_array)
0.639
```

这个结果和正确的数值 0.64 相近，因此无偏方差的均值可以看作总体方差。

3-5-14 样本容量越大，其无偏方差越接近总体方差

最后，我们看一看样本容量、样本的无偏方差和总体方差之间的关系。按以下方针进行程序模拟。

- 对象：样本的无偏方差。
- 变量：样本容量。
- 求证：样本容量越大，其无偏方差越接近总体方差。

准备公差为 100 的样本容量，范围是 10 ~ 100 010。

```
size_array = np.arange(
    start = 10, stop = 100100, step = 100)
size_array
array([    10,    110,    210, ...,  99810,  99910, 100010])
```

接下来准备存放无偏方差的容器。

```
unbias_var_array_size = np.zeros(len(size_array))
```

下面开始程序模拟。在改变样本容量的同时反复计算样本的无偏方差。

```
np.random.seed(1)
for i in range(0, len(size_array)):
    sample = population.rvs(size = size_array[i])
    unbias_var_array_size[i] = sp.var(sample, ddof = 1)
```

以横轴为样本容量、纵轴为无偏方差（unbias var），绘制出折线图（图 3-23）。

```
plt.plot(size_array, unbias_var_array_size,
         color = 'black')
plt.xlabel("sample size")
plt.ylabel("unbias var")
```

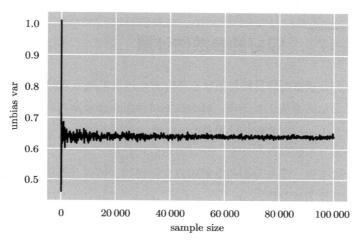

图 3-23　样本容量与无偏方差的关系

由图 3-23 可知，总体上，样本容量越大，无偏方差越接近总体方差（0.64）。

3-5-15　术语　无偏性

估计量的期望值相当于真正的参数的特性叫作**无偏性**。

说估计量具有无偏性，就是说它没有偏离，它的均值不会过大也不会过小。

3-5-16　术语　一致性

样本容量越大，估计量越接近真正的参数的特性称为**一致性**。

说估计值具有一致性，就是说当样本容量趋向于无穷大时，估计量趋近于参数。

3-5-17 较好的参数估计量

我们分析数据的目的是估计总体分布，进而推测未知的数据。

假设总体服从正态分布，那么只要估计出正态分布的参数就能得知总体分布了，所以参数估计是核心。

正态分布的参数有 2 个，分别为均值和方差。

一般来说，正态分布的参数难以直接得到，所以我们用样本均值和无偏方差作为其参数。

从本节的各个程序模拟可知，样本均值和无偏方差具有适合作为参数估计量的性质。

样本均值的均值和总体均值基本相等，样本的无偏方差的均值和总体方差基本相等。也就是说，样本均值和无偏方差都具有无偏性。

另外，样本容量越大，样本均值越接近总体均值，无偏方差也越接近总体方差。也就是说，样本均值和无偏方差具有一致性[1]。

3-5-18 补充 大数定律

所谓**大数定律**，就是样本容量越大，样本均值越接近总体均值。大数定律分为弱大数定律和强大数定律，具体请参考相关文献。

3-5-19 补充 中心极限定理

对于任意总体分布，样本容量越大，随机变量的和的分布越接近正态分布，这就是**中心极限定理**。

---

[1] 这个性质是基于样本容量无穷大的样本得到的，程序模拟的结果只是说明它们有这种趋势，严密理论请参考本书末尾的参考文献。

例如，投掷硬币的概率分布为 $\{P(\text{正面}), P(\text{背面})\} = \{1/2, 1/2\}$，这显然不是正态分布。但投掷 1 万次硬币得到正面的次数的分布却接近正态分布。

下面通过程序模拟来验证。

```python
# 样本容量与试验次数
n_size = 10000
n_trial = 50000
# 正面为 1，背面为 0
coin = np.array([0,1])
# 出现正面的次数
count_coin = np.zeros(n_trial)
# 投掷 n_size 次硬币，此试验进行 n_trial 次
np.random.seed(1)
for i in range(0, n_trial):
    count_coin[i] = sp.sum(
        np.random.choice(coin, size = n_size,
                         replace = True))
# 绘制直方图
sns.distplot(count_coin, color = 'black')
```

由图 3-24 可知，直方图的分布基本上是左右对称的，其图形也和正态分布相似。这就是中心极限定理所表达的含义。

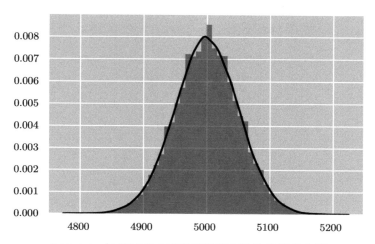

图 3-24　投掷硬币 1 万次得到正面的次数的直方图

在计算样本均值时要先计算样本值的和，所以我们可以假设样本均值的分布接近正态分布。这种性质十分方便，以至于统计学中的许多领域出现了正态分布。

应当明确的是，服从正态分布的只是样本值的和。总体分布若为二项分布，则样本容量无穷大的样本也依旧是二项分布。中心极限定理一般只用于寻找均值等特定的值。当总体分布不服从正态分布时，应当使用广义线性模型。

3-6

正态分布及其应用

如果数据服从正态分布,则无须进行程序模拟,只通过相关计算也能知晓很多事情。

本节将讲解正态分布的概率密度函数及其在 Python 中的应用,以及由正态分布导出的 t 分布。

3-6-1 导入函数库

首先导入本节要用到的所有函数库。

```python
# 用于数值计算的库
import numpy as np
import pandas as pd
import scipy as sp
from scipy import stats
# 用于绘图的库
from matplotlib import pyplot as plt
import seaborn as sns
sns.set()
# 设置浮点数打印精度
%precision 3
# 在 Jupyter Notebook 里显示图形
%matplotlib inline
```

3-6-2 实现 概率密度

下面计算正态分布的概率密度。为了加强学习效果，这里先按照公式写代码并计算，不使用封装好的函数。

首先回顾一下正态分布的概率密度函数：

$$\mathcal{N}(x\,|\,\mu,\sigma^2) = \frac{1}{\sqrt{2\pi\sigma^2}}\mathrm{e}^{\left[-\frac{(x-\mu)^2}{2\sigma^2}\right]} \tag{3-12}$$

公式中包含圆周率 π 和自然对数的底 e。scipy 中已经给出了这两个数。

先来看看圆周率是多少。它由 sp.pi 提供。

sp.pi
3.142

再看一下自然对数的底是多少。e^x 一般表示为 exp(x)，在 scipy 中使用 sp.exp 函数计算。

sp.exp(1)
2.718

e 的 1 次方，即 e 本身的值约为 2.7。

有了这两个常数，我们就能计算概率密度了。下面计算均值为 4、方差为 0.64（标准差为 0.8）的正态分布在随机变量为 3 时的概率密度，即计算 $\mathcal{N}(3\,|\,4, 0.8^2)$ 的值。代码较长的地方可以使用转义字符 "\\" 换行。

```
x = 3
mu = 4
sigma = 0.8

1 / (sp.sqrt(2 * sp.pi * sigma**2)) * \
    sp.exp(- ((x - mu)**2) / (2 * sigma**2))
```
```
0.228
```

使用 scipy.stats 中的函数可以快捷地完成上述计算步骤。例如之前介绍过的 stats.norm.pdf 函数。

```
stats.norm.pdf(loc = 4, scale = 0.8, x = 3)
```
```
0.228
```

loc 为均值，scale 为标准差。

先实例化一个均值为 4、标准差为 0.8 的正态分布，再对其使用 pdf 函数，结果也是一样的。

```
norm_dist = stats.norm(loc = 4, scale = 0.8)
norm_dist.pdf(x = 3)
```
```
0.228
```

使用下面的代码即可绘制概率密度的图形。

```
x_plot = np.arange(start = 1, stop = 7.1, step = 0.1)
plt.plot(
    x_plot,
    stats.norm.pdf(x = x_plot, loc = 4, scale = 0.8),
    color = 'black'
)
```

这段代码的结果为前面出现的图 3-15。

3-6-3 样本小于等于某值的比例

求样本小于等于某个值的比例，就是求小于等于这个值的数据个数和样本容量的比值。

以下是实现。

首先从 $\mathcal{N}(x|4, 0.8^2)$ 中抽样，样本容量为 10 万。

```
np.random.seed(1)
simulated_sample = stats.norm.rvs(
    loc = 4, scale = 0.8, size = 100000)
simulated_sample
```

```
array([ 5.299, 3.511,  3.577, ..., 4.065, 4.275, 3.402])
```

使用比较运算符来计算小于等于 3 的数据的个数。

```
sp.sum(simulated_sample <= 3)
```

```
10371
```

上述结果除以样本容量，最后得到的值为 10.4%。

```
sp.sum(simulated_sample <= 3) / len(simulated_sample)
```

```
0.104
```

3-6-4 术语 累积分布函数

在下式中，对于随机变量 X，当 x 为实数时，$F(X)$ 叫作**累积分布函数**，也叫**分布函数**。

$$F(X) = P(X \leqslant x) \tag{3-13}$$

简单来说，累积分布函数可以计算随机变量小于等于某个值的概率。使用该式，就不必像 3-6-3 节那样计算数据个数了。

例如，在正态分布中随机变量小于等于 3 的概率可通过下面的积分计算求得：

$$P(X \leqslant 3) = \int_{-\infty}^{3} \frac{1}{\sqrt{2\pi\sigma^2}} \mathrm{e}^{\left[-\frac{(x-\mu)^2}{2\sigma^2}\right]} \mathrm{d}x \tag{3-14}$$

从积分相当于加法的角度来考虑，上式可以理解为 $-\infty \sim 3$ 上所有概率密度的和。

3-6-5　实现　累积分布函数

也可以不手动求解积分，而是通过 Python 便捷地计算概率。stats.norm 中的 cdf 函数就是累积分布函数。cdf 的全称是 cumulative distribution function。

下面计算总体的概率分布 $\mathcal{N}(x\,|\,4, 0.8^2)$ 的随机变量小于等于 3 的概率。这个结果和 3-6-3 节基本一致，为 10.6%。

```
stats.norm.cdf(loc = 4, scale = 0.8, x = 3)
0.106
```

正态分布相对于均值左右对称，所以数据小于等于均值的概率为 50%。

```
stats.norm.cdf(loc = 4, scale = 0.8, x = 4)
0.500
```

像这样，无须计算数据的个数，只计算积分即可得到概率。这也是假设总体服从正态分布的优点。

3-6-6 术语 左侧概率与百分位数

数据小于等于某个值的概率叫作**左侧概率**。借助累积分布函数可以得到左侧概率。

与上述概念相反,能得到某个概率的那个值叫作**百分位数**,也叫左侧百分位数。

比如前面提到的"随机变量 x 小于等于●的概率为▲%",可以这样理解:

- 给定变量值●求概率值▲,则▲为左侧概率;
- 给定概率值▲求变量值●,则●为百分位数。

3-6-7 实现 百分位数

使用 Python 计算百分位数只需 1 行代码。要用到的函数为 `stats.norm` 中的 `ppf`。`ppf` 的全称是 percent point function。

设总体分布为 $N(x|4, 0.8^2)$,求左侧概率为 2.5% 的百分位数。

```
stats.norm.ppf(loc = 4, scale = 0.8, q = 0.025)
```
```
2.432
```

左侧概率与百分位数之间的关系如下。

```
left = stats.norm.cdf(loc = 4, scale = 0.8, x = 3)
stats.norm.ppf(loc = 4, scale = 0.8, q = left)
```
```
3.000
```

第 1 行:指定函数 `cdf` 的参数 x = 3,求变量小于等于 3 的概率,即把随机变量的值转换为概率。

第 2 行：把 cdf 的结果代入 ppf，得到原来的数，即把概率转换为随机变量的值。

左侧概率为 50% 的百分位数就是均值。

```
stats.norm.ppf(loc = 4, scale = 0.8, q = 0.5)
4.000
```

3-6-8　术语　标准正态分布

均值为 0、方差（或标准差）为 1 的正态分布叫作标准正态分布，即 $\mathcal{N}(x|0,1)$。

过去人们已经详细研究了标准正态分布的性质，许多传统教材也附有标准正态分布的百分位数表格。不过，使用 Python 可以方便地计算百分位数，也就无须使用表格了。

3-6-9　术语　t 值

统计量 t 值的计算方法如下：

$$t = \frac{\hat{\mu} - \mu}{\hat{\sigma}/\sqrt{N}} \tag{3-15}$$

其中，$\hat{\mu}$ 为样本均值，μ 为总体均值，$\hat{\sigma}$ 为实际样本的无偏标准差（无偏方差的平方根），N 为样本容量。

上式的文字描述为：

$$t 值 = \frac{样本均值 - 总体均值}{标准误差} \tag{3-16}$$

t 值的公式与标准化公式类似。标准化就是把均值转化为 0，把方差转化为 1，标准化公式即 3-1 节介绍的"（数据 − 均值）÷ 标准差"。

我们在 3-5 节了解到，标准误差就是样本均值的标准差，那么"（样本均值 − 总体均值）÷ 标准误差"就可以理解为对样本均值进行标准化。然而这个计算的除数不是标准误差的理论值，它来自实际样本，不能把方差转化为 1。

3-6-10　t 值的样本分布

假设总体服从正态分布，那么从理论上来说，是能求得 t 值的样本分布的。我们可以通过程序模拟研究 t 值的样本分布，以代替手动计算。

这里将按以下方针进行程序模拟，研究 t 值的样本分布：

1. 从 $\mathcal{N}(x|4, 0.8^2)$ 中抽样，样本容量为 10；
2. 求所得样本的样本均值；
3. 求上述样本对应的标准误差（样本均值的标准差）；
4. 计算"（样本均值 − 总体均值）÷ 标准误差"，得到 t 值；
5. 将以上操作重复执行 1 万次。

模拟结果放在 `t_value_array` 变量中，最终会得到 1 万次试验所得的 t 值。为便于排版，这里将标准误差的变量命名为 `sample_se`。

```
# 随机种子
np.random.seed(1)
# 存放 t 值的空间
t_value_array = np.zeros(10000)
# 实例化一个正态分布
norm_dist = stats.norm(loc = 4, scale = 0.8)
# 开始模拟
for i in range(0, 10000):
    sample = norm_dist.rvs(size = 10)
    sample_mean = sp.mean(sample)
    sample_std = sp.std(sample, ddof = 1)
    sample_se = sample_std / sp.sqrt(len(sample))
    t_value_array[i] = (sample_mean - 4) / sample_se
```

最后,绘制出这 1 万次试验所得 t 值的直方图,这就是 t 值的样本分布。与此同时也绘制出核密度估计的图形。

另外,用虚线绘制出标准正态分布的图形(图 3-25)。参数 `linestyle = 'dotted'` 设定图形为虚线。`stats.norm.pdf(x = x)` 中没有指定参数 `loc` 和 `scale`,所以是默认的标准正态分布。

```
# t 值的直方图
sns.distplot(t_value_array, color = 'black')
# 标准正态分布的概率密度
x = np.arange(start = -8, stop = 8.1, step = 0.1)
plt.plot(x, stats.norm.pdf(x = x),
         color = 'black', linestyle = 'dotted')
```

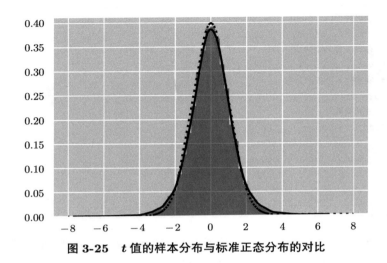

图 3-25 t 值的样本分布与标准正态分布的对比

实线是直方图核密度估计的结果，虚线是标准正态分布，二者没有完全重合。

样本均值的均值满足无偏性，可以看作总体均值，所以"(样本均值 − 总体均值) ÷ 标准误差"的分布的中央是 0。

t 值的分布以标准误差为除数，这个标准误差来自实际样本，所以分布的宽度大于标准正态分布，即它的方差大于 1。

3-6-11　术语　t 分布

当总体服从正态分布时，t 值的样本分布就是 **t 分布**。

设样本容量为 N，$N-1$ 就叫作自由度。例如样本容量为 10，则自由度为 9。t 分布的图形与自由度相关。如果自由度为 n，则 t 分布表示为 $t(n)$。

t 分布的均值为 0。

t 分布的方差稍大于 1。设自由度为 n（n 大于 2），则 t 分布的方差如下：

$$t(n)\text{的方差} = \frac{n}{n-2} \quad (3\text{-}17)$$

自由度（或样本容量）越大，方差越接近 1，t 分布越接近标准正态分布；样本容量越小，t 分布越远离标准正态分布。

3-6-12 实现 t 分布

下面把 t 分布的概率密度和标准正态分布的概率密度展示在同一张图上（图 3-26）。

```
plt.plot(x, stats.norm.pdf(x = x),
        color = 'black', linestyle = 'dotted')
plt.plot(x, stats.t.pdf(x = x, df = 9),
        color = 'black')
```

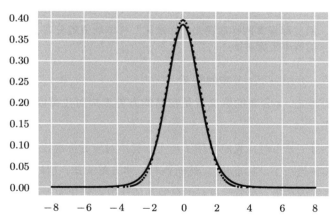

图 3-26　t 分布（实线）与标准正态分布（虚线）的对比

从图 3-26 中可以看出，代表 t 分布的实线所表示的数据范围稍大，也就是更容易出现远离均值的数据。

与 3-6-10 节的模拟结果的核密度估计对比可知，两者基本一致（图 3-27）。

```
sns.distplot(t_value_array,
             color = 'black', norm_hist = True)
plt.plot(x, stats.t.pdf(x = x, df = 9),
         color = 'black', linestyle = 'dotted')
```

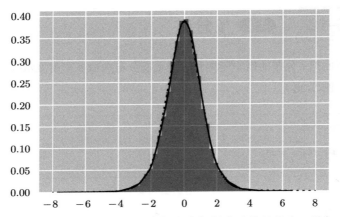

图 3-27　用实际样本的标准误差"标准化"样本均值的分布,并与 t 分布的概率密度对比

最后,介绍一下 t 分布的意义。

简而言之,t 分布的意义就是**在总体方差未知时也可以研究样本均值的分布**。

在推导 t 分布时,我们使用了与实际样本对应的标准误差作为除数,对样本均值进行了"标准化"。然而此时总体方差未知,这样的标准化是一个很冒险的举措。显然,这样的计算不能让方差转化为 1,所以它不是严格意义上的标准化。由式 3-17 也可以知道,t 分布的方差永远不是 1。

不过,上述计算方法所得的结果服从 t 分布,由此我们可以研究样本均值的不确定性。3-7 节的区间估计等会利用这一特性。

参数估计

本章前3节介绍了描述统计的基础,从3-4节到3-6节介绍了统计推断的基础。从本节开始,我们将研究更实际的内容。

本节我们将讲解统计估计的相关理论。

3-7-1 本节任务

本节将从参数估计开始讲解,所谓参数就是总体分布的参数。

假设总体分布为正态分布,那么只要知道了参数,就能确定总体分布。

本节将先介绍简单的点估计,再介绍包含了估计误差的区间估计。

3-7-2 环境准备

下面先导入要用到的函数库,并设置浮点数打印精度。

```
# 用于数值计算的库
import numpy as np
import pandas as pd
import scipy as sp
from scipy import stats
# 用于绘图的库
from matplotlib import pyplot as plt
```

```
import seaborn as sns
sns.set()
# 设置浮点数打印精度
%precision 3
# 在 Jupyter Notebook 里显示图形
%matplotlib inline
```

接着读入虚拟的鱼体长数据作为研究对象。样本容量是 10，保存为序列类型。

```
fish = pd.read_csv("3-7-1-fish_length.csv")["length"]
fish
0    4.352982
1    3.735304
2    5.944617
3    3.798326
4    4.087688
5    5.265985
6    3.272614
7    3.526691
8    4.150083
9    3.736104
Name: length, dtype: float64
```

3-7-3　术语　点估计

直接指定总体分布的参数为某一值的估计方法叫作**点估计**。我们使用样本均值作为总体均值的估计量，所以只需计算出样本的均值就可以完成估计。

这看起来很简单，但要注意，正因为样本均值具有无偏性和一致性，它才可以作为总体均值的估计值。

3-7-4 实现 点估计

下面使用 Python 实现点估计，得出总体均值的估计值。只要计算出样本均值即可。

```
mu = sp.mean(fish)
mu
```

```
4.187
```

样本均值为 4.187，所以总体均值的估计值也为 4.187。这个过程就是点估计。

以上从实用的角度介绍了常用的总体均值的估计方法。总体方差也可以利用"根据样本计算得到的统计量"进行估计。

我们使用无偏方差作为总体方差的估计值。

```
sigma_2 = sp.var(fish, ddof = 1)
sigma_2
```

```
0.680
```

3-7-5 术语 区间估计

估计值具有一定范围的估计方法叫作**区间估计**。我们使用概率的方法计算这个范围。

因为估计值是一个范围，所以可以引入估计误差。估计误差越小，区间估计的范围越小。样本容量越大，区间的范围越小。

3-7-6 术语 置信水平、置信区间

置信水平是表示区间估计的区间可信度的概率。例如，95%、99% 等数值都可以作为置信水平。

满足某个置信水平的区间叫作**置信区间**。

对于同一组数据，置信水平越大，置信区间就越大。直观来说，要提高可信度，必然要扩大取值范围以保证安全。

3-7-7 术语 置信界限

置信区间的下界值与上界值叫作**置信界限**，这两个数值分别叫作**下置信界限**与**上置信界限**。

3-7-8 置信区间的计算

我们在 3-6 节了解到，由"(样本均值 − 总体均值)÷标准误差"得到的 t 值服从 t 分布。在进行区间估计时，将使用 t 分布的百分位数（某个概率值）。

如果置信水平是 95%，就求 t 分布的 2.5% 和 97.5% 对应的分位数。t 分布的变量落在其中的概率就是 95%。这就是所求的置信区间。

3-7-9 实现 区间估计

计算区间估计所需的 3 个要素为自由度（样本容量 − 1）、样本均值、标准误差。3-7-4 节已经计算了样本均值，下面我们来计算自由度和标准误差。

首先是自由度。自由度就是样本容量减 1。样本容量越大，估计值

越精确，所以样本容量信息是必需的。

```
df = len(fish) - 1
df
```
```
9
```

接着求标准误差，并将其存放在 standard error 的缩写 se 里。

```
sigma = sp.std(fish, ddof = 1)
se = sigma / sp.sqrt(len(fish))
se
```
```
0.261
```

最后把这些数据代入 stats.t.interval 函数，求得置信区间。

```
interval = stats.t.interval(
    alpha = 0.95, df = df, loc = mu, scale = se)
interval
```
```
(3.597, 4.777)
```

参数 alpha 是置信水平，df 是自由度，loc 是样本均值，scale 是标准误差。

输出的第 1 个数是下置信界限，第 2 个数是上置信界限。

因此，95% 置信区间为 3.597 到 4.777。

3-7-10　补充　置信区间的求解细节

使用 Python 即可方便地进行区间估计。下面介绍区间估计的传统方法，以供有兴趣的读者参考。

不过以后的章节不会使用这里介绍的方法。

区间估计的计算顺序如下。

1. 计算自由度为 n 的 t 分布的 97.5% 分位数
   ① 将 t 分布的 97.5% 分位数记作 $t_{0.975}$
   ② t 分布相对于均值左右对称,那么 2.5% 分位数就是 $-t_{0.975}$
   ③ 服从 t 分布的变量落在 $-t_{0.975}$ 和 $t_{0.975}$ 之间的概率为 95%
      - 此处的 95% 为置信水平
2. "样本均值 $- t_{0.975} \times$ 标准误差"为下置信界限
3. "样本均值 $+ t_{0.975} \times$ 标准误差"为上置信界限

下面结合数学式理解以上步骤的含义。

首先回顾一下 t 值的计算公式:

$$t值 = \frac{\hat{\mu} - \mu}{\hat{s}e} \tag{3-18}$$

其中,$\hat{\mu}$ 为样本均值 e,μ 为总体均值,$\hat{s}e$ 为样本的标准误差。

t 值处于 $-t_{0.975}$ 和 $t_{0.975}$ 之间的概率为 95%:

$$P\left(-t_{0.975} \leqslant \frac{\hat{\mu} - \mu}{\hat{s}e} \leqslant t_{0.975}\right) = 95\% \tag{3-19}$$

求解总体均值 μ,得到:

$$P(\hat{\mu} - t_{0.975} \times \hat{s}e \leqslant \mu \leqslant \hat{\mu} + t_{0.975} \times \hat{s}e) = 95\% \tag{3-20}$$

下面用 Python 验证一下。

首先求 97.5% 分位数。

```
t_975 = stats.t.ppf(q = 0.975, df = df)
t_975
```

```
2.262
```

下置信界限计算如下。

```
lower = mu - t_975 * se
lower
3.597
```

上置信界限计算如下。

```
upper = mu + t_975 * se
upper
4.777
```

3-7-11 决定置信区间大小的因素

样本的方差大，就表明数据更偏离均值，相应地均值就更不可信，从而导致置信区间更大。

不妨验证一下。先把样本标准差变为原来的 10 倍，再计算 95% 置信区间，可以看到这个区间变得很大。

```
se2 = (sigma*10) / sp.sqrt(len(fish))
stats.t.interval(
    alpha = 0.95, df = df, loc = mu, scale = se2)
(-1.713, 10.087)
```

对于这个现象，比较直观的理解就是，置信区间越大，真正的总体均值的位置越难确定。

而样本容量越大，样本均值就越可信，进而置信区间就越小。

这也可以用 Python 来验证。设样本容量为原来的 10 倍。可以看到，样本容量越大，自由度就越大，标准误差就越小。

```
df2 = (len(fish)*10) - 1
se3 = sigma / sp.sqrt(len(fish)*10)
stats.t.interval(
    alpha = 0.95, df = df2, loc = mu, scale = se3)
```

(4.023, 4.351)

如果使用完全相同的数据，那么置信水平越大，为确保安全，置信区间就会越大。99% 置信区间的计算如下。

```
stats.t.interval(
    alpha = 0.99, df = df, loc = mu, scale = se)
```

(3.339, 5.035)

可以看到，它比 95% 置信区间更大。

3-7-12　区间估计结果的解读

前面我们一直把"置信水平 95%"中的 95% 理解为可信度，但并不知道它的具体含义。

下面我们将结合程序模拟来理解它的含义（图 3-28）。

"置信水平 95%"中的 95% 是像下面这样获得的：

1. 从真正的总体中抽样；
2. 使用 3-7-9 节的方法计算 95% 置信区间；
3. 反复进行前两步操作；
4. 所有试验所得的区间中包含真正的参数的概率为 95%。

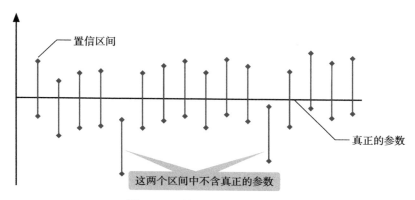

图 3-28　关于置信水平的解读

下面通过程序模拟来验证。试验次数为 2 万次。

准备一个变量，如果置信区间包含总体均值（4），它的值就取 True。由于实验次数为 2 万，所以准备大小为 2 万的数组。数组只存放 True 或 False，因此指定 dtype = "bool"。

```
be_included_array = np.zeros(20000, dtype = "bool")
be_included_array
```
```
array([False, False, False, ..., False, False, False], dtype=bool)
```

下面开始程序模拟。

```
# 执行 2 万次求 95% 置信区间的操作
# 如果置信区间包含总体均值（4），就为 True
np.random.seed(1)
norm_dist = stats.norm(loc = 4, scale = 0.8)
for i in range(0, 20000):
    sample = norm_dist.rvs(size = 10)
    df = len(sample) - 1
    mu = sp.mean(sample)
    std = sp.std(sample, ddof = 1)
    se = std / sp.sqrt(len(sample))
    interval = stats.t.interval(0.95, df, mu, se)
    if(interval[0] <= 4 and interval[1] >= 4):
        be_included_array[i] = True
```

最终，包含了总体均值（4）的置信区间的比例约为 0.95。

```
sum(be_included_array) / len(be_included_array)
```

```
0.948
```

3-8

假设检验

3-8 节到 3-11 节将讲解假设检验。
我们先通过单样本 t 检验来了解什么是假设检验。

3-8-1 【术语】 假设检验

通过样本对总体进行统计学上的判断叫作**假设检验**（有时简称检验），其特征是使用概率论的语言来描述判断。假设检验有很多种，不同的方法也对应着不同的研究对象。统计推断的实践中经常应用假设检验。

只通过样本来给总体下判断原本就很困难，所以在解读检验的结果时应当谨慎。

检验很常用，既可以用于我们自己的分析任务，也可以用于解读他人的检验结果。

3-11 节将介绍围绕检验的一些争议，但不管怎么说，我们依然有必要学习解读检验结果的方法。

3-8-2 单样本 t 检验

检验的方法很多，这里先介绍单样本 t 检验。
首先简单介绍一下单样本 t 检验的特点。

- 研究对象：均值。
- 研究目标：均值是否与某个值存在差异。

例如，有一种薯片标称 50 g，而事实上不可能每包都恰好是 50 g，往往是既有 49 g 的，也有 51 g 的。

每包的重量会有一些偏差，但我们希望它们的均值是 50 g。

这时就需要检验了。我们可以通过单样本 t 检验判断薯片的均重是否和 50 g 存在差异。

t 检验也可用于多变量数据。本节的介绍只以单样本数据为研究对象，后面简称为 t 检验。

3-8-3 显著性差异

假设检验中经常使用显著性差异这个词。它的含义就如字面所述，即具有显著性的差异。

既然存在具有显著性的差异，那么就存在不具有显著性的差异。注意，无论是否在进行检验，在解读数据时都应当考虑差异的显著性。

3-8-4 t 检验的直观解释

下面直观地解释一下 t 检验中的显著性差异。拆开两包薯片，使用家用的廉价秤分别对里面的薯片进行称重。第 1 包是 55 g，第 2 包是 44 g，均值是 49.5 g。它与 50 g 显然存在差异，那么这个差异是否显著呢？

首先需要注意，此时只拆开了两包。我们最好使用容量更大的样本。

其次，测量方法也值得注意，家用的廉价秤能否称出准确的重量呢？

另外，49.5 g 其实非常接近 50 g。

根据这样的结果，我们很难认为差异是显著的，也就是说，很难认为存在显著性差异。

而在下述条件下得到的结果就可能让人认为存在显著性差异。

- 进行了大量调查：样本容量大。
- 使用精密的秤称量：数据偏差（方差）小。
- 均重距离 50 g 很远：均值的差异大。

在 t 检验中，如果满足上述 3 个条件，就可以判断存在显著性差异。

3-8-5 均值差异大不代表存在显著性差异

根据 t 检验的判断逻辑，我们可以得到一条重要的结论：**均值差异大不代表存在显著性差异**。这一点非常重要，应当时刻谨记。

举个极端的例子说明一下。

假设有一台破旧的秤，里面的螺丝也松了，每次称量同一件物品，读数都不一样。称量恰好为 50 g 的石子时也会给出 30 g、70 g 之类的结果。

用这样一台秤称量两包薯片。第 1 包是 10 g，第 2 包是 60 g，均重是 35 g。这看起来和 50 g 相差很远。

然而这个结果的偏差（方差）太大，样本容量又太小，应该没有人会依据这样的结果认为存在显著性差异。

有时我们会看到一些文章只对比了均值就给出结论，在知晓了上述理由后，我们应该发觉这种对比是有问题的。在研究显著性差异时，必须考虑样本容量和方差。

所以我们应当注意，无论是否在进行检验，在解读数据时都应当考虑差异的显著性。

3-8-6 t 值

在 t 检验中，如果满足下列 3 个条件，就可以认为存在显著性差异。

- 进行了大量调查：样本容量大。
- 使用精密的秤称量：数据偏差（方差）小。
- 均重距离 50 g 很远：均值的差异大。

将这 3 个条件放在一起得到的就是 t 值，它的计算公式如下：

$$t\text{值} = \frac{\text{样本均值} - \text{对比值}}{\text{标准差} \div \sqrt{\text{样本容量}}} = \frac{\text{样本均值} - \text{对比值}}{\text{标准误差}} \tag{3-21}$$

在薯片的例子中，如下检验均重是否和 50 g 有差异：

$$t\text{值} = \frac{\text{样本均值} - 50}{\text{标准误差}} \tag{3-22}$$

如果 t 值大，就可以认为均重与 50 g 存在显著性差异。

当样本均值远小于对比值时，t 值也很小。此时，应认为 t 值的意义在于它的绝对值。

3-8-7　假设检验的结构：零假设与备择假设

假设检验的过程是先提出一个假设，再基于数据客观地判断是否拒绝它。

一开始提出来并用于拒绝的对象叫作**零假设**。

和零假设对立的假设叫作**备择假设**。

要判断薯片的均重是否为 50 g，可以提出下列假设。

- 零假设：薯片的平均重量是 50 g。
- 备择假设：薯片的平均重量不是 50 g。

如果拒绝零假设，即给出了零假设为错误的判断，就表明存在显著性差异，即认为薯片的均重不是 50 g。

以上描述虽显烦琐，却较为严密。

3-8-8 术语 p 值

样本与零假设之间的矛盾的指标就是 p 值。p 值越小，零假设和样本之间越矛盾。

p 值的表示形式是概率。

p 值和置信区间类似，在完全相同的条件下反复抽样并计算 t 值后才能显出它的含义。关于 p 值的这个解释容易产生误导，我们会在 3-11 节再次进行说明。

3-8-9 术语 显著性水平

当 p 值小于显著性水平时，拒绝零假设。

拒绝零假设的标准叫作**显著性水平**。显著性水平多使用5%这个数，本书也沿用这个传统。显著性水平也叫作**危险率**。

3-8-10 t 检验与 t 分布的关系

回顾一下 t 值的计算公式：

$$t 值 = \frac{样本均值 - 50}{标准误差}$$

假设总体均值为 50，则上式的性质和 3-6 节研究的 t 值性质一致。

也就是说，假设总体服从均值为 50 的正态分布，则样本的 t 值服从 t 分布。

设样本对应的 t 值的绝对值为 $t_{样本}$。

使用 t 分布的累积分布函数可以得到当总体均值为 50 时 t 值小于 $t_{样本}$ 的概率，这个概率用 α 表示。

$1-\alpha$ 就是当总体均值为 50 时 t 值大于 $t_{样本}$ 的概率。

$1-\alpha$ 越小，t 值大于 $t_{样本}$ 的概率就越小（即 $t_{样本}$ 足够大），就更容易出现显著性差异。

3-8-11 术语 单侧检验与双侧检验

检验薯片均重是否小于 50 g 叫作**单侧检验**。此时不考虑它是否大于 50 g。

单侧检验的另一侧是只检验薯片均重是否大于 50 g，而不考虑它是否小于 50 g。

检验薯片均重是否和 50 g 存在差异叫作**双侧检验**。薯片均重既可能大于 50 g，也可能小于 50 g。

单侧检验和双侧检验的 p 值不同。

人们一般认为只进行单侧检验不太合理，因而较多使用双侧检验。

3-8-12 p 值的计算

下面计算双侧检验的 p 值。

设样本对应的 t 值为 $t_{样本}$。

使用 t 分布的累积分布函数可以得到当总体均值为 50 时 t 值小于 $t_{样本}$ 的概率，这个概率用 α 表示。

p 值的计算公式如下：

$$p \text{ 值} = (1-\alpha) \times 2 \tag{3-23}$$

上式中右侧的"$\times 2$"代表双侧检验。要计算薯片均重不是 50 g 的概率，就要考虑大于和小于两种情况，所以需要计算"$1-\alpha$"的 2 倍。

而如果进行的是单侧检验，p 值就是 $1-\alpha$。

3-8-13　t 检验的实现：环境准备

下面先导入要用到的函数库，并设置浮点数打印精度。

```
# 用于数值计算的库
import numpy as np
import pandas as pd
import scipy as sp
from scipy import stats
# 用于绘图的库
from matplotlib import pyplot as plt
import seaborn as sns
sns.set()
# 设置浮点数打印精度
%precision 3
# 在 Jupyter Notebook 里显示图形
%matplotlib inline
```

接着，把虚构的薯片重量数据作为研究对象。样本容量是 20，将数据保存到序列类型里。

```
junk_food = pd.read_csv(
    "3-8-1-junk-food-weight.csv")["weight"]
junk_food.head()
```

```
0    58.529820
1    52.353039
2    74.446169
3    52.983263
4    55.876879
Name: weight, dtype: float64
```

按以下方针进行单样本 t 检验。

- 零假设：薯片的均重是 50 g。
- 备择假设：薯片的均重不是 50 g。

显著性水平为 5%。如果 p 值小于 0.05，就拒绝零假设，并认为薯片均重与 50 g 存在显著性差异。

3-8-14　t 检验的实现：计算 t 值

回顾一下 t 值的计算公式，其中对比值是 50 g：

$$t 值 = \frac{样本均值 - 对比值}{标准误差}$$

先计算样本均值。

```
mu = sp.mean(junk_food)
mu
```

```
55.385
```

然后是自由度，它是样本容量减去 1。

```
df = len(junk_food) - 1
df
```

```
19
```

接着求标准误差。标准误差的数学式为"标准差 ÷ 样本容量的平方根"。

```
sigma = sp.std(junk_food, ddof = 1)
se = sigma / sp.sqrt(len(junk_food))
se
```

```
1.958
```

最后计算出 t 值。

```
t_value = (mu - 50) / se
t_value
```

```
2.750
```

3-8-15 t 检验的实现：计算 p 值

假设总体服从正态分布，那么 t 值就服从 t 分布，所以可以使用 t 分布的累积分布函数。

下面再回顾一遍 p 值的计算方法。

使用 t 分布的累积分布函数可以得到当总体均值为 50 时 t 值小于 $t_{样本}$ 的概率，这个概率用 α 表示。

$1-\alpha$ 就是当总体均值为 50 时 t 值大于 $t_{样本}$ 的概率。

$1-\alpha$ 越小，t 值大于 $t_{样本}$ 的概率就越小（即 $t_{样本}$ 足够大），就更容易出现显著性差异。

为了进行双侧检验，p 值要用 $(1-\alpha) \times 2$ 计算。

```
alpha = stats.t.cdf(t_value, df = df)
(1 - alpha) * 2
```

```
0.013
```

p 值的显著性水平小于 0.05，所以可以认为存在显著性差异，即薯片的均重与 50 g 存在显著性差异。

使用 `stats.ttest_1samp` 函数可以方便地进行单样本 t 检验（这里缩短了输出结果的位数）。

```
stats.ttest_1samp(junk_food, 50)
```

```
Ttest_1sampResult(statistic=2.7503, pvalue=0.0127)
```

其中，`statistic` 为 t 值，`pvalue` 为 p 值。

3-8-16 通过模拟实验计算 p 值

为了解释 p 值的含义，下面再通过程序模拟计算一次 p 值。

多次抽样并计算 t 值，接受零假设时不小于 $t_{样本}$ 的 t 值的比例就是 p 值。在双侧检验中，上述值的 2 倍就是 p 值。

如果这个比例小，就说明 t 值很少超过 $t_{样本}$，那么 $t_{样本}$ 就是足够大的，就认为存在显著性差异。

首先，将样本的相关信息保存在变量中，这里保存了样本容量和样本标准差。

```
size = len(junk_food)
sigma = sp.std(junk_food, ddof = 1)
```

进行程序模拟，计算 5 万次 t 值。准备大小为 5 万的容器，用来保存 t 值。

```
t_value_array = np.zeros(50000)
```

令 stats.norm 的均值为 50，以接受零假设为前提进行 5 万次抽样并计算 t 值。

```
np.random.seed(1)
norm_dist = stats.norm(loc = 50, scale = sigma)
for i in range(0, 50000):
    sample = norm_dist.rvs(size = size)
    sample_mean = sp.mean(sample)
    sample_std = sp.std(sample, ddof = 1)
    sample_se = sample_std / sp.sqrt(size)
    t_value_array[i] = (sample_mean - 50) / sample_se
```

最后，计算这 5 万个 t 值中大于 $t_{样本}$ 的 t 值所占的比例，这个比例乘以 2 就是 p 值。

```
(sum(t_value_array > t_value) / 50000) * 2
```
```
0.013
```

这个结果基本等于理论值。

3-9

均值差的检验

本节介绍均值差的检验的理论与操作方法,它在实际应用中很常见。

3-9-1 双样本 t 检验

上一节的研究对象是单变量数据,如 1 种薯片的重量。

本节将介绍如何判断 2 种变量的均值是否有差异。

例如,在研究吃药前后体温是否有变化,或者大小钓钩所钓的鱼的体长是否有差异时,就会用到均值差的检验。

3-9-2 配对样本 t 检验

配对样本 t 检验用于研究在两个不同条件下对同一对象进行测量所得到的值的区别,比如服药前后的体温变化。

我们将结合下列数据认识配对样本 t 检验(为便于说明,数据为杂乱形式)。

受试者	服药前体温	服药后体温	体温差
A	36.2	36.8	0.6
B	36.2	36.1	−0.1
C	35.3	36.8	1.5
D	36.1	37.1	1.0
E	36.1	36.9	0.8

请注意最右边一列，即服药前后的体温差。如果药物对体温没有影响，这一列的值应当为 0。或者说，**如果"体温差"列的均值不为 0，则认为服药前后体温有变化**。

在配对样本 t 检验中，要先求出数据的差，再检验这些差值的均值是否为 0。也就是说，将问题转化为了单样本 t 检验。

3-9-3 环境准备

下面先导入要用到的函数库，并设置浮点数打印精度。

```
# 用于数值计算的库
import numpy as np
import pandas as pd
import scipy as sp
from scipy import stats
# 用于绘图的库
from matplotlib import pyplot as plt
import seaborn as sns
sns.set()
# 设置浮点数打印精度
%precision 3
# 在 Jupyter Notebook 里显示图形
%matplotlib inline
```

把虚构的服药前后的体温数据作为研究对象。样本容量是 10，将数据保存到数据帧类型里。

```
paired_test_data = pd.read_csv(
    "3-9-1-paired-t-test.csv")
print(paired_test_data)

   person medicine  body_temperature
0       A   before              36.2
1       B   before              36.2
2       C   before              35.3
3       D   before              36.1
4       E   before              36.1
5       A    after              36.8
6       B    after              36.1
7       C    after              36.8
8       D    after              37.1
9       E    after              36.9
```

按以下方针进行配对样本 t 检验。

- 零假设：服药前后体温不变。
- 备择假设：服药前后体温变化。

显著性水平为 5%。如果 p 值小于 0.05，就拒绝零假设，并认为服药前后体温存在显著性差异。

3-9-4　实现　配对样本 t 检验

下面计算服药前后体温的变化。数据帧类型难以直接使用，所以我们按数组型从中取出服药前后的体温数据。

```
# 服药前后的样本均值
before = paired_test_data.query(
    'medicine == "before"')["body_temperature"]
after = paired_test_data.query(
    'medicine == "after"')["body_temperature"]
# 转化为数组型
before = np.array(before)
after = np.array(after)
# 计算差值
diff = after - before
diff
```

```
array([ 0.6, -0.1, 1.5, 1. , 0.8])
```

然后,通过单样本 t 检验观察体温变化的均值是否与 0 存在差异(这里缩短了输出结果的位数)。

```
stats.ttest_1samp(diff, 0)
```

```
Ttest_1sampResult(statistic=2.90169, pvalue=0.044043)
```

使用 `stats.ttest_rel` 函数即可方便地完成检验。

```
stats.ttest_rel(after, before)
```

```
Ttest_1sampResult(statistic=2.90169, pvalue=0.044043)
```

p 值小于 0.05,所以可以认为服药前后的体温有显著的变化。

3-9-5 独立样本 t 检验

接下来介绍独立样本 t 检验。

独立样本 t 检验的关注重点是两组数据均值的差,而配对样本 t 检验则是先求数据的差值再进行单样本 t 检验。这就是二者的不同点。

基于均值差的 t 值的计算公式稍显复杂。

先回顾一下单样本 t 检验中 t 值的计算公式:

$$t\,\text{值} = \frac{\text{样本均值} - \text{对比值}}{\text{标准差} \div \sqrt{\text{样本容量}}} = \frac{\text{样本均值} - \text{对比值}}{\text{标准误差}} \quad (3\text{-}24)$$

设 x 和 y 是要检验的两个变量（比如它们分别为大钩和小钩钓到的鱼的体长），独立样本 t 检验的 t 值计算公式如下：

$$t = \frac{\hat{\mu}_x - \hat{\mu}_y}{\sqrt{\hat{\sigma}_x^2/m + \hat{\sigma}_y^2/n}} \quad (3\text{-}25)$$

其中，$\hat{\mu}_x$ 为 x 的样本均值，$\hat{\mu}_y$ 为 y 的样本均值。m 为 x 的样本容量，n 为 y 的样本容量。$\hat{\sigma}_x^2$ 为 x 的无偏方差，$\hat{\sigma}_y^2$ 为 y 的无偏方差。

该式和单样本 t 检验中的 t 值计算公式类似，但默认了当变量为 2 个时方差不同，所以作为分母的标准误差稍显复杂。

下面用上式进行 t 检验。

双变量的 t 分布的自由度会变得复杂，此时使用 Welch 的近似方法来计算 p 值，这种方法叫作 Welch 检验。

3-9-6　实现　独立样本 t 检验

下面对前面的体温数据进行独立样本 t 检验。原则上独立样本 t 检验不适合这组数据，所以这里只是为满足学习需求才这样做。

计算 t 值。

```
# 均值
mean_bef = sp.mean(before)
mean_aft = sp.mean(after)
# 方差
sigma_bef = sp.var(before, ddof = 1)
sigma_aft = sp.var(after, ddof = 1)
# 样本容量
m = len(before)
n = len(after)
```

```
# t 值
t_value = (mean_aft - mean_bef) / \
    sp.sqrt((sigma_bef/m + sigma_aft/n))
t_value
```

```
3.156
```

使用 `stats.ttest_ind` 函数可以方便地完成独立样本 t 检验。

```
stats.ttest_ind(after, before, equal_var = False)
```

```
Ttest_indResult(statistic=3.1557, pvalue=0.01348)
```

p 值小于 0.05，所以可以认为存在显著性差异。

但这个 p 值和配对样本 t 检验所得的 p 值（约 0.04）不同。

可见，即使对同一组数据进行相同目的的检验，不同的检验方法得到的 p 值也可能不同。

3-9-7 （补充） 独立样本 t 检验（同方差）

有些传统教材指出，要先检查数据的同方差性，再根据情况进行相应的 t 检验。

不过，忽略两者是否同方差，直接以方差不同为前提进行检验也无大碍。我们可以直接对任意双变量数据使用 Welch 检验。

函数 `stats.ttest_ind` 的参数 `equal_var` 为 `False`，这就表示进行方差不同的 t 检验，即 Welch 检验。

3-9-8 （补充） p 值操纵

单是均值差的检验就存在多种方法。在这些方法中，配对样本 t 检验与独立样本 t 检验的 p 值不同。

除了这两种方法，还有曼-惠特尼的 U 检验等方法可以用于均值差的检验。但是，并不是说各种检验方法都可以很容易地得到显著性差异。

有些时候得到显著性差异是好消息。比如，为了让鱼长得更大而开发了一种新饲料。对比使用前后的数据，如果存在显著性差异，就说明新产品成功了。

然而，方差不同的 t 检验的 p 值有时会出现 0.053 这种摇摆不定的数。

有些人会反复更换检验方法，直到出现显著性差异。比如换用 U 检验再来一次，或者换一组数据，或者删除一部分数据，或者不断抽样增加数据等。

这样一直试下去，直到 p 值小于 0.049，就代表出现显著性差异了。当然，当他把这个结果写成论文时，可不会承认这是不断变更检验方法才得出的结果。

那么，用这种方法得到的所谓显著性差异真的显著吗？

在对样本容量、方差等多种性质进行分析之后认为显著的才叫作显著性差异。它不应该是那种只关注 p 值而试出来的主观希望的数值。

任意改变 p 值的行为就叫作 **p 值操纵**。粕谷英一的《写给生物学学习者的统计故事》中就介绍了多种 p 值操纵方法。无须伪造或篡改数据，只要反复更换分析方法，就能轻易地修改 p 值。

揭发个别的 p 值操纵行为是很困难的，现阶段也没有有效防止这类行为的体系，于是甚至有人提出应当禁用一切假设检验。

我们分析数据的目的不是得到想要的结果，而是探求事实。

无论他人是否取巧，无论他人如何看待 p 值，我们都要敢于拒绝 p 值操纵。

作为一名数据分析师，唯有数据是最应该诚恳对待的。

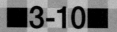

列联表检验

本节将介绍列联表检验,它是假设检验的重要应用。这种检验方法也叫作 χ^2 检验(卡方检验)。

3-10-1 使用列联表的好处

在学习如何利用列联表进行检验之前,我们先来看看列联表有什么好处。掌握有关列联表的正确知识有助于提高数据分析的质量。

假设你经营了一个网站,要判断购买按钮和客服按钮的颜色对点击率的影响。

得到的数据如下所示。

	点击人数
蓝色按钮	20
红色按钮	10

显然,蓝色按钮的点击人数更多,那么你可能会觉得蓝色更合适。
但这份数据存在严重的缺点,它没有记录未点击按钮的数据。
包含未点击按钮的人数的数据如下所示。这种表就是列联表,也叫交叉列联表。

	点击人数	未点击人数
蓝色按钮	20	180
红色按钮	10	90

从上表可以看出，蓝色和红色按钮的点击人数与未点击人数的比例都是 1:9。也就是说，二者的点击率相同，蓝色按钮的点击人数多只是因为蓝色按钮的数量更多。

假设得到的数据如下所示。

- 蓝色按钮：点击率为 50%。
- 红色按钮：点击率为 10%。

在这种情况下，你可能会认为使用蓝色更合适。然而，如果这个比例来自下面的数据呢？

	点击人数	未点击人数
蓝色按钮	1	1
红色按钮	10	90

蓝色按钮的样本数量太少了。如果样本容量大一些，蓝色按钮的点击率或许会变小。因此，在研究这类问题时，列联表的作用很大。

3-10-2　本节例题

和前面一样，本节以下列虚构的按钮点击数据作为研究对象进行分析。

按钮点击人数统计表

颜色		结果		合计
		点击	未点击	
颜色	蓝	20	230	250
	红	10	40	50
合计		30	270	300

实际得到的观测数据叫作**观测频数**。

如果只看点击率，蓝色按钮是 8%，红色按钮是 20%，看起来红色按钮的点击率更高。至于这二者的差异是否显著，还需要通过假设检验来判断。

3-10-3 计算期望频数

我们的目的是证明不同颜色按钮的吸引力不同。首先，思考一下如果按钮的颜色对吸引力完全没有影响，我们会得到什么样的数据。这样的数据叫作**期望频数**。

观察 3-10-2 节的按钮点击人数统计表可知，所有颜色的点击人数与未点击人数的比例是 30:270，即 1:9。不论什么颜色，都有 1/10 的人点击了按钮。

作为实验对象的人数如下。

- 蓝色按钮：250 人
- 红色按钮：50 人

有 1/10 的人点击了按钮，所以点击按钮的人的期望频数如下。

- 蓝色按钮点击人数：25
- 红色按钮点击人数：5

从总体中减去已点击的人数，得到的就是未点击的人数，最后得到的期望频数如下。

	点击人数	未点击人数
蓝色按钮	25	225
红色按钮	5	45

最后，考察期望频数和观测频数之间的区别。如果差别大，就可以认为按钮的颜色影响按钮的吸引力。

注意，χ^2 检验要求所有期望频数不小于 5。

3-10-4 计算观测频数和期望频数的差

接下来，计算下式的值：

$$\chi^2 = \sum_{i=1}^{2} \sum_{j=1}^{2} \frac{(O_{ij} - E_{ij})^2}{E_{ij}} \tag{3-26}$$

其中，O_{ij} 是第 i 行第 j 列的观测频数，E_{ij} 是第 i 行第 j 列的期望频数。该式的结果叫作 χ^2 统计量。

代入观测频数和期望频数并计算：

$$\begin{aligned}\chi^2 &= \frac{(20-25)^2}{25} + \frac{(230-225)^2}{225} + \frac{(10-5)^2}{5} + \frac{(40-45)^2}{45} \\ &= 1 + \frac{1}{9} + 5 + \frac{5}{9}\end{aligned} \tag{3-27}$$

得到的结果约为 6.667。

2 行 2 列的表格对应的 χ^2 统计量的样本分布被证明近似于自由度为 1 的 χ^2 分布。与 t 检验类似，我们也可以用 Python 快速得到 χ^2 分布的累积分布函数。

3-10-5 实现 计算 p 值

首先导入要用到的函数库，并设置浮点数打印精度。

```
# 用于数值计算的库
import numpy as np
import pandas as pd
import scipy as sp
from scipy import stats
# 用于绘图的库
from matplotlib import pyplot as plt
import seaborn as sns
sns.set()
# 设置浮点数打印精度
%precision 3
# 在 Jupyter Notebook 里显示图形
%matplotlib inline
```

使用自由度为 1 的 χ^2 分布的累积分布函数计算 p 值。

```
1 - sp.stats.chi2.cdf(x = 6.667, df = 1)
0.010
```

得到的结果小于 0.05，所以可以认为按钮的颜色显著地影响了按钮的吸引力。

3-10-6 实现 列联表检验

通过 Python 可以快捷地进行列联表检验。首先读入数据。

```
click_data = pd.read_csv("3-10-1-click_data.csv")
print(click_data)

   color  click  freq
0   blue  click    20
1   blue    not   230
2    red  click    10
3    red    not    40
```

然后将数据转换为列联表。

```
cross = pd.pivot_table(
    data = click_data,
    values = "freq",
    aggfunc = "sum",
    index = "color",
    columns = "click"
)
print(cross)

click  click  not
color
blue      20  230
red       10   40
```

最后，使用 `sp.stats.chi2_contingency` 函数进行检验。函数会默认进行修正，所以这里使用 `correction = False` 禁用了修正。

```
sp.stats.chi2_contingency(cross, correction = False)

(6.667, 0.010, 1, array([[ 25.,  225.],
                        [  5.,   45.]]))
```

输出的结果依次为 χ^2 统计量、p 值、自由度和期望频数。这个结果和我们在前面得到的结果相同。

3-11

检验结果的解读

本节介绍如何解读检验结果。

熟悉假设检验之后,就能快速地完成相关计算,这便于给出判断。但正因为它很方便,所以很多时候会被滥用,因此我们有必要学习解读检验的方法。

3-11-1　p 值小于 0.05 时的表述方法

我们可以先简单地记忆一些表达方式。

当 p 值小于 0.05 时,数据存在显著性差异。

在检验薯片均重是否是 50 g 时,我们的表述是"薯片的均重与 50 g 存在显著性差异",即"○○ 与 ×× 存在显著性差异"。

3-11-2　p 值大于 0.05 时的表述方法

当 p 值大于 0.05 时,不能拒绝零假设。此时的表述比较特殊。

当 p 值大于 0.05 时,可以表述为"薯片的均重和 50 g 没有显著性差异",即"○○ 与 ×× 没有显著性差异"。

可能有人会写成"○○ 与 ×× 是相同的",但这种写法是错误的。

后面我们会说明为什么这种写法是错误的。

3-11-3 关于假设检验的常见误区

关于假设检验，下述观点是错误的：

1. p 值越小，差异越大；
2. p 值大于 0.05，所以没有差异；
3. "$1 - p$ 值"是备择假设正确的概率。

下面依次反驳以上几点。

3-11-4 p 值小不代表差异大

我们从第 1 条误区的原因说起。

这个误区主要源自 p 值的计算方法。

在单样本 t 检验中，计算 p 值之前要先计算 t 值。t 值越大，p 值就越小，也越容易认为数据存在显著性差异。

回顾一下单样本 t 检验的 t 值的计算公式：

$$t值 = \frac{样本均值 - 对比值}{标准差 \div \sqrt{样本容量}} = \frac{样本均值 - 对比值}{标准误差} \tag{3-28}$$

分子中的"样本均值 - 对比值"大，则可以认为差异大。这就导致了误区。

因为影响 t 值的还有其他因素。数据越集中，即标准差（方差）越小，t 值就越大。另外，样本容量也是一个影响因素，样本容量越大，t 值就越大。

因此，是否存在显著性差异，除了差异大小以外，还要看其他因素。把这些因素全部包含进来并用概率表示，得到的值才是 p 值。

例如，判断某种减肥药的效果是否显著。即使计算得到的 p 值是

0.000 01 这么小的数，也不能认为这个药的效果显著。

之所以得到这么小的 p 值，还可能是因为样本容量特别大（1000 个人），或者使用了刻度为 0.1 g 的精密的计量工具。

毕竟吃了让体重减小 0.5 g 的药并不会让人得到好身材。

只看一眼 p 值就下结论是不稳妥的。

通过计算数据的均值，或者绘制出箱形图或小提琴图等，可以降低错误解读的风险。

3-11-5 p 值大于 0.05 不代表没有差异

第 2 条误区不正确的原因是，通过 p 值可以确认零假设错误的概率，但无法确认零假设正确的概率。

第 3 条也是同理。

这些是假设检验的缺陷。

3-11-6 术语 第一类错误与第二类错误

零假设正确却拒绝了零假设的行为叫作**第一类错误**。

反过来，零假设错误却接受了零假设的行为叫作**第二类错误**。

在假设检验中，出现第一类错误的概率就是 p 值。p 值越小，说明出现第一类错误的概率就越小，因而我们可以给出拒绝零假设的判断。

3-11-7 术语 假设检验的非对称性

第一类错误的概率是可控的，第二类错误的概率是不可控的，这叫作**假设检验的非对称性**。

假设检验无法确定第二类错误的概率。

在 3-8 节的计算 p 值的程序模拟中，我们假定了零假设正确，并在假定了总体服从的分布的基础上进行了抽样。通过假设检验，可以计算假定零假设正确而实际上却错了的概率。

但通过同样的方法，却难以进行假定零假设错误的程序模拟。

要牢记，假设检验只能确定第一类错误。

3-11-8 在检验之前确定显著性水平

还有一个细节，就是要在检验之前确定好显著性水平。如果按显著性水平为 1% 进行检验，当 p 值为 0.037 时应认为没有显著性差异。这时不应该反悔，即不应该把显著性水平改成 5%，再认为存在显著性差异。

虽然 5% 和 1% 常被作为显著性水平的数值，但至于为何选取它们，并没有特别的理由。

笔者来自生物学研究室，工作中经常使用 5% 这个显著性水平，本书也使用 5% 这个数。不过不同的领域所用的数有所不同，请读者结合已有的研究等来确定显著性水平。

3-11-9 补充 统计模型的选择

本书将从第 4 章开始介绍模型的选择。学习相关知识可以缓解一些由检验的非对称性导致的问题。

3-11-10 假设检验有什么用

关于假设检验是否有必要学习，笔者认为，不必学它的那一天可能会到来，但肯定不是现在。笔者不知道将来会怎样，但当下如果脱离假设检验，数据分析会变得困难而低效。

在进行数据分析时，不了解假设检验会遇到严重的困难，甚至无法与他人交流。

不论你是否会积极地应用它,都应该掌握一些理论知识,这些知识很有用。

3-11-11 假设是否正确

在 t 检验中我们假设了总体服从正态分布。

本书反复强调了这一点,因为如果总体不服从正态分布,计算出来的 p 值就是错误的。

我们通过程序模拟推导出了 t 分布,但如果前提是错的,就意味着程序模拟也是错的,样本分布为 t 分布的依据也就没有了。

数据分析看起来是体力活,但事实上并没有这么简单。我们每时每刻都要考虑如何才能减少样本和假设之间的偏离。

在认真研究数据分析中的假设后,我们发现传统的均值差检验等方法在解决上述问题时会显得无力。

下一章将开始讲解统计模型。

统计模型能结合实际灵活地进行数据分析,可以说是统计学的新标准。

第4章

统计模型基础

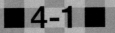

统计模型

本节介绍统计模型的基础理论。什么是统计模型,为什么数据分析要用到统计模型,这些疑问都将在本节得到解答。

4-1-1 术语 模型

模型是现实世界的抽象。

4-1-2 术语 建模

建模就是制作模型,统计建模就是制作统计模型。

4-1-3 模型有什么用

无须使用真正的飞机,只要制作一个小的飞机模型,就能借助它来掌握飞机的许多特性。要研究的"飞机能否起飞""飞机在气流中如何运动"等问题都能用模型解决。

使用与现实世界对应的模型**有助于我们理解和预测现实事物**。

4-1-4　简化复杂的世界

我们可以对啤酒的销售额建模。

啤酒的销售额会受到多种因素影响，比如当天的温度和湿度、棒球队的输赢、国家的经济形势、喜好啤酒的人数，以及 15 个月前的暖流的运动（它会影响海水温度，而海水温度可以决定下酒鱼的捕获量）等。

但是，如果考虑所有可能的原因，建模工作会非常低效，而且得到的结果可能会超出人类的理解范围。一般来说，人们很难相信暖流的变化会让 15 个月后的啤酒销售额平均增加 50 日元。

如果直接忽略大部分因素，只关注当天气温的影响，那就很简单了。天气热，所以想喝啤酒——这样的逻辑就很容易让人接受。但是，如果过度简化，模型又会与现实严重脱节。

模型要充分简单，让人类能够理解，又要充分完善，能够适当解读复杂的现实。我们要制作的就是这种**面向复杂世界的简单模型**。

4-1-5　从某个角度观察复杂的现象

模型可以理解为从某个角度观察现实所得的结果。

气温与啤酒销售额的关系，就相当于从当天的气温这个角度观察啤酒销售额所得的模型。

喜好啤酒的人数与啤酒销售额的关系，就相当于从长期变动的消费者人数这个角度观察啤酒销售额所得的模型。

这些角度无所谓对错。

观察的切入点和建立的模型都可以随着分析目的的改变而变化。

4-1-6　术语　数学模型

数学模型使用数学式来表示现象。

下面考虑啤酒销售额随气温变化的模型。为了得知销售额随着气温升高而增加还是随着气温降低而增加,我们用数学模型来表示。

假设二者的关系如下式所示:

$$\text{啤酒销售额 (万日元)} = 20 + 4 \times \text{气温 (°C)} \tag{4-1}$$

气温增加 1°C,销售额就增加 4 万日元。

当气温为 0°C 时,销售额为 20 万日元;当气温为 20°C 时,销售额为 $20 + 80 = 100$ 万日元。

通过数学式来表示,啤酒销售额与气温的关系更明确了。

4-1-7　术语　概率模型

概率模型是数学模型中用概率的语言描述的模型。

现实中不可能在气温为 20°C 时啤酒的销售额就恰好是 100 万日元。在同样的气温下,有卖得更好的时候,也有卖得更坏的时候,不过这些情况的均值应该是 100 万日元。对于这种情况,我们可以使用概率模型来表示。

要想使用概率模型,就要使用概率分布。

其中,正态分布是很常用的(具体使用哪种分布需要结合具体数据来判断,广义线性模型中常见的还有泊松分布和二项分布)。

假设销售额服从正态分布,则销售额与气温的关系这个概率模型表示如下:

$$\text{啤酒销售额} \sim \mathcal{N}(20 + 4 \times \text{气温}, \sigma^2) \tag{4-2}$$

啤酒销售额服从均值为"$20 + 4 \times \text{气温}$"、方差为 σ^2 的正态分布。

上式还可以改写为：

$$\text{啤酒销售额} = 20 + 4 \times \text{气温} + \varepsilon, \varepsilon \sim \mathcal{N}(0, \sigma^2) \tag{4-3}$$

式 (4-3) 的含义为，啤酒的销售额为"$20 + 4 \times \text{气温} +$ '服从均值为 0、方差为 σ^2 的正态分布的噪声'"。假设啤酒销售额服从正态分布，则上述两式等价。

4-1-8　术语　统计模型

统计模型是基于数据建立的概率模型。

例如，调查 30 个气温为 20°C 的日子的日销售额，最终得到的结果是销售额均值为 110 万日元，方差为 2。这就和概率模型"当气温为 20°C 时销售额均值为 100 万日元"冲突了，表明概率模型与数据不匹配。

又调查了多个气温为 30°C 的日子的日销售额，得到的销售额均值为 160 万日元。那么，以下概率模型更适用于这份数据：

$$\text{啤酒销售额} \sim \mathcal{N}(10 + 5 \times \text{气温}, \sigma^2) \tag{4-4}$$

在制作统计模型时，要基于概率模型的结构，结合实际数据调整模型参数。概率模型与统计模型之间的区别不大，在多数情况下可以通用。

如果没有特别说明，后面凡是提到模型，均表示统计模型。

4-1-9　概率分布与统计模型

前 3 章讲述了作为抽样过程的概率分布及其含义。从总体中进行随机抽样就等于生成服从总体分布的随机数。

统计模型的一个优点就是**我们可以借助它明确概率分布的参数的变化规律**。例如，借助啤酒销售额模型，我们可以知道气温越高，啤酒销售额的均值越高。

4-1-10 基于统计模型的预测

假设选择的统计模型如下：

$$啤酒销售额 \sim \mathcal{N}(10 + 5 \times 气温, \sigma^2) \qquad (4\text{-}5)$$

当气温为 10°C 时的预测为 "销售额服从期望值为 60、方差为 σ^2 的正态分布"。销售额的一个代表值就是它的期望值（60 万日元）。

基于统计模型的预测结果是一个条件概率分布，例如基于上述模型的预测结果就是已知解释变量 "气温" 时的销售额的概率分布。另外，作为预测值的代表值就是条件期望。

4-1-11 统计模型与经典数据分析的对比

均值差的检验等经典方法只不过是统计模型应用的一个方面。

例如，考虑商品价格和销售额的关系。

检验同一件商品在高价和低价的情况下，销售额的均值是否存在显著性差异，此时使用的是均值差的检验。

均值差的检验本质上就是评价以下两个模型哪个更合适。

模型①：价格高低对销售额的均值没有显著影响。
模型②：价格高低对销售额的均值存在显著影响。

也就是说，均值差的检验分为两步：第一步是建立两个模型，第二步是判断哪个模型更合适。其中第二步更受关注。

专注于建模过程同样能实现对复杂现象的分析。

例如，某商品低价销售的日子大部分是雨天，那么该商品在雨天应该比晴天更难卖。因此，我们必须同时分析雨天和低价对销售额的影响。如果只考虑其中一种因素而直接进行均值差的检验，就会得到错误的结果。

通过建立一个同时考虑了天气和价格的模型，就可以正确地分析低价对销售额的影响。这就是专注建模过程的好处。

4-1-12　统计模型应用

通过构建模型和研究模型，我们可以得到多种结论。统计模型既可以用来解释"气温越高，啤酒销售额越大"等现象，也可以进行"基于气温变量的啤酒销售额预测"等。

不过这些功能都只在所选择的模型之内成立。

如果在建模时搞错了参数，就无法得到正确的结论，甚至会解释为就算气温升高了，啤酒也可能卖不出去。分析者未必能处理所有的建模错误。另外，如果分析的数据本身有误，那么必然也无法得到正确的模型。统计模型不过是"临时"世界的模型而已。

当然了，统计模型让数据分析有了很大的进步，**堪称现代数据分析的标准框架**。

我们将在后面章节讲述使用统计模型的意义、建模方法以及评估方法。希望读者能正确、充分地使用模型。

4-2

建模方法

本节将讲解建模的总体流程,下一节将开始介绍具体的建模方法。本书主要介绍线性模型。

在学习建模之前,有必要学习构成统计模型的要素。我们将结合相关术语来介绍建模的流程。

4-2-1 本节例题

与 4-1 节一样,这里以构建啤酒销售额的预测模型为例进行讲解。

假设有 3 个因素影响啤酒销售额,分别为气温、天气(晴、雨、阴)和啤酒价格。

4-2-2 〔术语〕响应变量和解释变量

响应变量是根据某个因素而变化(响应)的变量。以 4-1 节的模型为例,啤酒的销售额就是响应变量。

解释变量是对关注的对象的变化进行解释的变量。以 4-1 节的模型为例,气温、天气和啤酒价格这 3 个变量都是解释变量。

人们使用解释变量将响应变量的变化模型化。在从统计模型和相关系数这两个角度进行解释时,解释变量与响应变量之间的关系不同。在统计模型中,二者的关系具有方向性;而在相关系数中,二者的关系没有方向性。

解释变量可以有多个，比如使用气温和天气这两个解释变量将啤酒销售额模型化。

概率模型多记作"响应变量 ~ 解释变量"。响应变量写在浪纹线（~）左侧，解释变量写在浪纹线右侧。

响应变量也叫因变量，解释变量也叫自变量。

4-2-3　术语　参数模型

参数模型是尽量简化现象、用极少数参数表达的模型。在确定参数模型时，只确定少数参数即可。因此，参数模型的数学式比较简洁，既方便估计，也便于解读。

4-2-4　术语　非参数模型

非参数模型不追求用尽量少的参数表达模型。非参数模型易于表达，但容易变得复杂，因而有时难以进行估计和解读。

为了让大家先掌握基础知识，本书主要讲解参数模型。

4-2-5　术语　线性模型

在**线性模型**中，响应变量和解释变量之间的关系为线性关系。

假设啤酒销售额和气温之间的关系是线性的，建模就会很简单。比如我们可以得到如下模型：

$$啤酒销售额（万日元）= 20 + 4 \times 气温（°C） \qquad (4\text{-}6)$$

在这个模型中，气温每升高 $1°C$，销售额就增加 4 万日元。而且，无论当前是 $20°C$ 还是 $30°C$，这个关系都一直保持不变（图 4-1）。这种关系就是线性关系。有些关系表面上不是线性关系，但通过变形也可以变成线性关系，那么这些关系组成的模型也是线性模型。相关案例请参考第 6 章。

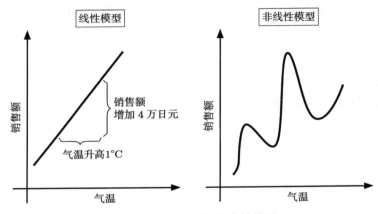

图 4-1　线性模型与非线性模型

本书主要讲解线性模型，它便于估计和解读，也是数据分析实践中核心的分析方法。

4-2-6　术语　系数与权重

统计模型中使用的参数叫作**系数**。

单纯使用气温预测啤酒销售额的模型如下：

$$\text{啤酒销售额} \sim \mathcal{N}(\beta_0 + \beta_1 \times \text{气温}, \sigma^2) \tag{4-7}$$

β_0 和 β_1 都叫作系数，其中 β_0 叫作**截距**，β_1 叫作**回归系数**。通过这些系数和解释变量（气温），可以预测参数（这里参数为正态分布的均值）。

在机器学习领域中，统计模型的系数也叫作**权重**。

4-2-7　建模 = 模型选择 + 参数估计

下面介绍如何建模。

建模分为两个步骤：第一步是**模型选择**，使用数学式表达模型的结构；第二步是**参数估计**。

"销售额随着气温的变化而变化"就是模型的结构。如果不加以想象，这些结构就无法模型化。

选择模型之后，还要估计参数，也就是系数。"气温升高 1℃，销售额就增加 ×× 万日元"中的"×× 万日元"就是要估计的内容。完成参数估计之后，我们就能明确气温和销售额之间的关系（正相关或负相关等），并可以借助气温数据预测销售额。

在建模时，需要我们主动完成模型选择和参数估计这两个步骤，期间很可能出错。如果最终通过模型给出的预测不够精确，那么原因既有可能是模型选择错误，也有可能是参数估计错误。在遇到问题时，需要仔细检查这两个步骤。

如果只使用概率分布来建模，参数估计这一步很少会出错，我们只要认真选好模型即可。线性模型是统计模型领域中不错的入门主题。

在深度学习等复杂的机器学习领域，参数估计也会经常出错。这时不仅要掌握模型选择，还要学习许多参数估计的经验和技巧。

4-2-8　线性模型的建模方法

建模的两个步骤中的参数估计可以交给 Python 自动实现（但也不要忘了其中的原理）。

线性模型的讨论范围不大，可以让模型选择以比较固定的方式进行。

假设数据为线性模型，那么在更换模型结构时，主要借助以下两种方式：

- 改变模型的解释变量；
- 改变数据服从的分布。

4-2-9　术语　变量选择

变量选择就是为模型选取解释变量。

在选择变量前，首先要把各种变量组合在一起建模。例如存在 A、B、C 这 3 个解释变量，那么可能出现如下几种组合：

- 响应变量 ~ 无解释变量；
- 响应变量 ~ A；
- 响应变量 ~ B；
- 响应变量 ~ C；
- 响应变量 ~ A + B；
- 响应变量 ~ A + C；
- 响应变量 ~ B + C；
- 响应变量 ~ A + B + C。

如果响应变量是啤酒销售额，解释变量就是气温、天气、啤酒价格等。在无解释变量的模型中，啤酒的销售额是常数。

从上述组合中选出最合适的组合的过程就是变量选择。

选出最合适的变量组合的方法有两种，分别是假设检验和信息量准则。

4-2-10　术语　空模型

没有解释变量的模型叫作**空模型**。

4-2-11　通过假设检验选择变量

我们将结合以下模型讲解通过假设检验选择变量的方法：

$$\text{啤酒销售额} \sim \mathcal{N}(\beta_0 + \beta_1 \times \text{气温}, \sigma^2) \qquad (4\text{-}8)$$

要使用假设检验，就要提出以下假设。

- 零假设：解释变量的系数 β_1 是 0。
- 备择假设：解释变量的系数 β_1 不是 0。

如果拒绝零假设，就认定气温的系数不是 0，也就相当于认定模型中需要气温这个解释变量。

如果不能拒绝零假设，就依照**模型应当足够简单**的原则去掉相关变量（此处为气温）。如果去掉的是唯一的解释变量，模型就变为空模型。

还有一种叫作方差分析的检验方法，我们将在第 5 章结合 Python 实现来讲解。

4-2-12　通过信息量准则选择变量

另一种变量选择方法叫作**信息量准则**。该方法可以量化所选模型与数据的契合度。**赤池信息量准则**（Akaike Information Criterion，AIC）是一种常用的方法。

AIC 越小，模型越合适。在进行变量选择时，我们可以基于所有可能的变量组合建立模型，再比较这些模型的 AIC，最后选择 AIC 最小的那个模型。

4-2-13 模型评估

完全信任所选择的模型是很危险的,我们要学会评估已选择的模型。
常用的评估模型的方法有两种:一种是评估预测精度,预测精度越高,预测的结果越好;另一种是检验模型是否满足建模时所假设的条件。

假设啤酒销售额的模型如下:

$$啤酒销售额 = 20 + 4 \times 气温 + \varepsilon, \varepsilon \sim \mathcal{N}(0, \sigma^2) \qquad (4\text{-}9)$$

如果它满足建模时所假设的前提条件,销售额的预测值和实测值的差 ε 就会服从均值为 0 的正态分布。我们要检查的就是这个地方。检查过程比较烦琐,我们将在第 5 章结合 Python 实现来讲解。

4-2-14 补充 在建模之前确定分析目的

最后补充一个注意事项,那就是分析的顺序。

我们应当在编写程序之前确定分析目的,并依据这个目的收集数据和建模。

假设要建立气温和销售额之间的模型。如果目的是提高销售额,那这个模型就没有意义了,因为人力不能改变气温。如果目的是基于气温预测销售额,并将结果应用在仓库管理上,那这个模型就很有意义。

要提高销售额,我们可以考虑广告、价格等因素与销售额之间的关系并建模。当然了,为了提高模型精度,也可以把气温等因素一起考虑进来。

4-3

数据表示与模型名称

在统计模型问世之前还存在许多分析方法。本节将从统计模型的角度简单介绍一下这些方法。

4-3-1　**术语**　正态线性模型

假设响应变量服从正态分布的线性模型叫作**正态线性模型**。正态线性模型属于参数模型。

响应变量服从正态分布,所以它是一个取值范围为 $-\infty \sim +\infty$ 的连续变量。

第 5 章将围绕正态线性模型进行讲解。由于假设了总体服从正态分布,所以只要完成变量选择就基本完成了建模。这个过程比较简单,但要注意判断"假设总体服从正态分布"是否妥当。

4-3-2　**术语**　回归分析(经典术语)

在正态线性模型中,解释变量为连续变量的模型叫作**回归分析**,也叫作**回归模型**。

4-3-3 术语 多元回归分析（经典术语）

含有多个解释变量的回归分析叫作**多元回归分析**。

与此相对，只有一个解释变量的回归分析叫作**一元回归分析**。

4-3-4 术语 方差分析（经典术语）

在正态线性模型中，解释变量为分类变量的模型叫作**方差分析模型**。

另外，方差分析也是一种假设检验的方法。为避免混淆，本书将不使用"方差分析模型"这个名称，而书中所有的"方差分析"均指假设检验的方法。

当解释变量为一个种类时，叫作**一元方差分析**；当解释变量为两个种类时，叫作**二元方差分析**。这些术语经常出现，请尽量结合正态线性模型来理解它们。

4-3-5 术语 广义线性模型

响应变量未必服从正态分布的线性模型叫作**广义线性模型**。正态线性模型属于广义线性模型。

第 6 章将详细介绍广义线性模型。

4-3-6 补充 机器学习中的叫法

在机器学习领域中，响应变量为连续变量的模型叫作回归模型，正态线性模型属于广义的回归模型。

响应变量为分类变量的模型叫作分类模型。

根据所应用的概率分布，广义线性模型既可能叫作回归模型，也可能叫作分类模型。如果总体服从二项分布,它就是分类模型;如果总体服从泊松分布,它就是回归模型。

即使是同样的事物,在不同的领域中叫法也可能不一样,请多加注意。

4-4

参数估计：最大似然估计

本节讲解参数估计的方法。具体的计算可以使用 Python 函数快速完成，本节的重点是理解相关计算的意义。

本节后半部分会给出相关公式，如果觉得难可以先略过，等到学习相关程序时再回过头来理解。

4-4-1 为什么要学习参数估计

不懂电视机的原理不影响我们使用它。

同理，不懂参数估计的原理也不影响我们用 Python 建模、预测和解读实际现象。

但是，只有懂得电视机原理的人才能维修电视机。

当参数估计的计算过程报出问题时，只有懂得其原理的人才能探明原因。在新技术问世时，只有已经懂得其原理的人才能最快地应用它。

我们无须掌握算法细节，本书也不会介绍。但是，了解参数估计的原理和意义可以给我们带来很多好处。

4-4-2 术语 似然

下面介绍一些参数估计相关的术语。

当参数为某值时抽到特定样本的概率（密度）叫作**似然**。

似然的英文是 Likelihood，常用首字母 $\mathcal{L}$ 表示。

以投掷两次硬币的结果作为样本，其中第一次为正面，第二次为反面。

假设投出正面的概率为 $1/2$，则 $1/2$ 为参数，上述样本的概率，即似然，就是 $1/2 \times 1/2 = 1/4$。

假设投出正面的概率为 $1/3$，则 $1/3$ 为参数，上述样本的概率，即似然，就是 $1/3 \times 2/3 = 2/9$。

4-4-3 术语 似然函数

在给定参数时计算似然的函数叫作**似然函数**。

仍以投掷硬币为例，得到正面的概率为参数，用 θ 表示。通过参数 θ 计算似然的似然函数就记为 $\mathcal{L}(\theta)$。

在投掷硬币的例子中，似然函数如下：

$$\mathcal{L}(\theta) = \theta \times (1 - \theta) \tag{4-10}$$

4-4-4 术语 对数似然

似然取对数就是**对数似然**。

取对数可以简化后续的许多计算。

4-4-5 补充 对数的性质

知道了对数的性质就能理解为什么要取对数。这里将简单列举一下对数的性质，已经掌握的读者可以略过。

◆ 指数

在讲解对数之前，我们先回顾一下什么是指数。

形如 2^3（读作"2 的 3 次方"）的就是指数。它的含义是 $2 \times 2 \times 2$，结果为 8。

"●的▼次方"的计算方法为"把▼个●相乘"。

◆ 对数

以数学式"●的▼次方 = ■"为例，"已知●与■，求▼"的计算就是对数计算。对数计算的符号为 log。

我们可以这样理解：式 $\log_2 8 = 3$ 对应的就是"2 的 3 次方 = 8"。

在式 $\log_2 8 = 3$ 中，2 叫作**对数的底**。

我们经常见到自然对数的底 e，它的值约为 2.7。自然对数的底可以简化一些计算。x 的自然对数 $\log_e x$ 可以写作 $\ln x$。

◆ 性质①：单调递增

在函数 $f(x) = \log_a x$（$a > 0$，且 $a \neq 1$）中，当 $a > 1$ 时，x 越大，则 $\log_a x$ 越大，所以 $\log_2 8 > \log_2 2$。

根据这个性质可以知道，寻找使得似然最大的参数的问题，就是寻找使得对数似然最大的参数的问题。

◆ 性质②：乘法转化为加法

取对数可以把乘法运算转化为加法运算。

考察乘法算式：

$$2 \times 4 = 8 \qquad (4\text{-}11)$$

两边取对数可得：

$$\log_2(2 \times 4) = \log_2 8 \qquad (4\text{-}12)$$

将左边的乘法运算提到 log 运算符外侧，乘法运算就变为加法运算：

$$\log_2 2 + \log_2 4 = \log_2 8 \tag{4-13}$$

左式为 $\log_2 2 + \log_2 4 = 1 + 2 = 3$，右式为 $\log_2 8 = 3$，二者结果相等。

一般来说，下式是成立的：

$$\log_a(xy) = \log_a x + \log_a y \tag{4-14}$$

下面换一个比较复杂的计算。

先回顾一下用于求和的 Σ 符号：

$$\sum_{i=1}^{5} i = 1 + 2 + 3 + 4 + 5 \tag{4-15}$$

现在导入新的运算符 Π，它代表求积：

$$\prod_{i=1}^{5} i = 1 \times 2 \times 3 \times 4 \times 5 \tag{4-16}$$

求积运算取对数就会变为求和运算：

$$\begin{aligned}
\log_a &\left(\prod_{i=1}^{5} i \right) \\
&= \log_a(1 \times 2 \times 3 \times 4 \times 5) \\
&= \log_a 1 + \log_a 2 + \log_a 3 + \log_a 4 + \log_a 5 \\
&= \sum_{i=1}^{5} \log_a i
\end{aligned} \tag{4-17}$$

因为加法运算比较简单，所以乘法运算转化为加法运算会很方便。取对数之所以可以简化计算，原因就在于此。

◆ 性质③：绝对值不会过小

取对数可以避免绝对值过小。在计算机上进行计算时这一点非常重要。一般来说，像 0.000 000 000 000 01 这样的数，在计算机中多会变成 0。

设有绝对值很小的数，约为 0.001：

$$\frac{1}{1024}$$

对这个数取以 2 为底的对数，得到：

$$\log_2 \frac{1}{1024} = -10$$

因为 $2^{10} = 1024$，所以上式的值就是 -10，绝对值变大了。这样一来，计算机在处理很小的数时就不会将其看作 0 了。

在计算似然时，我们经常把概率相乘，有时得到的值很接近 0，取对数可以将数值变得更适合借助计算机计算。

4-4-6　术语　最大似然法

求使得似然或对数似然最大的参数，并把这个参数作为参数估计值的方法就是**最大似然法**。

以投掷硬币为例，当参数 θ 为 $1/2$ 时，似然为 $1/4$；当参数 θ 为 $1/3$ 时，似然为 $2/9$。

$1/4 > 2/9$，所以 $1/2$ 是比较适合 θ 的估计值。

事实上，当 $\theta = 1/2$ 时似然最大（证明略），所以在最大似然法中，参数 $\theta = 1/2$ 就是硬币模型的参数估计值。

4-4-7　术语　最大似然估计量

通过最大似然法估计得到的参数叫作**最大似然估计量**。

为了表明它是一个估计量,在其符号上面加个"帽子",记作 $\hat{\theta}$。

4-4-8 术语 最大对数似然

最大似然估计量对应的对数似然叫作**最大对数似然**,记作 $\ln \mathcal{L}(\hat{\theta})$。

4-4-9 服从正态分布的数据的似然

下面介绍假设总体服从正态分布时最大似然法的计算过程。

首先介绍无解释变量的空模型的参数估计方法。

设啤酒的销售额为变量 y,y 服从均值为 μ、方差为 σ^2 的正态分布:

$$y \sim \mathcal{N}(\mu, \sigma^2) \tag{4-18}$$

虽说样本容量越大越好,但为了计算简便,这里不妨设样本容量为 2。

出现样本值 y_1 的概率密度为 $\mathcal{N}(y_1|\mu, \sigma^2)$,出现样本值 y_2 的概率密度为 $\mathcal{N}(y_2|\mu, \sigma^2)$。

此时,似然的计算式如下:

$$\mathcal{L} = \mathcal{N}(y_1|\mu, \sigma^2) \times \mathcal{N}(y_2|\mu, \sigma^2) \tag{4-19}$$

接下来只要求出使 $\mathcal{L}$ 最大的参数 μ 和 σ^2 即可。

4-4-10 术语 多余参数

与问题没有直接关系的参数叫作**多余参数**。

正态分布的参数有两个,分别为均值和方差。由于方差可以由均值求得,所以只要估计出均值,就可以间接得到方差。此时,方差按已知看待,无须再考虑。

假设总体服从正态分布,在最大似然法中,方差 σ^2 就是多余参数。

在对空模型进行估计时，只估计 μ 的值即可。

4-4-11 正态线性模型的似然

下面基于以下的啤酒销售额模型来讲解最大似然法的参数估计。这里已经假设了响应变量服从正态分布，所以这个模型为正态线性模型：

$$\text{啤酒销售额} \sim \mathcal{N}(\beta_0 + \beta_1 \times \text{气温}, \sigma^2) \tag{4-20}$$

下面计算已知系数 β_0 和 β_1 时的似然。

设样本容量为 2，啤酒销售额为 y，当日的气温为 x。

似然的计算式如下：

$$\mathcal{L} = \mathcal{N}(y_1|\beta_0 + \beta_1 x_1, \sigma^2) \times \mathcal{N}(y_2|\beta_0 + \beta_1 x_2, \sigma^2) \tag{4-21}$$

其中，σ^2 为多余参数。

当样本容量为 N 时，样本似然的计算式如下：

$$\mathcal{L} = \prod_{i=1}^{N} \mathcal{N}(y_i|\beta_0 + \beta_1 x_i, \sigma^2) \tag{4-22}$$

两边取对数，将求积转换为求和，得到：

$$\ln \mathcal{L} = \sum_{i=1}^{N} \ln[\mathcal{N}(y_i|\beta_0 + \beta_1 x_i, \sigma^2)] \tag{4-23}$$

在最大似然法中，使得对数似然最大的参数 β_0、β_1 被用作参数估计值。求使得某函数最大的参数时，运算符为 $\arg\max$，其数学式如下：

$$\begin{aligned}
& \underset{\beta_0, \beta_1}{\arg\max} \ln \mathcal{L} \\
& = \underset{\beta_0, \beta_1}{\arg\max} \sum_{i=1}^{N} \ln[\mathcal{N}(y_i|\beta_0 + \beta_1 x_i, \sigma^2)]
\end{aligned} \tag{4-24}$$

把 $\mathcal{N}()$ 换为正态分布的概率密度公式，就可以计算对数似然了。具体的计算式如下所示，如果感到难以理解，可以略去过程只看结果。

$$\arg\max_{\beta_0,\beta_1} \ln \mathcal{L}$$

$$= \arg\max_{\beta_0,\beta_1} \sum_{i=1}^{N} \ln\left(\frac{1}{\sqrt{2\pi\sigma^2}}\exp\left\{-\frac{[y_i-(\beta_0+\beta_1 x_i)]^2}{2\sigma^2}\right\}\right)$$

$$= \arg\max_{\beta_0,\beta_1} \sum_{i=1}^{N} \left[\ln\left(\frac{1}{\sqrt{2\pi\sigma^2}}\right)+\ln\left(\exp\left\{-\frac{[y_i-(\beta_0+\beta_1 x_i)]^2}{2\sigma^2}\right\}\right)\right]$$

$$= \arg\max_{\beta_0,\beta_1} \sum_{i=1}^{N} \left\{\ln\left(\frac{1}{\sqrt{2\pi\sigma^2}}\right)-\frac{[y_i-(\beta_0+\beta_1 x_i)]^2}{2\sigma^2}\right\} \tag{4-25}$$

其中，对数的底为 e，e^x 形式不够清晰，所以此处记为 $\exp(x)$。

从第 2 行到第 3 行的变形：通过两边取对数把乘法运算转换为加法运算。

从第 3 行到第 4 行的变形：对数的底和指数的底都是 e，互相抵消。

我们无须记忆这个公式，因为只要使用 Python 中的 `stats.norm.pdf` 函数，就可以完成似然计算。

这里是以总体服从正态分布为例进行介绍的，其实最大似然法也可用于其他概率分布。

4-4-12　（补充）最大似然法计算举例

通过求导可以得到相关值的解析解，这里稍微介绍一下这种方法。后续章节不会采用这里的方法，读者如果感到难以理解，可以略过。

如果模型中还有解释变量，数学式会变得复杂。这里就以空模型为例来估计参数 μ：

$$\text{啤酒的销售额} \sim \mathcal{N}(\mu, \sigma^2) \tag{4-26}$$

它的对数似然的计算式为：

$$\arg\max_{\mu} \ln \mathcal{L}$$
$$= \arg\max_{\mu} \sum_{i=1}^{N} \ln[\mathcal{N}(y_i|\mu, \sigma^2)] \qquad (4\text{-}27)$$
$$= \arg\max_{\mu} \sum_{i=1}^{N} \left[\ln\left(\frac{1}{\sqrt{2\pi\sigma^2}}\right) - \frac{(y_i - \mu)^2}{2\sigma^2}\right]$$

要想求最大值，就要找到使得导数为 0 的点。

在上式中，要求使得对数似然最大的 μ 的值，就要先以 μ 为变量求对数似然的导函数，再求当导数为 0 时 μ 的值。

求导之后即可清理杂项：

$$\sum_{i=1}^{N} \frac{2(y_i - \mu)}{2\sigma^2} = 0 \qquad (4\text{-}28)$$

σ^2 为多余参数，令它为常量，则上式可继续简化为：

$$\sum_{i=1}^{N} (y_i - \mu) = 0 \qquad (4\text{-}29)$$

提出 μ，得到：

$$\sum_{i=1}^{N} y_i - N\mu = 0 \qquad (4\text{-}30)$$

最后得到：

$$\mu = \frac{1}{N} \sum_{i=1}^{N} y_i \qquad (4\text{-}31)$$

空模型中使得对数似然最大的参数 μ 就是响应变量的均值。

4-4-13　補充　最大似然估计量的性质

从估计误差的角度来看，最大似然估计量具有优良的性质。

当样本容量趋向于无穷大时，最大似然估计量的样本分布趋近于正态分布，这个性质叫作渐近正态性。这是一个很方便的性质，多在假设检验中应用。

在所有具有渐近正态性的估计量中，最大似然估计量的渐近方差最小，即最大似然估计量是渐近有效估计量。样本分布的方差小就表明估计量的方差和误差小。这些也是最大似然估计量所具有的优良性质。

4-5

参数估计：最小化损失

参数估计的方针就是选取让模型更匹配的参数。最大似然法就是先用似然量化模型的契合度，再找出使得似然最大的参数。

本节将介绍机器学习领域中常用的通过最小化损失完成参数估计的方法。它和最大似然法的关系是一体两面的，本节也将提到这一点。

4-5-1　术语　损失函数

在进行参数估计时，**损失函数**用于使参数最小。

对损失的定义非常关键，如果定义有问题，就不能得到合适的模型，所以应该选取适当的指标作为损失。

4-5-2　术语　残差

残差是响应变量的实际值与通过模型预测的值之间的差，英文为 residual。

以啤酒销售额的模型为例：

$$啤酒销售额 \sim \mathcal{N}(\beta_0 + \beta_1 \times 气温, \sigma^2) \tag{4-32}$$

如果气温为 20°C，啤酒销售额的期望值就是 $\beta_0 + \beta_1 \times 20$。这就是"当气温为 20°C 时啤酒销售额的预测值（点估计值）"。

设响应变量（啤酒销售额）为 y，模型预测的响应变量的预测值为 $\hat{y}$，则残差如下：

$$\text{residual} = y - \hat{y} \tag{4-33}$$

4-5-3 为什么不把残差之和作为损失指标

设响应变量为 y，解释变量为 x，有如下组合：

$$\begin{aligned}\{y_1, y_2\} &= \{2, 4\} \\ \{x_1, x_2\} &= \{1, 2\}\end{aligned} \tag{4-34}$$

令系数 $\{\beta_0, \beta_1\} = \{0, 2\}$，由预测值的计算式 $\beta_0 + \beta_1 x$ 可得：

$$\hat{y}_1 = 0 + 1 \times 2 = 2$$
$$\hat{y}_2 = 0 + 2 \times 2 = 4$$

这个结果和响应变量的值相等，那么残差之和就是 0：

$$y_1 - \hat{y}_1 = 2 - 2 = 0$$
$$y_2 - \hat{y}_2 = 4 - 4 = 0$$

当系数 $\{\beta_0, \beta_1\} = \{3, 0\}$ 时，残差之和也是 0。

首先求预测值：

$$\hat{y}_1 = 3 + 0 \times 1 = 3$$
$$\hat{y}_2 = 3 + 0 \times 2 = 3$$

残差计算如下：

$$y_1 - \hat{y}_1 = 2 - 3 = -1$$
$$y_2 - \hat{y}_2 = 4 - 3 = 1$$

二者之和为 0。

由图 4-2 可以看出，左图的情况更契合实际，所以残差之和不适合作为损失指标。

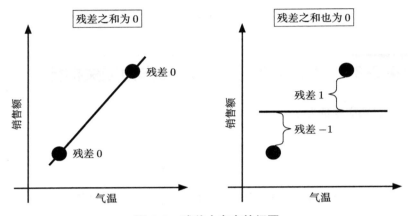

图 4-2　残差中存在的问题

4-5-4　术语　残差平方和

平方即两个相同的数相乘。计算残差的平方并求和，得到的就是**残差平方和**。残差平方和可以解决残差的和中存在的问题。

当系数 $\{\beta_0, \beta_1\} = \{0, 2\}$ 时，残差平方和为 $0^2 + 0^2 = 0$。

当系数 $\{\beta_0, \beta_1\} = \{3, 0\}$ 时，残差平方和为 $(-1)^2 + 1^2 = 2$。

可见，后者对应的模型契合度不如前者。

容量为 N 的样本的残差平方和的计算式如下：

$$\text{残差平方和} = \sum_{i=1}^{N}(y_i - \hat{y}_i)^2 \qquad (4\text{-}35)$$

4-5-5 术语 最小二乘法

求使得残差平方和最小的参数,并把这个参数作为参数估计值的方法就是**最小二乘法**。另一种说法是,最小二乘法是以残差平方和为损失指标,求使得损失最小的参数的方法。普通最小二乘法的英文为 Ordinary Least Squares,通常缩写为 OLS。

4-5-6 补充 最小二乘法与最大似然法的关系

最小二乘法得到的参数估计值等于假设总体服从正态分布时最大似然法的结果。

最大似然法令对数似然最大:

$$\arg\max_{\beta_0,\beta_1} \ln \mathcal{L} = \arg\max_{\beta_0,\beta_1} \sum_{i=1}^{N} \left\{ \ln\left(\frac{1}{\sqrt{2\pi\sigma^2}}\right) - \frac{[y_i - (\beta_0 + \beta_1 x_i)]^2}{2\sigma^2} \right\} \quad (4\text{-}36)$$

其中,σ^2 为多余参数,无须直接估计,这样就可以忽略 $1/\sqrt{2\pi\sigma^2}$ 和 $2\sigma^2$。将预测值代入 $\hat{y}_i = \beta_0 + \beta_1 x_i$,得到下式:

$$\arg\max_{\beta_0,\beta_1} \ln \mathcal{L} = \arg\max_{\beta_0,\beta_1} \sum_{i=1}^{N} [-(y_i - \hat{y}_i)^2] \quad (4\text{-}37)$$

要让 $\sum_{i=1}^{N} [-(y_i - \hat{y}_i)^2]$ 最大,只要去掉负号即可,这就相当于让残差平方和最小。所以最小二乘法的估计值等于假设总体服从正态分布时最大似然法的估计值。

最小二乘法在实践中是一种非常高效的方法,所以为了简化流程,我们应该在允许的情况下尽量使用最小二乘法。

4-5-7 术语 误差函数

在机器学习领域中，**误差函数**就是对数似然的相反数。求最小的误差函数，就相当于求最大似然。于是最小二乘法还可以解释为，假设总体服从正态分布时让误差函数最小。

4-5-8 多种损失函数

在正态线性模型中，如果以残差平方和作为损失指标，最小损失法与最大似然法得到的参数估计值就会相等。

如果总体不服从正态分布，二者的估计值就不同了。例如，服从二项分布的总体中的数据为"雌或雄""正面或反面"这种二选一的分类形式，它的残差平方和就不适合作为损失函数。我们应当根据数据选择损失函数。

4-6

预测精度的评估与变量选择

变量选择可以通过两种方式完成：一种是假设检验，另一种是信息量准则。

第3章已经对假设检验进行了介绍，本节将介绍信息量准则的基本概念和应用方法。

4-6-1　术语　拟合精度与预测精度

掌握相关术语可以更好地理解变量选择的意义，其中最重要的就是掌握拟合精度与预测精度的区别。

拟合精度是模型与已知数据的契合度。

预测精度是模型与未知数据的契合度。

对数似然、残差平方和等指标都可以用来表示契合度。

4-6-2　术语　过拟合

拟合精度很高，预测精度却很低的现象叫作**过拟合**。

模型过于契合已知数据是过拟合的原因。

4-6-3 变量选择的意义

解释变量过多是过拟合的常见原因。

例如，啤酒销售额的模型要避免使用"3 年前的暖流运动""落向地球的流星数量"等解释变量。"今年流星很多，所以啤酒销量增加"这种说法是很难让人理解的。**删除多余的解释变量有可能提高预测精度**，而增加多余的解释变量会提高拟合精度。

多余的解释变量会导致过拟合，因此我们需要进行变量选择。

4-6-4 术语 泛化误差

预测值和未知数据之间的误差叫作**泛化误差**。

很多地方会用到"预测"二字，这样容易产生混淆。在讨论过拟合问题时，使用泛化误差这个术语可以避免混淆。

4-6-5 术语 训练集与测试集

用来估计参数的数据叫作**训练集**。

通过评估训练集的拟合程度可以求出拟合精度，但不能评估泛化误差。

在估计参数时特意保留的一部分已知数据叫作**测试集**。

使用测试集评估模型精度可以在一定程度上评估泛化误差。

4-6-6 术语 交叉验证

基于特定的准则把数据分为训练集和测试集，针对测试集评价模型预测精度的方法叫作**交叉验证法**（Cross Validation，CV）。

交叉验证法主要有留出交叉验证（leave-p-out CV）和 K 折交叉验证（K-fold CV）两种。

留出交叉验证从已知数据中取出 p 个数据作为测试集。例如，留 2 交叉验证就是从已知数据中取出 2 个数据用来评估预测精度，将其余数据作为训练集。通过这种方法计算所有可能的数据组合的预测精度，得出的结果的均值就是最终的评估值。

K 折交叉验证把已知数据分为 K 组，取其中 1 组作为测试集。重复 K 次，以预测精度的均值作为最终的评估值。

假设样本容量为 100，当留出交叉验证是留出 1 个数据，K 折交叉验证是分为 100 组时，测试集其实都是 1 个数据，因此两种验证方法等价。

有一种变量选择的观点是通过这些交叉验证法评估预测精度，并从中选出精度最大的变量组合。

不过，交叉验证法有一个缺点，就是需要反复进行参数估计和精度评估，所以计算量巨大。

4-6-7　术语　赤池信息量准则

赤池信息量准则（AIC）的数学式如下：

$$\text{AIC} = -2 \times (\text{最大对数似然} - \text{参与估计的参数个数}) \quad (4\text{-}38)$$

AIC 越小，模型越合适。

对数似然越大，拟合精度就越高。但如果过于注重拟合精度，泛化误差就会变大。

在 AIC 中，参数个数为惩罚指标。

解释变量越多，对数似然越大，同时惩罚也越严重。AIC 可以判断**增加的对数似然能否弥补更多的解释变量带来的缺点**。

我们可以使用 AIC 删除多余的变量。

比起交叉验证法，AIC 的一大优势是计算量更小。

4-6-8　术语　相对熵

下面开始讲解 AIC 的推导过程，详细论证请参考相关文献。

AIC 的关注点是统计模型在预测上是否优秀。统计模型的预测结果是一种概率分布，把它和数据真正服从的分布相比较，两者之间的差异就是一个讨论重点。这里将介绍用来衡量这个差异的指标，即**相对熵**。

相对熵就是两个概率分布之间的伪距离，它的计算式如下：

$$相对熵 = \int g(x) \ln \frac{g(x)}{f(x)} \mathrm{d}x \tag{4-39}$$

其中，$g(x)$ 和 $f(x)$ 为概率密度函数。

对数内的除法可以变换为对数外的减法，因此上式可以变为更清晰的形式：

$$相对熵 = \int g(x) [\ln g(x) - \ln f(x)] \mathrm{d}x \tag{4-40}$$

现在回顾一下使用概率密度函数计算期望值的数学式：

$$x \text{ 的期望值} = \int f(x) \cdot x \mathrm{d}x \tag{4-41}$$

将两个概率密度函数的对数差"$\ln g(x) - \ln f(x)$"看作期望值，可以更好地理解"相对熵是衡量概率分布的差异的指标"这句话的含义。

4-6-9　最小化相对熵与平均对数似然

我们希望真实分布和所预测的分布之间的差距更小。首先，回顾一下上面的相对熵的计算式：

$$\int g(y)\left[\ln g(y) - \ln f(y)\right] \mathrm{d}y \tag{4-42}$$

其中，y 是响应变量，$g(y)$ 是真实分布，$f(y)$ 是模型预测的分布。

将上式变形为：

$$\int [g(y)\ln g(y) - g(y)\ln f(y)]\mathrm{d}y \tag{4-43}$$

其中，$g(y)$ 是不变的，所以为了让差距变小，只需使下式最小：

$$\int [-g(y)\ln f(y)]\mathrm{d}y \tag{4-44}$$

式 (4-44) 的相反数就是**平均对数似然**。

$f(y)$ 为模型预测的响应变量的概率分布。例如，4-4 节啤酒销售额模型中的 $f(y)$ 就是 $\mathcal{N}(\beta_0 + \beta_1 \times 气温, \sigma^2)$，即均值为 "$\beta_0 + \beta_1 \times 气温$" 的正态分布。

从真实分布中反复抽样，根据所得的样本与所预测的分布多次计算对数似然，所有结果的均值就是平均对数似然。

让真实分布与所预测的分布之间的差距（式 (4-42)）最小，就是让平均对数似然的相反数最小。

那么，如果平均对数似然最大，真实分布与所预测的分布之间的差距就会最小。

4-6-10　AIC 与平均对数似然中的偏离

平均对数似然很难直接计算，因此我们经常使用最大对数似然代替它，这样就带来一个问题：最大对数似然有时远大于平均对数似然，所以二者有时会偏离过大。

数学上已经证明，这个偏离的大小就是参与估计的参数的个数。

因此，去掉这个偏离的结果就是 AIC，其数学式为：

$$\text{AIC} = -2 \times (\text{最大对数似然} - \text{参与估计的参数个数}) \quad (4\text{-}45)$$

这就是从最大对数似然中减去参与估计的参数个数的原因。

4-6-11　AIC 与交叉验证

如果拟合模型时使用的是最大似然法，评估预测精度时使用的是对数似然，那么留出交叉验证的变量选择结果与 AIC 最小准则的变量选择结果趋向于相等。

这也是 AIC 的一个解读。使用 AIC 最小准则选择变量，有可能提高模型对未知数据的预测精度。

4-6-12　使用 AIC 进行变量选择

AIC 是评估模型优良度的指标，AIC 越小，模型越合适。使用 AIC 进行变量选择就是选用使得 AIC 最小的变量组合。

4-6-13　用变量选择代替假设检验

在分析两组数据的均值差异时，既可以使用第 3 章介绍的 t 检验判断差异是否显著，也可以使用变量选择达成这个目的。从真实分布中反复抽样，根据所得的样本与所预测的分布多次计算对数似然，所有结果的均值就是平均对数似然。

例如，判断服药后体温是否升高。

建立如下两个模型。

- 模型 1：体温 ~ 无解释变量
- 模型 2：体温 ~ 是否服药

分别估计这两个模型，并计算它们的 AIC。如果模型 2 的 AIC 小，就选用模型 2，这就说明模型更适合包含是否服药的解释变量。

不过，AIC 主要是为了提高预测精度而设计的指标，它和假设检验的解读方法差异很大。根据 AIC 最小准则，选择模型 2 的理由是"模型 2 能更好地预测体温"。换句话说，它不会保证"模型 2 更正确"。样本容量大也不保证能选到"正确的模型"，在粕谷英一的《广义线性模型》一书中的程序模拟中，有一定比例的结果是没有成功选择"正确的模型"。要牢记 AIC 的用途是"借助已知数据让模型的预测精度最高"。

4-6-14 使用假设检验还是 AIC

假设检验和 AIC 哪个更好呢？这是没有定论的。但是，不论选用哪个，我们都应该给出合理的解读。

不可以在假设检验没有得到希望的结果时换用 AIC，这种行为与 p 值操纵是类似的。

信息量准则中除了 AIC，还有 BIC、AICc 等指标，我们同样不可以为了得到想要的结果而切换指标。

第 5 章将同时介绍假设检验与 AIC 在模型选择中的应用，了解这些将有助于阅读论文和其他教材。不过，各种检验方法的应用比较烦琐，检验的非对称性也会让解读变得复杂。

本书的核心将变成 AIC 的模型选择，第 6 章几乎全篇只使用 AIC 的模型选择结果。使用 AIC 可以轻松地分析含有多个变量的复杂模型，我们可以在 5-3 节体会到这一点。

第5章

正态线性模型

5-1

含有单个连续型解释变量的模型（一元回归）

第 5 章将介绍用 Python 估计正态线性模型的方法。

本节将以只包含一个连续型解释变量的模型为研究对象，这种模型也叫一元回归模型。

5-1-1 环境准备

首先导入要用到的函数库，并设置浮点数打印精度。

```
# 用于数值计算的库
import numpy as np
import pandas as pd
import scipy as sp
from scipy import stats
# 用于绘图的库
from matplotlib import pyplot as plt
import seaborn as sns
sns.set()
# 用于估计统计模型的库 ( 部分版本会报出警告信息 )
import statsmodels.formula.api as smf
import statsmodels.api as sm
# 设置浮点数打印精度
%precision 3
# 在 Jupyter Notebook 里显示图形
%matplotlib inline
```

部分版本在导入 statsmodels.api 时可能会报出警告信息，忽略即可。

5-1-2 实现 读入数据并绘制其图形

下面读入虚构的啤酒销售额数据。

```
beer = pd.read_csv("5-1-1-beer.csv")
print(beer.head())

   beer  temperature
0  45.3         20.5
1  59.3         25.0
2  40.4         10.0
3  38.0         26.9
4  37.0         15.8
```

在读入数据后直接绘制出图形,以便于把握数据的概况(图 5-1)。

```
sns.jointplot(x = "temperature", y = "beer",
              data = beer, color = 'black')
```

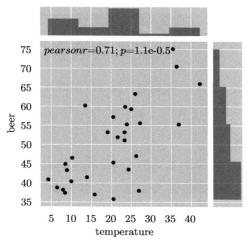

图 5-1 用散点图表示气温和销售额的关系

图 5-1 是以横轴为气温、纵轴为啤酒销售额绘制出的二者关系的散点图。从图中可以看出，大致上，气温越高，啤酒销售额也越高。

5-1-3 建模

建立如下的啤酒销售额模型：

$$啤酒销售额 \sim \mathcal{N}(\beta_0 + \beta_1 \times 气温, \sigma^2) \tag{5-1}$$

这是正态线性模型，其中，响应变量为啤酒销售额，解释变量只有气温这一个。要完成这个模型，只需确定它是否需要包含气温即可。在估计参数时只估计式中的 β_0 和 β_1，忽略多余参数 σ^2。

下面我们结合第 4 章的内容，列举一些建模的好处。

◆ 可以解释现象

如果通过检验确认了系数 β_1 不为 0，就可以认为"气温会影响啤酒销售额"。

也可以使用 AIC 代替假设检验来进行模型选择。如果通过 AIC 确认系数 β_1 不为 0，则可以理解为"要预测啤酒销售额，气温是必需的"。

根据系数 β_1 的正负，可以确认随着气温的升高，啤酒销售额是升高还是降低。

◆ 可以进行预测

根据系数 β_0、β_1 和气温可以预测啤酒销售额的期望值。

我们可以根据模型公式预测当气温为 ● °C 时啤酒销售额在"$\beta_0 + \beta_1 \times$ ●"日元左右。

5-1-4 实现 使用 statsmodels 实现模型化

接下来建立正态线性模型。

为了估计统计模型，我们通过 import statsmodels.formula.api as smf 语句导入了 statsmodels。这个包可以让我们轻松地建模。

```
lm_model = smf.ols(formula = "beer ~ temperature",
                   data = beer).fit()
```

代码中用到了 smf.ols 函数。OLS 是普通最小二乘法的英文 Ordinary Least Squares 的缩写。它与假设总体服从正态分布时的最大似然法的结果相等。

定义模型结构的参数是 formula。"beer ~ temperature" 代表模型的响应变量为 beer，解释变量为 temperature。通过改变 formula 的值，我们可以定义多种多样的模型，相关功能将在估计更复杂的模型时进行说明。

在设置 formula 的同时，还要给出与之对应的数据帧，才算完成了模型的定义。在写代码时不要忘了最后的 .fit() 方法，它的功能是自动完成直到参数估计的所有过程。

5-1-5 实现 打印估计结果并检验系数

我们使用 summary 函数打印估计的结果。

```
lm_model.summary()
```

```
OLS Regression Results
```

Dep.Variable:	beer	R-squared:	0.504
Model:	OLS	Adj.R-squared:	0.486
Method:	Least Squares	F-statistic:	28.45
Date:	Fri, 22 Dec 2017	Prob(F-statistic):	1.11e-05
Time:	18:18:27	Log-Likelihood:	-102.45
No.Observations:	30	AIC:	208.9
Df Residuals:	28	BIC:	211.7
Df Model:	1		
Covariance Type:	nonrobust		

	Coef	std err	t	P>|t|	[0.025	0.975]
Intercept	34.6102	3.235	10.699	0.000	27.984	41.237
Temperature	0.7654	0.144	5.334	0.000	0.471	1.059

Omnibus:	0.587	Durbin-Watson:	1.960
Prob(Omnibus):	0.746	Jarque-Bera(JB):	0.290
Skew:	-0.240	Prob(JB):	0.865
Kurtosis:	2.951	Condo. No.	52.5

输出的信息包含以上 3 个表格，首先来看一下第 2 个表中的 Intercept 和 Temperature。

	Coef	std err	t	P>|t|	[0.025	0.975]
Intercept	34.6102	3.235	10.699	0.000	27.984	41.237
Temperature	0.7654	0.144	5.334	0.000	0.471	1.059

Intercept 和 Temperature 对应以下模型中的 β_0 和 β_1：

$$\text{啤酒销售额} \sim \mathcal{N}(\beta_0 + \beta_1 \times \text{气温}, \sigma^2) \tag{5-2}$$

其中，Intercept 是截距，β_1 也叫斜率。Coef 列是系数的值，右边的列依次为系数的标准误差、t 值、零假设为"系数为 0"时的 p 值、95% 置信区间的下置信界限与上置信界限。

p 值和置信区间的含义与本书第 3 章的讲解相同。

p 值很小，在 3 位小数内显示为 0，此时认为气温的系数与 0 之间存在显著性差异。

通过上页表可知，气温会影响啤酒销售额。系数的值 0.7654 为正数，说明气温越高，啤酒销售额越高。

上述解读可以从散点图中直接看出来。但如果解释变量更多，模型更复杂，建模并求出系数可以简化对现象的解读。

5-1-6 关于 summary 函数的输出的说明

Dep.Variable:	beer	R-squared:	0.504
Model:	OLS	Adj.R-squared:	0.486
Method:	Least Squares	F-statistic:	28.45
Date:	Fri, 22 Dec 2017	Prob(F-statistic):	1.11e-05
Time:	18:18:27	Log-Likelihood:	-102.45
No.Observations:	30	AIC:	208.9
Df Residuals:	28	BIC:	211.7
Df Model:	1		
Covariance Type:	nonrobust		

这里介绍一下 5-1-5 节中第 1 个表（即上表）的含义（第 3 个表将在评估模型时使用）。

- Dep.Variable：响应变量的名称，Dep 为 Depended 的缩写。
- Model/Method：表示这里使用了普通最小二乘法（OLS）。

- `Date/Time`：对模型进行估计的日期和时间。
- `No.Observations`：样本容量。
- `Df Residuals`：样本容量减去参与估计的参数个数。
- `Df Model`：用到的解释变量的个数（不是参数个数）。
- `Covariance Type`：协方差类型，默认为 nonrobust。
- `R-squared/Adj.R-squared`：决定系数与修正决定系数（见后文）。
- `F-statistic/Prob(F-statistic)`：方差分析的结果（见 5-2 节）。
- `Log-Likelihood`：最大对数似然。
- `AIC`：赤池信息量准则。
- `BIC`：贝叶斯信息量准则，属于信息量准则的一种，本书不进行介绍。

不同版本的库在细节上可能有所差异。对于上表，我们只需关注样本容量、决定系数及 AIC 即可。

5-1-7 实现 使用 AIC 进行模型选择

下面使用 AIC 进行模型选择。

模型里只有气温这一个解释变量，我们不妨对比一下它和空模型的 AIC。

建立一个空模型。当没有解释变量时，定义为 "beer ~ 1"。

```
null_model = smf.ols("beer ~ 1", data = beer).fit()
```

接下来计算 AIC。空模型的结果如下。

```
null_model.aic
227.942
```

含有解释变量的模型的结果如下。

```
lm_model.aic
```

```
208.909
```

含有解释变量的模型的 AIC 更小,所以认为"包含解释变量(气温)的模型预测精度更高",即用来预测啤酒销售额的模型应该考虑气温因素。

下面分步计算 AIC 的值,以加深印象。

回顾一下 AIC 的计算式:

$$\text{AIC} = -2 \times (\text{最大对数似然} - \text{参与估计的参数个数}) \quad (5\text{-}3)$$

计算模型的对数似然。

```
lm_model.llf
```

```
-102.455
```

接下来只要知道参与估计的参数个数即可。这个值没有包含在模型里,我们可以先找出解释变量的个数,代码如下。

```
lm_model.df_model
```

```
1.000
```

事实上,截距(β_0)也参与了估计,所以上面的结果加上 1 就是参与估计的参数个数。

最终,AIC 计算如下。

```
-2*(lm_model.llf - (lm_model.df_model + 1))
```

```
208.909
```

在确定参与估计的参数个数方面也有多种做法。本书中没有把多余参数包含在内，但其实有时也会算上多余参数（这种情况下 AIC 就是 210.909）。R 语言等工具中有时也会给出多余参数的个数。

AIC 的核心是各个 AIC 之间的对比，其绝对值并不重要。通过相同做法计算出来的 AIC 的大小关系是不变的，只要不更换做法，就不会影响模型选择，这就意味着我们要避免跨工具计算 AIC。

5-1-8　术语　回归直线

模型预测的响应变量的图形就是**回归直线**。当响应变量为连续变量时，它的图形叫作回归，这也是回归直线的名称来源。非线性模型预测的响应变量的图形叫作**回归曲线**。

5-1-9　实现　用 seaborn 绘制回归直线

借助 sns.lmplot 函数，不使用 statsmodels 也可以绘制回归直线（图 5-2）。

```
sns.lmplot(x = "temperature", y = "beer", data = beer,
          scatter_kws = {"color": "black"},
          line_kws    = {"color": "black"})
```

绘图语句的结构依旧是我们熟悉的形式。

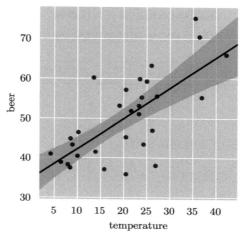

图 5-2　使用 sns.lmplot 绘制回归直线

图 5-2 同时展示了散点图和回归直线，阴影部分是回归直线的 95% 置信区间。通过 scatter_kws 设置散点图的外观，通过 line_kws 设置回归直线的外观。具体外观设置请参见文档，语句为 help(sns.lmplot)。

5-1-10　实现　使用模型进行预测

模型的系数已经估计出来了，我们可以用它进行预测。

估计完毕的模型可以用 predict 函数进行预测。当参数为空时，输出训练集对应的拟合值。

```
lm_model.predict()
```
```
array([50.301, 53.746, 42.264, 55.2  , 46.704, 37.825,
       44.943, 54.511, 52.445, 41.116, 54.664, 49.23 ,
       53.21 , 52.445, 41.04 , 52.598, 45.25 , 61.783,
       55.43 , 50.301, 42.418, 50.301, 51.143, 40.657,
       66.911, 52.904, 62.854, 41.423, 62.472, 39.509])
```

在预测时可以指定气温的值，参数为数据帧。

首先，计算当气温为 0°C 时啤酒销售额的期望值。

```
lm_model.predict(pd.DataFrame({"temperature":[0]}))
0    34.610215
dtype: float64
```

回顾一下我们正在使用的模型：

$$啤酒销售额 \sim \mathcal{N}(\beta_0 + \beta_1 \times 气温, \sigma^2) \tag{5-4}$$

模型的预测值，即正态分布的期望值是"$\beta_0 + \beta_1 \times 气温$"，当气温为 0°C 时的预测值就是 β_0。

我们可以用 lm_model.params 查看模型的参数，确认一下上述结果。

```
lm_model.params
Intercept      34.610215
temperature     0.765428
dtype: float64
```

Intercept 就是 β_0，它和气温为 0°C 时的预测值相等。

再计算一下当气温为 20°C 时啤酒销售额的期望值。

```
lm_model.predict(pd.DataFrame({"temperature":[20]}))
0    49.918767
dtype: float64
```

它的结果等于 $\beta_0 + \beta_1 \times 20$。

```
beta0 = lm_model.params[0]
beta1 = lm_model.params[1]
temperature = 20

beta0 + beta1 * temperature

49.919
```

5-1-11 实现 获取残差

下面介绍评估模型的方法。原则上我们应该在预测之前评估模型。模型的评估以分析残差为主。

正态线性模型的残差应该服从均值为 0 的正态分布,所以这里我们要检查残差是否满足这个条件。

获取残差的方式如下。

```
resid = lm_model.resid
resid.head(3)

0   -5.001481
1    5.554095
2   -1.864491
dtype: float64
```

在实践上只需做到这一步即可,但为了加深印象,我们手动计算一下残差。

回顾一下残差的计算式:

$$\text{residual} = y - \hat{y} \tag{5-5}$$

其中,$\hat{y} = \beta_0 + \beta_1 \times $ 气温。

首先计算拟合值 $\hat{y}$,它与 lm_model.fittedvalues 或 lm_model.predict() 的结果是一样的。

```
y_hat = beta0 + beta1 * beer.temperature
y_hat.head(3)

0    50.301481
1    53.745905
2    42.264491
Name: temperature, dtype: float64
```

真实值减去拟合值就是残差。

```
(beer.beer - y_hat).head(3)
```
```
0   -5.001481
1    5.554095
2   -1.864491
dtype: float64
```

5-1-12　术语　决定系数

在 summary 函数的输出中，R-squared 叫作决定系数。决定系数用来评估模型与已知数据的契合度。

决定系数的计算式如下：

$$R^2 = \frac{\sum\limits_{i=1}^{N}(\hat{y}-\mu)^2}{\sum\limits_{i=1}^{N}(y-\mu)^2} \tag{5-6}$$

其中，y 是响应变量，$\hat{y}$ 是模型的预测值，μ 是 y 的均值。

如果响应变量的预测值和真实值相等，R^2 就为 1。

5-1-13　实现　决定系数

我们可以用 Python 计算决定系数。

```
mu = sp.mean(beer.beer)
y = beer.beer
yhat = lm_model.predict()

sp.sum((yhat - mu)**2) / sp.sum((y - mu)**2)
```
```
0.504
```

也可以用以下语句获取。

```
lm_model.rsquared
```
```
0.504
```

下面介绍决定系数的具体含义。

残差的计算式是 residual $= y - \hat{y}$，变形可得 $y = \hat{y} + \text{residual}$。决定系数的计算式（式 (5-6)）中的分母可以分解为下式：

$$\sum_{i=1}^{N}(y-\mu)^2 = \sum_{i=1}^{N}(\hat{y}-\mu)^2 + \sum_{i=1}^{N}\text{residual}^2 \tag{5-7}$$

响应变量的差异等于模型可以预测的差异加上模型不可预测的残差平方和。

因此，模型可以预测的差异在整体差异中所占的比例就是决定系数。

我们可以用 Python 验证式 (5-7)。首先，计算模型可以预测的差异与模型不可预测的残差平方和的总和。

```
sp.sum((yhat - mu)**2) + sum(resid**2)
```
```
3277.115
```

它等于整体差异。

```
sp.sum((y - mu)**2)
```
```
3277.115
```

既然存在这个关系，那么合并式 (5-6) 和式 (5-7) 就可以得到：

$$R^2 = 1 - \frac{\sum\limits_{i=1}^{N}\text{residual}^2}{\sum\limits_{i=1}^{N}(y-\mu)^2} \tag{5-8}$$

最后，用 Python 验证上式。

```
1 - sp.sum(resid**2) / sp.sum((y - mu)**2)
```

```
0.504
```

5-1-14　术语　修正决定系数

修正决定系数考虑了解释变量过多的惩罚指标，通过自由度修正了决定系数。

解释变量越多，决定系数越大。决定系数过大会导致过拟合，因此需要对决定系数进行修正。

修正决定系数的数学式如下：

$$R^2 = 1 - \frac{\sum_{i=1}^{N} \text{residual}^2/(N-s-1)}{\sum_{i=1}^{N}(y-\mu)^2/(N-1)} \tag{5-9}$$

其中，s 为解释变量的个数。

5-1-15　实现　修正决定系数

我们可以用 Python 计算修正决定系数。

```
n = len(beer.beer)
s = 1
1 - ((sp.sum(resid**2) / (n - s - 1)) /
    (sp.sum((y - mu)**2) / (n - 1)))
```

```
0.486
```

也可以用以下语句获取。

```
lm_model.rsquared_adj
0.486
```

5-1-16 实现 残差的直方图和散点图

要观察残差的特征,最简单的方法就是绘制出它的直方图。根据下面的残差的直方图,我们可以判断它是否服从正态分布(图 5-3)。

```
sns.distplot(resid, color = 'black')
```

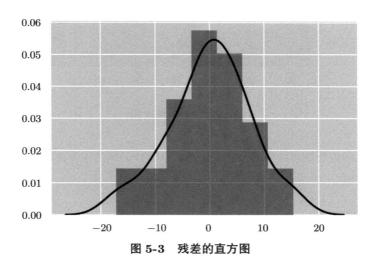

图 5-3 残差的直方图

可见残差大致左右对称,形状也接近正态分布。

下面绘制横轴为拟合值、纵轴为残差的散点图。该图看起来是随机的,各数据都不相关,也没有出现极端值(图 5-4)。

```
sns.jointplot(lm_model.fittedvalues, resid,
              joint_kws={"color": "black"},
              marginal_kws={"color": "black"})
```

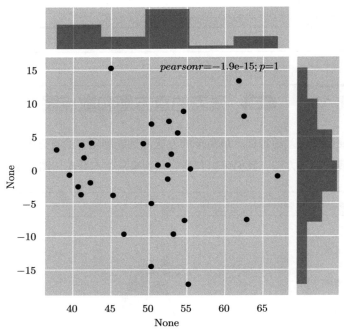

图 5-4 残差的散点图

无须进行细致的检查，我们就可以从这样的图形中看出是否存在明显的问题。

5-1-17 术语 分位图

分位图是用来比较理论分位数（theoretical quantiles）与实际分位数（sample quantiles）的散点图，也叫 **Q-Q** 图。Q 是 Quantile 的缩写。

我们在 3-1 节计算过四分位数，即把数据按升序排列后位于第 25% 和第 75% 位置上的数据。这里将计算数据的所有分位数，如果数据有 100 个，那么每 1% 取 1 个位置，就能得到 100 个分位数。正态分布的百分位数就是理论分位数，通过图形对比理论分位数与真实数据的分位数,可以直观地判断残差是否服从正态分布。

5-1-18 实现 分位图

下面使用 sm.qqplot 函数绘制分位图。参数 line = "s" 用于绘制正态分布对应的线。如果散点落在线上就表示数据服从正态分布。从结果图中可以看出,这些数据基本服从正态分布(图 5-5)。

```
fig = sm.qqplot(resid, line = "s")
```

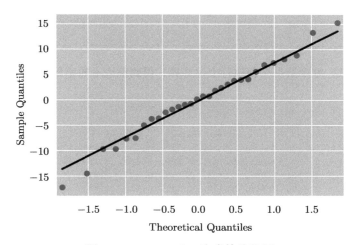

图 5-5　sm.qqplot 生成的分位图

为了理解分位图的原理,我们可以尝试绘制一下。
首先,将数据按升序排列。

```
resid_sort = resid.sort_values()
resid_sort.head()
```

```
3    -17.200217
21   -14.501481
12    -9.710106
4     -9.703971
10    -7.664418
dtype: float64
```

样本容量是 30。最小的数据所在位置就是 $1 \div 31$。注意这里是从 1 开始数的。

```
1 / 31
```

```
0.032
```

对这 30 个数据全部执行上述计算,得到理论上的累积概率。

```
nobs = len(resid_sort)
cdf = np.arange(1, nobs + 1) / (nobs + 1)
cdf
```

```
array([ 0.032, 0.065, 0.097, 0.129, 0.161, 0.194, 0.226,
        0.258, 0.29 , 0.323, 0.355, 0.387, 0.419, 0.452,
        0.484, 0.516, 0.548, 0.581, 0.613, 0.645, 0.677,
        0.71 , 0.742, 0.774, 0.806, 0.839, 0.871, 0.903,
        0.935, 0.968])
```

使用正态分布的百分位数得到理论分位数。

```
ppf = stats.norm.ppf(cdf)
ppf
```

```
array([-1.849, -1.518, -1.3  , -1.131, -0.989, -0.865, -0.753,
       -0.649, -0.552, -0.46 , -0.372, -0.287, -0.204, -0.122,
       -0.04 ,  0.04 ,  0.122,  0.204,  0.287,  0.372,  0.46 ,
        0.552,  0.649,  0.753,  0.865,  0.989,  1.131,  1.3  ,
        1.518,  1.849])
```

以横轴为理论分位数（ppf）、纵轴为已排序的实际数据（resid_sort）绘制出的散点图就是分位图。

5-1-19 根据 summary 函数的输出分析残差

残差的分析结果是 summary 输出的第 3 个表，如下所示。

Omnibus:	0.587	Durbin-Watson:	1.960
Prob(Omnibus):	0.746	Jarque-Bera(JB):	0.290
Skew:	-0.240	Prob(JB):	0.865
Kurtosis:	2.951	Condo. No.	52.5

输出的信息比较丰富，下面简单讲解一下。

Prob(Omnibus) 和 Prob(JB) 是残差的正态性检验结果。

- 零假设：残差服从正态分布。
- 备择假设：残差不服从正态分布。

这里的 p 值大于 0.05。由检验的非对称性可知，p 值大于 0.05 不代表残差确实服从正态分布。此处的检验只能用来判断结果是否存在明显的问题。

要判断残差是否服从正态分布，还要观察 Skew（偏度）和 Kurtosis（峰度）的值。

偏度表示直方图左右非对称性的方向和程度。偏度大于 0，则图形的右侧更宽。正态分布左右对称，所以它的偏度为 0。

偏度的数学式如下：

$$Skew = E\left[\frac{(x-\mu)^3}{\sigma^3}\right] \qquad (5\text{-}10)$$

其中，$E()$ 为求期望值的函数，x 为随机变量（此处为残差），μ 为 x 的均值，σ 为 x 的样本标准差。

峰度表示直方图中心附近的尖锐程度。峰度越高，图形显得越尖锐。正态分布的峰度为 3。

峰度的数学式如下：

$$Kurtosis = E\left[\frac{(x-\mu)^4}{\sigma^4}\right] \tag{5-11}$$

Durbin-Watson 表示残差的自相关程度，如果它的值在 2 附近，就说明没什么问题。在分析时间序列的数据时必须判断它是否在 2 附近。

如果残差自相关，系数的 t 检验结果便不可信，这个现象叫作**伪回归**。如果 Durbin-Watson 统计量远大于 2，就需要使用广义最小二乘法进一步讨论了。

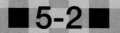

5-2 方差分析

本节将介绍方差分析的理论及其在 Python 中的实现。

方差分析是正态线性模型中广泛应用的假设检验方法。这里先介绍经典的单因素方差分析,再介绍正态线性模型中的方差分析的作用。

5-2-1 本节例题

本节模型中的响应变量是啤酒销售额(sales),解释变量只有天气(weather)。

天气分为阴(cloudy)、雨(rainy)、晴(sunny)3 个水平。按经典术语来讲,这个模型所用的方法叫作单因素方差分析。

下面我们通过检验来考察天气的变化是否会显著地影响啤酒销售额。

5-2-2 什么时候应该使用方差分析

方差分析是用来检验均值差的方法。

我们可以使用 3-9 节介绍的 t 检验进行均值差的检验。但在某些情况下,单纯使用 t 检验是行不通的。

如果解释变量的水平大于 2 个,要检验各水平的均值之间是否存在显著性差异,就要使用方差分析。

以例题来说,我们可以使用方差分析来判断啤酒销售额在晴、雨、阴 3 种天气下是否存在显著性差异。

在介绍 t 检验时，我们研究的问题是服药前后体温是否存在显著变化，这是水平为 2 个的数据。本节研究的问题是能否认为晴、雨、阴这 3 种天气的变化显著地影响了啤酒销售额，这是水平大于 2 个的数据。后面我们还会看到，在正态线性模型的框架里，很多问题适合使用方差分析。

要使用方差分析，数据的总体必须服从正态分布。另外，各个水平内部的方差必须相等。

5-2-3　术语　多重假设检验

反复检验导致显著性结果更易出现的问题叫作**多重假设检验**问题。

设显著性水平为 0.05，则出现第一类错误的概率就是 5%。

现连续进行 2 次检验，每次检验的显著性水平都为 0.05。检验的规则是"如果至少有 1 次检验拒绝了零假设，就接受备择假设"。在这种情况下，出现第一类错误的概率就是 $1 - 0.95 \times 0.95 = 0.0975$，约为 10%，超过了 5%。检验次数越多，越容易拒绝零假设，也就容易出现第一类错误。

以例题来说，要检验晴、雨、阴 3 个水平中销售额的差，就要分别对"晴、雨""雨、阴""晴、阴"这 3 个组合进行 t 检验，这就导致了多重假设检验问题。

而在方差分析中，我们可以通过整体的检验一次完成天气是否显著影响啤酒销售额的判断，无须分别考察各个分类的情况。

5-2-4　方差分析的直观理解：F 比

方差分析的零假设与备择假设如下。

- 零假设：各水平之间均值相等。
- 备择假设：各水平之间均值不全相等。

像天气状况、鱼的种类等分类变量就叫作**水平**。

方差分析将数据的变化分为误差和效应,并据此计算统计量 ***F*比**:

$$F 比 = \frac{效应的方差}{误差的方差} \tag{5-12}$$

在本例中,效应就是"天气导致的销售额变化",误差就是"无法通过天气这个变量解释的销售额变化"。

我们使用方差来量化影响的大小。"天气变化导致的数据方差"就是"天气导致的销售额变化"。误差的影响大小也可以通过计算残差的方差得到。求这 2 个方差的比值,并对它进行检验,就是方差分析。方差分析的英文是 ANalysis Of VAriance,缩写为 ANOVA。

如果 F 比的值大,就认为效应比误差的影响大。当总体服从同方差正态分布时,F 比的样本分布就叫作 F 分布。通过 F 分布的累积分布函数计算 p 值,当 p 值小于 0.05 时就拒绝零假设,这个流程与 t 检验是一样的。理解了 F 比的含义及计算方法,就能在一定程度上理解方差分析。

5-2-5 显著性差异与小提琴图

为了直观地感受方差分析这种检验方法,我们不妨观察一下存在显著性差异与没有显著性差异时的数据特征。

图 5-6 是存在显著性差异的数据对应的小提琴图。

图 5-7 是没有显著性差异的数据对应的小提琴图。

虽然观察图形就能大致判断数据是否存在显著性差异,但如果要用量化的标准判断,就必须进行方差分析。

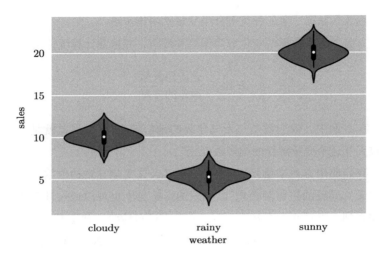

图 5-6　很可能存在显著性差异的小提琴图

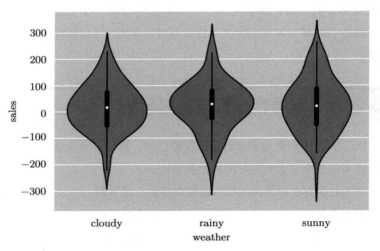

图 5-7　很可能没有显著性差异的小提琴图

5-2-6 方差分析的直观理解：分离效应和误差

我们可以结合图形来直观地了解误差和效应的大小。不过严谨起见，我们还要借助实际的计算来加深理解。

在图 5-8 中，效应是不同小提琴之间的高度差，误差是每个小提琴的高度。

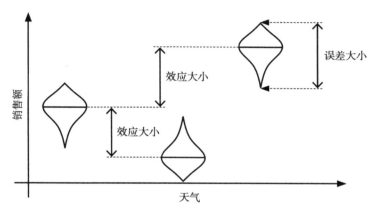

图 5-8　方差分析的直观解读

各个小提琴代表了各个天气的水平。小提琴之间离得远就表示天气对销售额的影响大，所以小提琴之间的高度差就是天气的效应。

不过，即使在同样的天气下，销售额也存在一定的浮动。这种不能用天气的变化解释的销售额变化就是误差。

5-2-7 术语 组间差异与组内差异

小提琴之间的高度差，即效应的大小，叫作**组间差异**。各个小提琴的高度，即误差的大小，叫作**组内差异**。具体的计算方法将在后面借助 Python 实现来介绍。

在方差分析中，我们将数据的方差分为组间差异和组内差异，并计算它们的比值，将这个比值作为统计量进行检验。

5-2-8 环境准备

下面开始用 Python 完成方差分析。

首先导入要用到的函数库，并设置浮点数打印精度。

```python
# 用于数值计算的库
import numpy as np
import pandas as pd
import scipy as sp
from scipy import stats
# 用于绘图的库
from matplotlib import pyplot as plt
import seaborn as sns
sns.set()
# 用于估计统计模型的库（部分版本会报出警告信息）
import statsmodels.formula.api as smf
import statsmodels.api as sm
# 设置浮点数打印精度
%precision 3
# 在 Jupyter Notebook 里显示图形
%matplotlib inline
```

5-2-9 生成数据并可视化

为了让计算结果更清晰，这里以小样本数据为对象。

```python
# 定义一组示例数据
weather = [
    "cloudy","cloudy",
    "rainy","rainy",
    "sunny","sunny"
]
```

```
beer = [6,8,2,4,10,12]

# 转换成数据帧
weather_beer = pd.DataFrame({
    "beer"   : beer,
    "weather": weather
})
print(weather_beer)

   beer weather
0     6  cloudy
1     8  cloudy
2     2   rainy
3     4   rainy
4    10   sunny
5    12   sunny
```

样本容量很小,所以我们绘制箱形图而非小提琴图(图 5-9)。

```
sns.boxplot(x = "weather",y = "beer",
            data = weather_beer, color='gray')
```

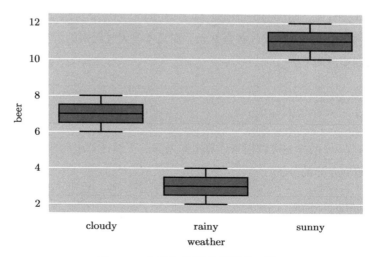

图 5-9 各天气的销售额的箱形图

计算每种天气下销售额的均值。可见雨天的销售额少,晴天的销售额多,而阴天的销售额居于二者之间。

```
print(weather_beer.groupby("weather").mean())
         beer
weather
cloudy    7
rainy     3
sunny    11
```

5-2-10 实现 方差分析①:计算组间偏差平方和与组内偏差平方和

这里先不使用库函数,而是分步手动实现单因素方差分析。

首先计算效应,即组间差异。

5-2-9 节已经得到了各天气下销售额的均值。阴天的销售额均值为 7,其含义为"阴天时销售额的期望值是 7 万日元"。同理,雨天的期望值是 3 万日元,晴天的期望值是 11 万日元。

阴、雨、晴 3 种天气各有 2 天。在只考虑天气因素的情况下,销售额的期望值如下。

```
# 天气的影响(对应 weather 变量)
effect = [7,7,3,3,11,11]
```

effect 的方差可以用来计算组间差异。下面计算组间偏差平方和,它是组间差异的分子。

```
# 组间偏差平方和
mu_effect = sp.mean(effect)
squares_model = sp.sum((effect - mu_effect) ** 2 )
squares_model
```

```
64.000
```

从原始数据中减掉效应就是误差。

```
resid = weather_beer.beer - effect
resid
0   -1
1    1
2   -1
3    1
4   -1
5    1
Name: beer, dtype: int64
```

同样，计算组内偏差平方和。另外，误差的均值为 0。

```
# 组内偏差平方和
squares_resid = sp.sum(resid ** 2)
squares_resid
```

```
6
```

5-2-11 实现 方差分析②：计算组间方差与组内方差

样本方差就是样本的偏差平方和除以样本容量得到的数值。无偏方差的除数为样本容量减 1。同理，方差分析中的组间方差和组内方差的分母也不是样本容量，而是自由度。

组间差异的自由度取决于水平数量。本例中有阴、雨、晴 3 个水平，从中减去 1，得到自由度 2。

组内差异的自由度取决于样本容量和水平数量。本例中样本容量为 6，从中减去水平数量 3，得到自由度 3。

在代码中定义变量 `df_model` 为组间差异的自由度，`df_resid` 为组内差异的自由度。

```
df_model = 2 # 组间差异的自由度
df_resid = 3 # 组内差异的自由度
```

计算组间方差。

```
# 组间方差
variance_model = squares_model / df_model
variance_model
```
```
32.000
```

计算组内方差。

```
# 组内方差
variance_resid = squares_resid / df_resid
variance_resid
```
```
2.000
```

5-2-12　实现　方差分析③：计算 p 值

最后，计算 F 比和 p 值。

F 比就是组间方差与组内方差的比。

```
f_ratio = variance_model / variance_resid
f_ratio
```
```
16.000
```

通过 sp.stats.f.cdf 函数使用 F 分布的累积分布函数计算 p 值。参数为 F 比的值和 2 个自由度。

```
1 - sp.stats.f.cdf(x=f_ratio,dfn=df_model,dfd=df_resid)
```
```
0.025
```

p 值小于 0.05，所以可以认为天气显著影响啤酒销售额。注意，原则上我们应该使用容量更大的样本。

这里总结一下单因素方差分析的过程。

方差分析把数据的效应和误差分离开来，并将二者量化为方差。效应为组间差异，误差为组内差异。

组间方差与组内方差的比值就是统计量 F 比。当总体服从同方差正态分布时，F 比服从 F 分布。此时，可以使用 F 分布的累积分布函数计算 p 值，并与 0.05 比较。

5-2-13 解释变量为分类变量的正态线性模型

下面从正态线性模型的角度解释方差分析。

根据天气预测销售额的模型如下：

$$啤酒销售额 \sim \mathcal{N}(\beta_0 + \beta_1 \times 雨 + \beta_2 \times 晴, \sigma^2) \tag{5-13}$$

变量"雨"在雨天时为 1，在其余天气时为 0。变量"晴"同理。参数 β_1 代表雨天的影响程度，参数 β_2 代表晴天的影响程度。

雨天和晴天之外的情况就是阴天，当二者为 0 时只剩下 β_0，它代表阴天的影响程度。

5-2-14 术语 虚拟变量

为了在建模时使用分类变量，我们引入了**虚拟变量**。以前面的示例来说，在雨天时为 1 且在其余天气下为 0 的变量就是虚拟变量。像天气这样的分类变量不能直接应用于模型中，此时就需要使用虚拟变量代替。

使用 statsmodels 建模的操作过程与一元回归模型类似，因而我们很少会意识到虚拟变量的存在。

5-2-15 实现 statsmodels 中的方差分析

下面我们为之前用来进行单因素方差分析的数据建立正态线性模型。不论解释变量是连续变量还是分类变量，都要使用 `smf.ols` 定义。

```
anova_model = smf.ols("beer ~ weather",
                      data = weather_beer).fit()
```

模型化之后就可以通过 `sm.stats.anova_lm` 函数方便地进行方差分析了。参数 `typ = 2` 的含义将在 5-3 节介绍。

```
print(sm.stats.anova_lm(anova_model, typ=2))

          sum_sq   df     F    PR(>F)
weather     64.0  2.0  16.0  0.025095
Residual     6.0  3.0   NaN       NaN
```

5-2-16 术语 方差分析表

`sm.stats.anova_lm` 函数的输出结果就是**方差分析表**。

表中的 `sum_sq` 表示组间偏差平方和与组内偏差平方和，`df` 为自由度，另外还有 F 比和 p 值。根据自由度可以计算出样本容量和水平数量。

5-2-17 模型系数的含义

打印已估计的模型的系数。

```
anova_model.params
Intercept              7.0
weather[T.rainy]      -4.0
weather[T.sunny]       4.0
dtype: float64
```

把它和模型的数学式放在一起观察：

$$\text{啤酒销售额} \sim \mathcal{N}(\beta_0 + \beta_1 \times \overline{\text{雨}} + \beta_2 \times \overline{\text{晴}}, \sigma^2) \quad (5\text{-}14)$$

`Intercept` 对应的就是 β_0。阴天的销售额均值为 7。雨天的销售额均值为阴天的结果加上系数 `weather[T.rainy]`，即 $7 - 4 = 3$。同理，晴天的销售额均值为 $7 + 4 = 11$。

5-2-18 使用模型分离效应和误差

使用已估计的模型的系数得到训练集的拟合值。

```
fitted = anova_model.fittedvalues
fitted
0     7.0
1     7.0
2     3.0
3     3.0
4    11.0
5    11.0
dtype: float64
```

拟合值与各水平的均值相等。解释变量为分类变量的正态线性模型的预测值就是各水平的均值。

拟合值与真实值的差就是残差。与 5-1 节的操作方法一样，我们可以用 `anova_model.resid` 语句获取残差。

```
anova_model.resid
0   -1.0
1    1.0
2   -1.0
3    1.0
4   -1.0
5    1.0
dtype: float64
```

剩下的计算前面已经介绍过,这里不再重复。

至此可知,我们可以借助统计模型中的拟合值与残差实现方差分析。

5-2-19　回归模型中的方差分析

正态线性模型中广泛应用了方差分析。当解释变量为连续变量时,方差分析依然有效。

这里重新建立 5-1 节的模型。

```
# 读取数据
beer = pd.read_csv("5-1-1-beer.csv")
# 估计模型
lm_model = smf.ols(formula = "beer ~ temperature",
                   data = beer).fit()
```

与解释变量为分类变量的模型类似,我们可以用模型的拟合值与残差计算 F 比。

在求 F 比之前,要定义自由度。当解释变量为连续变量时,组间差异的叫法变为**模型自由度**,组内差异的叫法变为**残差自由度**。

当解释变量为分类变量时,水平数减去 1,与此类似,模型自由度为参与估计的参数个数减去 1。一元回归模型的系数只有截距和斜率 2 个,因此模型自由度为 1。

样本容量减去参与估计的参数个数就是残差自由度。样本容量为 30，从中减去参数个数 2，得到残差自由度 28。

```
df_lm_model = 1 # 模型自由度
df_lm_resid = 28 # 残差自由度
```

计算 F 比。

```
# 拟合值
lm_effect = lm_model.fittedvalues
# 残差
lm_resid = lm_model.resid
# 气温的影响大小
mu = sp.mean(lm_effect)
squares_lm_model = sp.sum((lm_effect - mu) ** 2)
variance_lm_model = squares_lm_model / df_lm_model
# 残差的大小
squares_lm_resid = sp.sum((lm_resid) ** 2)
variance_lm_resid = squares_lm_resid / df_lm_resid
# F 比
f_value_lm = variance_lm_model / variance_lm_resid
f_value_lm
```

```
28.447
```

我们可以用这个 F 比计算 p 值，其结果在 3 位小数内显示为 0。打印方差分析表，可见两种方式计算的 F 比相等。

```
print(sm.stats.anova_lm(lm_model, typ=2))

                sum_sq    df          F    PR(>F)
temperature  1651.532489   1.0  28.446984  0.000011
Residual     1625.582178  28.0        NaN       NaN
```

上述结果的部分内容也可以通过 summary 函数获取。

```
lm_model.summary()
```

在如下输出结果中,F-statistic 就是 F 比,Prob(F-statistic) 就是方差分析的 p 值。

Dep.Variable:	beer	R-squared:	0.504
Model:	OLS	Adj.R-squared:	0.486
Method:	Least Squares	F-statistic:	28.45
Date:	Thu. 11 Jan 2018	Prob(F-statistic):	1.11e-05

系数的 t 检验结果与方差分析的结果在解释变量只有 1 个时相等,在解释变量多于 1 个时不相等。

5-3 含有多个解释变量的模型

下面我们让预测销售额的模型包含湿度、气温、天气（晴或雨）、价格4个解释变量。天气为分类变量，其余为连续变量。即使有多个解释变量，也可以通过正态线性模型完成统一的分析、解读与预测。

本节还将介绍方差分析中名为 Type II ANOVA 的检验方法，并说明如何判断各个解释变量是否必要。

5-3-1 环境准备

首先导入要用到的函数库，并设置浮点数打印精度。

```
# 用于数值计算的库
import numpy as np
import pandas as pd
import scipy as sp
from scipy import stats
# 用于绘图的库
from matplotlib import pyplot as plt
import seaborn as sns
sns.set()
# 用于估计统计模型的库（部分版本会报出警告信息）
import statsmodels.formula.api as smf
import statsmodels.api as sm
# 设置浮点数打印精度
%precision 3
# 在 Jupyter Notebook 里显示图形
%matplotlib inline
```

读入某商店虚构的销售额数据，并保存为变量 sales。

```
sales = pd.read_csv("5-3-1-lm-model.csv")
print(sales.head(3))
   humidity  price  sales  temperature weather
0      29.5    290  229.7         17.8   rainy
1      38.1    290  206.1         26.1   rainy
2      31.5    290  202.5         22.0   rainy
```

5-3-2 实现 数据可视化

在进行数据分析时，第一步永远是可视化。统计、模型化等工作全都要放在后面去做。

解释变量有多个，因此这里绘制散点图矩阵（图 5-10）。

```
sns.pairplot(data = sales, hue = "weather",
             palette="gray")
```

矩阵第 3 行的纵轴为销售额。只观察这一行难以判断各因素是否影响销售额。虽然一部分原因在于数据是虚构的，但其实现实世界的数据也经常会出现这种难以仅根据图形进行判断的情况。

在这个矩阵中，较为明显的是湿度（humidity）和气温（temperature）的关系。气温越高，则湿度越高。

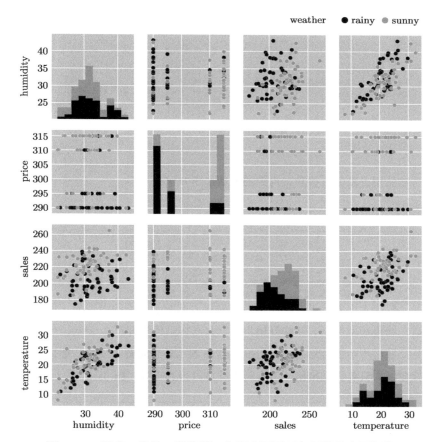

图 5-10　湿度、价格、销售额、气温在不同天气下的散点图矩阵

5-3-3　错误的分析：建立只有 1 个变量的模型

在设计多解释变量模型之前，我们先来了解一个反例：在模型需要多个解释变量时只选 1 个变量。

假设我们受限于工具只能进行一元回归分析，那么如果强行用这样的工具继续进行分析，最终会得到错误的结果。

只使用价格这 1 个解释变量进行一元回归分析,得到的价格系数为正值。

```
lm_dame = smf.ols("sales ~ price", sales).fit()
lm_dame.params

Intercept      113.645406
price            0.332812
dtype: float64
```

使用方差分析检验,得到的 p 值小于 0.05。

```
print(sm.stats.anova_lm(lm_dame, typ=2))

              sum_sq     df         F     PR(>F)
price    1398.392322    1.0  4.970685   0.028064
Residual 27570.133578  98.0       NaN        NaN
```

根据上面的结果,可以认为价格显著影响了啤酒的销售额,价格越高,销售额就越高。要提升销售额,只需提高价格即可。

最后不妨强行绘制回归直线。这条直线必然向右上倾斜,那么我们就会以为只要提高价格,销售额也就可以得到提升(图 5-11)。

```
sns.lmplot(x = "price", y = "sales", data = sales,
           scatter_kws = {"color": "black"},
           line_kws    = {"color": "black"})
```

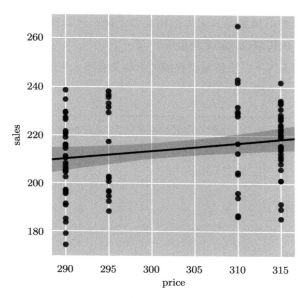

图 5-11　用价格解释销售额的回归直线

5-3-4　分析解释变量之间的关系

前面的反例中的问题在于只关注了价格。

我们可以通过简单的统计方法得知商店的定价策略。使用 groupby 函数计算各天气下的均值。

```
print(sales.groupby("weather").mean())

         humidity  price    sales  temperature
weather
rainy      32.126  295.5  205.924       20.422
sunny      30.852  309.5  222.718       21.102
```

可以看到，销售额（sales）在雨天（rainy）时更低。同时，雨天的价格也比较低。

比较自然的理解是"雨天的销量会下降，所以商店调低了价格"。如此一来，销售额也就随之降低了。

在相同天气下，价格对销售额的影响又有多大呢？我们可以绘制出图形来看一下（图 5-12）。

```
sns.lmplot(x = "price", y = "sales", data = sales,
          hue="weather", palette='gray')
```

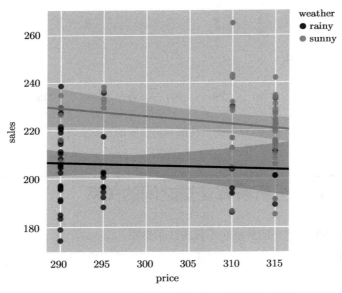

图 5-12　不同天气下的销售额-价格回归直线

从图 5-12 中可以看出，晴天的销售额更高；相同天气下价格越高，销售额越低。这个结果与 5-3-3 节相反。

我们本来希望数据中的解释变量之间互不相关，但现实中不可能为了简化分析而命令商店随机定价，所以在分析这类数据时不能太过草率。

过去人们有时会先按天气区分数据，再用回归分析分别考察晴天和雨天时价格和销售额的关系。但是，这种方法需要进行两次参数估计，会导致多重假设检验问题。要探明各因素对响应变量的影响，必须一次性完成对多解释变量模型的估计。

在 sns.lmplot 中，晴天和雨天的斜率不同。而我们的分析需要以二者斜率相同为前提。

5-3-5 实现 多解释变量的模型

下面估计有 4 个解释变量的模型。在定义多解释变量的模型时，解释变量之间用加号（+）连接。

```
# 估计多解释变量的模型
lm_sales = smf.ols(
    "sales ~ weather + humidity + temperature + price",
    data=sales).fit()
# 估计的结果
lm_sales.params
```

```
Intercept              278.627722
weather[T.sunny]        19.989119
humidity                -0.254055
temperature              1.603115
price                   -0.329207
dtype: float64
```

注意价格的系数为负数，即价格越高，销售额越低。

5-3-6 错误的分析：使用普通方差分析

我们使用检验来判断解释变量是否显著影响响应变量。这里如果使用普通的方差分析，就会出现问题。

首先进行普通的方差分析（会出现警告信息）。typ = 1 就表示进行普通的方差分析，这种方差分析也叫 Type I ANOVA。round(3) 表示令输出保留 3 位小数。

```
print(sm.stats.anova_lm(lm_sales, typ=1).round(3))
              df     sum_sq    mean_sq       F   PR(>F)
weather      1.0   7050.961   7050.961  38.848    0.000
humidity     1.0   1779.601   1779.601   9.805    0.002
temperature  1.0   2076.845   2076.845  11.443    0.001
price        1.0    818.402    818.402   4.509    0.036
Residual    95.0  17242.717    181.502     NaN      NaN
```

从上述结果可知，所有解释变量都是必需的，然而这个检验结果是错误的。在 Type I ANOVA 中，如果改变解释变量的顺序，检验结果也会不一样。

为了验证这一点，我们保持变量个数和种类不变，只改变变量顺序再试一次。

```
# 改变解释变量的顺序
lm_sales_2 = smf.ols(
    "sales ~ weather + temperature + humidity + price",
    data=sales).fit()
# 检验结果
print(sm.stats.anova_lm(lm_sales_2, typ=1).round(3))
              df     sum_sq    mean_sq       F   PR(>F)
weather      1.0   7050.961   7050.961  38.848    0.000
temperature  1.0   3814.779   3814.779  21.018    0.000
humidity     1.0     41.667     41.667   0.230    0.633
price        1.0    818.402    818.402   4.509    0.036
Residual    95.0  17242.717    181.502     NaN      NaN
```

这里交换了气温和湿度的位置。

- 模型 1: sales ~ weather + humidity + temperature + price
- 模型 2: sales ~ weather + temperature + humidity + price

变量只改变了位置，估计的参数还是不变的，但检验结果却变了。第 2 个模型中湿度的 p 值约为 0.6，被认为不存在显著影响。

5-3-7 实现 回归系数的 t 检验

不使用方差分析,而对回归系数进行 t 检验,就能避免这个问题。下面只打印系数及其检验结果。

```
lm_sales.summary().tables[1]
```

	Coef	std err	t	P>|t|	[0.025	0.975]
Intercept	278.6277	46.335	6.013	0.000	186.641	370.615
weather[T.sunny]	19.9891	3.522	5.675	0.000	12.997	26.982
humidity	-0.2541	0.456	-0.5588	0.578	-1.159	0.651
temperature	1.6031	0.443	3.620	0.000	0.724	2.482
price	-0.3292	0.155	-2.123	0.036	-0.637	-0.021

接下来,修改变量顺序再试一次。

```
lm_sales_2.summary().tables[1]
```

	Coef	std err	t	P>|t|	[0.025	0.975]
Intercept	278.6277	46.335	6.013	0.000	186.641	370.615
weather[T.sunny]	19.9891	3.522	5.675	0.000	12.997	26.982
temperature	1.6031	0.443	3.620	0.000	0.724	2.482
humidity	-0.2541	0.456	-0.5588	0.578	-1.159	0.651
price	-0.3292	0.155	-2.123	0.036	-0.637	-0.021

在两次检验中,湿度的回归系数的 p 值都是 0.578。

由此可知，在回归系数的 t 检验中，解释变量的顺序不会引起什么问题。然而，本例中的天气只有晴、雨两个水平，如果在进行 t 检验时加上阴天，就会出现 5-2 节介绍的多重假设检验问题。

5-3-8　术语　Type II ANOVA

Type II ANOVA 是方差分析的一种，它的结果不会因解释变量顺序的不同而不同。虽然依照严密的实验方案得到的数据受 Type I ANOVA 中问题的影响不大，但这次的例子更适合使用 Type II ANOVA。

5-3-9　模型选择与方差分析

这里先介绍一下对多解释变量的模型应用 Type I ANOVA 的计算方法。考察变量为如下顺序的模型：

```
sales ~ 1 + weather + humidity + temperature + price
```

开头的 1 代表截距。

我们逐个增加变量。最开始是无解释变量的空模型，求它的残差平方和。

```
# 空模型的残差平方和
mod_null = smf.ols("sales ~ 1", sales).fit()
resid_sq_null = sp.sum(mod_null.resid ** 2)
resid_sq_null
```

```
28968.526
```

接下来加上天气变量，求残差平方和。

```
# 天气模型的残差平方和
mod_1 = smf.ols("sales ~ weather", sales).fit()
resid_sq_1 = sp.sum(mod_1.resid ** 2)
resid_sq_1
```

```
21917.565
```

求两个残差平方和的差。

```
resid_sq_null - resid_sq_1
```

```
7050.961
```

这个值也存在于方差分析表。下面我们将其用粗体和下划线标示出来。

```
print(sm.stats.anova_lm(mod_1).round(3))
            df    sum_sq    mean_sq       F    PR(>F)
weather    1.0   7050.961   7050.961   31.527    0.0
Residual  98.0  21917.565    223.649     NaN    NaN
```

天气变化对应的组间偏差平方和就是在空模型中加入天气变量后减少的残差平方和。

下面进一步在模型中加入湿度变量，并求残差平方和。

```
# "天气 + 湿度"模型的残差平方和
mod_2 = smf.ols(
    "sales ~ weather + humidity", sales).fit()
resid_sq_2 = sp.sum(mod_2.resid ** 2)
resid_sq_2
```

```
20137.964
```

从天气模型的残差平方和中减去"天气＋湿度"模型的残差平方和。

```
resid_sq_1 - resid_sq_2
```

```
1779.601
```

这个值也存在于方差分析表。

```
print(sm.stats.anova_lm(mod_2).round(3))
            df    sum_sq   mean_sq      F   PR(>F)
weather    1.0   7050.961  7050.961  33.963  0.000
humidity   1.0   1779.601  1779.601   8.572  0.004
Residual  97.0  20137.964   207.608    NaN    NaN
```

F 比的分母为误差大小（207.608），则 humidity 的 F 比为 1779.601 ÷ 207.608，weather 的 F 比为 7050.961 ÷ 207.608。

在方差分析中，解释变量的效应是基于残差量化的。综上可知，变量个数增加时所减少的残差平方和决定了变量的效应。

这样一来，添加解释变量时的顺序就尤为重要了。

先计算以"天气＋气温"为解释变量的模型的残差平方和。

```
# "天气＋气温"模型的残差平方和
mod_2_2 = smf.ols(
    "sales ~ weather + temperature", sales).fit()
resid_sq_2_2 = sp.sum(mod_2_2.resid ** 2)
resid_sq_2_2
```

```
18102.786
```

再计算"天气＋气温＋湿度"模型的残差平方和。

```
# "天气＋气温＋湿度"模型的残差平方和
mod_3_2 = smf.ols(
    "sales ~ weather + temperature + humidity",
    sales).fit()
resid_sq_3_2 = sp.sum(mod_3_2.resid ** 2)
resid_sq_3_2
```

```
18061.119
```

求二者的差，得到的就是当"天气＋气温"模型引入湿度时残差平方和所减少的量。

```
resid_sq_2_2 - resid_sq_3_2
41.667
```

这个值远小于当天气模型引入湿度时残差平方和所减少的量。

此时表示湿度的效应很小，检验得到的 p 值为 0.639，即认为湿度对销售额的影响不显著。

```
print(sm.stats.anova_lm(mod_3_2).round(3))
              df      sum_sq     mean_sq        F   PR(>F)
weather      1.0    7050.961    7050.961   37.478    0.000
temperature  1.0    3814.779    3814.779   20.277    0.000
humidity     1.0      41.667      41.667    0.221    0.639
Residual    96.0   18061.119     188.137      NaN      NaN
```

下面总结一下。

在多解释变量模型的方差分析中，变量个数增加时所减少的残差平方和决定了变量的效应大小（方差分析表中的 sum_sq）。

在使用这种方法的情况下，sum_sq 的值会因解释变量的添加顺序不同而不同，对于解释变量是否存在显著性影响的判断也不同。

这种检验方法叫作 Type I ANOVA。对多解释变量模型进行 Type I ANOVA 可能会导致错误的结论。

5-3-10　Type II ANOVA 与调整平方和

Type I ANOVA 按如下顺序对比残差平方和。

先建立如下模型。

- 模型 0：销售额 ~ 　　　　　　　　　+ 残差平方和
- 模型 1：销售额 ~ 天气　　　　　　　+ 残差平方和
- 模型 2：销售额 ~ 天气 + 湿度　　　 + 残差平方和

- 模型 3：销售额 ~ 天气 + 湿度 + 气温　　　　+ 残差平方和
- 模型 4：销售额 ~ 天气 + 湿度 + 气温 + 价格 + 残差平方和

再分别对比模型 0 与模型 1 的残差平方和、模型 1 与模型 2 的残差平方和……最后检验各解释变量的必要性。

Type II ANOVA 按如下顺序对比残差平方和。

先建立如下模型。

- 模型 0：销售额 ~ 天气 + 湿度 + 气温 + 价格 + 残差平方和
- 模型 1：销售额 ~　　　　湿度 + 气温 + 价格 + 残差平方和
- 模型 2：销售额 ~ 天气　　　　+ 气温 + 价格 + 残差平方和
- 模型 3：销售额 ~ 天气 + 湿度　　　　+ 价格 + 残差平方和
- 模型 4：销售额 ~ 天气 + 湿度 + 气温　　　　+ 残差平方和

再分别对比每个模型与模型 0 的残差平方和。

Type II ANOVA 根据解释变量减少时所增加的残差平方和量化解释变量的效应。即使解释变量的顺序不同，这种方法的结果也不会改变。通过这种方法得到的组间偏差平方和就叫作**调整平方和**。

5-3-11　实现　Type II ANOVA

下面计算调整平方和。

首先建立包含所有解释变量的模型，并求残差平方和。

```
# 包含所有解释变量的模型的残差平方和
mod_full = smf.ols(
    "sales ~ weather + humidity + temperature + price",
    sales).fit()
resid_sq_full = sp.sum(mod_full.resid ** 2)
resid_sq_full
```

17242.717

接下来，建立不含湿度的模型。

```
# 不含湿度的模型的残差平方和
mod_non_humi = smf.ols(
    "sales ~ weather + temperature + price",
    sales).fit()
resid_sq_non_humi = sp.sum(mod_non_humi.resid ** 2)
resid_sq_non_humi
```

17299.142

计算两个模型的残差平方和的差。

```
resid_sq_non_humi - resid_sq_full
```

56.425

使用了调整平方和的方差分析 Type II ANOVA 由参数 `typ = 2` 指定。

```
print(sm.stats.anova_lm(mod_full, typ=2).round(3))
                sum_sq    df       F  PR(>F)
weather       5845.878   1.0  32.208   0.000
humidity        56.425   1.0   0.311   0.578
temperature   2378.017   1.0  13.102   0.000
price          818.402   1.0   4.509   0.036
Residual     17242.717  95.0     NaN     NaN
```

p 值为 0.578，此时认为湿度对销售额没有显著影响。

当解释变量只有一个时,Type I ANOVA 与 Type II ANOVA 的结果相等。为了便于在多种情况下解读检验结果,笔者推荐使用 Type II ANOVA。

包中还提供了直接对比两个模型的函数。

```
mod_full.compare_f_test(mod_non_humi)
```
```
(0.311, 0.578, 1.000)
```

输出的值分别为 F 比、p 值、两个模型自由度的差。

5-3-12　Type II ANOVA 的含义

通过 Type II ANOVA 对湿度影响进行检验的结果可以解读为对"在模型中已经有了其他变量的情况下,加入湿度因素是否还能影响销售额"的调查。

湿度与气温的相关度很强,因此可能存在这种情况:如果模型中包含了气温,就无法认为湿度会对销售额产生显著影响。

5-3-13　**实现** 变量选择与模型选择

下面使用 Type II ANOVA 进行变量选择。已知湿度是非必需的,所以我们继续对不含湿度的模型 mod_non_humi 进行 Type II ANOVA。

```
print(sm.stats.anova_lm(mod_non_humi, typ=2).round(3))
                sum_sq    df       F  PR(>F)
weather       6354.966   1.0  35.266   0.000
temperature   4254.736   1.0  23.611   0.000
price          803.644   1.0   4.460   0.037
Residual     17299.142  96.0     NaN     NaN
```

所有变量都是必要的。至此，变量选择结束。

系数等结果的解读应该使用变量选择后的模型进行，不应该将通过错误的变量组合进行模型化的结果用于预测或解读。例如，使用只含价格的模型的系数来解读，就会得到错误的结论。

模型的系数如下。

```
mod_non_humi.params

Intercept              273.301800
weather[T.sunny]        20.393871
temperature              1.417860
price                   -0.326001
dtype: float64
```

`weather[T.sunny]` 的含义是晴天比雨天的销售额多约 20。我们可以像前面章节介绍的那样使用这些系数预测销售额。

5-3-14 使用 AIC 进行变量选择

如果使用 AIC 进行变量选择，就没必要像方差分析那样更换计算方法，直接建模并计算 AIC 即可。

下面比较包含所有变量的模型 mod_full 与不含湿度的模型 mod_non_humi 的 AIC。

```
print("包含所有变量的模型:", mod_full.aic.round(3))
print("不含湿度的模型   :", mod_non_humi.aic.round(3))

包含所有变量的模型: 808.785
不含湿度的模型  : 807.112
```

不含湿度的模型的 AIC 更小，所以湿度不应该包含在销售额预测模型中。原则上应该对比所有变量组合的 AIC，限于篇幅，此处不再详细介绍。

使用 AIC 进行变量选择的过程是比较固定的。它和系数的 t 检验不同，多水平的变量不会导致多重假设检验问题，所得模型的含义永远是"对未知数据的预测误差最小的变量组合"。AIC 也没有检验的非对称性问题。AIC 的便利性让它在今天的数据分析中扮演着重要的角色。

不过，与不能过度信任 p 值类似，我们也不能过度信任 AIC，还应该从系数的含义、变量选择的结果、残差等多个方面综合评估模型。

5-3-15 补充 多重共线性

在解释变量之间相关性很强时出现的问题就是**多重共线性**。在这次的模型中，气温与湿度就是相关的。在解读类似的模型时需要注意到这一点。

多重共线性问题最简单的解决方案就是去掉强相关变量中的一个。多重共线性会对系数的解读造成干扰，我们应该先进行变量选择再解读结果。

在变量选择的过程中有时会使用检验，但如果变量之间强相关（如相关系数接近 1），检验所得的 p 值也会受到干扰。

例如，有两个解释变量，分别为食指的长度和中指的长度，这两个变量的相关系数就可能接近 1，此时可以（根据数据的相关背景知识）提前去掉一个变量再进行模型化。使用第 7 章介绍的 Ridge 回归等能够在一定程度上避免这类问题。

第6章

广义线性模型

6-1

各种概率分布

广义线性模型的一大特征就是它可以使用非正态分布。为了能够正确地应用广义线性模型,我们需要知道除了正态分布还有哪些常见的概率分布。

本节将介绍二项分布、泊松分布等与广义线性模型密切相关的概率分布。读者可以先大致浏览一下理论部分,再重点结合 Python 实现来学习。

6-1-1 术语 二值随机变量

在介绍二项分布之前,我们先来介绍相关术语。

二值随机变量是只有两个值的随机变量,例如"有或无""正面或反面"等。

6-1-2 术语 伯努利试验

伯努利试验是得到两种结果中的一种的试验。

投掷一次硬币并记录正反面,就是一次伯努利试验。

6-1-3 【术语】成功概率

为了方便，把得到两种结果中的一种的概率称为**成功概率**。成功概率的取值范围是 $[0, 1]$。

投掷硬币得到正面的概率就可以称为成功概率。这里的"成功"一词不含褒贬等感情色彩，比如对于是否患病，也可以将患病的概率称为成功概率。

6-1-4 【术语】伯努利分布

在完成一次伯努利试验时得到的二值随机变量所服从的概率分布就是**伯努利分布**。

设硬币正面记为 1，反面记为 0，投掷一次，则伯努利分布如下：

$$P(X = 1) = p$$
$$P(X = 0) = 1 - p \tag{6-1}$$

其中，X 为二值随机变量，p 为成功概率（此处为出现正面的概率）。

6-1-5 【术语】二项分布

设成功概率为 p，进行 N 次独立的伯努利试验，成功的次数 m 所服从的离散型概率分布叫作**二项分布**。二项分布的参数是成功概率 p 与试验次数 N。

服从二项分布的随机变量 m 的期望值为 Np，方差为 $Np(1-p)$。

使用二项分布的概率质量函数，我们可以在已知出现正面的概率 p 和试验次数 N 时求正面出现 m 次的概率。

二项分布为离散型概率分布，计算"出现 2 次或 3 次正面的概率"

的方法是"出现 2 次正面的概率"加上"出现 3 次正面的概率"。

6-1-6 二项分布的应用

在实践中,我们经常使用二项分布研究成功概率 p 的变化规律,试验次数(受试者数)N 与成功次数 m 为要提供的数据。

例如,吸烟导致的患癌率、价格引起的销量变化、学习用时和考试合格率的关系等的研究中都用到了二项分布。

6-1-7 二项分布的概率质量函数

二项分布的概率质量函数的数学式如下:

$$\text{Bin}(m|N,p) = C_N^m \cdot p^m \cdot (1-p)^{N-m} \tag{6-2}$$

其中,成功概率为 p,试验次数为 N,成功次数为 m。二项分布的英文为 Binomial Distribution,因此二项分布可记为 Bin。

下面我们以投掷硬币为例来解释一下这个数学式。

首先,出现正面的概率为 p。投掷 2 次,结果全为正面的概率为 $p \times p$;投掷 3 次,结果全为正面的概率为 $p \times p \times p$;投掷 m 次,结果全为正面的概率就是 p^m。

其次,出现反面的概率是 $1-p$,出现反面的次数是 $N-m$,那么出现 $N-m$ 次反面的概率就是 $(1-p)^{N-m}$。

最后,考虑出现正面和反面混合的结果时正反面的出现顺序。

设投掷硬币 4 次($N=4$),出现 2 次正面($m=2$)。用 1 表示正面,用 0 表示反面,这 4 次的投掷结果可能出现如下 6 种形式。

- 形式 1: 1, 1, 0, 0
- 形式 2: 1, 0, 0, 1

- 形式 3：1, 0, 1, 0
- 形式 4：0, 1, 0, 1
- 形式 5：0, 1, 1, 0
- 形式 6：0, 0, 1, 1

形式的种类数可以使用组合的计算公式计算：

$$C_N^m = \frac{N!}{(N-m)! \cdot m!} \tag{6-3}$$

以上 3 项相乘，得到的就是二项分布的概率质量函数的数学式，即式 (6-2)。

6-1-8　环境准备

下面介绍 Python 中的二项分布。首先导入要用到的函数库，并设置浮点数打印精度。

```
# 用于数值计算的库
import numpy as np
import pandas as pd
import scipy as sp
from scipy import stats
# 用于绘图的库
from matplotlib import pyplot as plt
import seaborn as sns
sns.set()
# 设置浮点数打印精度
%precision 3
# 在 Jupyter Notebook 里显示图形
%matplotlib inline
```

6-1-9 实现 二项分布

和正态分布类似，`scipy.stats` 中也准备了二项分布的多种函数。概率质量函数是 `pmf`，它是 probability mass function 的缩写。参数依次为成功次数、试验次数、成功概率。假设硬币出现正面的概率为 50%，投掷 2 次，计算恰好出现 1 次正面的概率。

```
sp.stats.binom.pmf(k = 1, n = 2, p = 0.5)
```
```
0.500
```

使用 `sp.stats.binom.rvs` 函数生成随机数。假设硬币出现正面的概率为 20%，投掷 10 次，记录出现正面的次数，然后重复该试验 5 次。

```
np.random.seed(1)
sp.stats.binom.rvs(n = 10, p = 0.2, size = 5)
```
```
array([2, 3, 0, 1, 1])
```

绘制样本的直方图和概率质量函数的图形（图 6-1）。这个直方图的图形与正态分布的不同，它不是左右对称的。

```
# N = 10, p=0.2 的二项分布
binomial = sp.stats.binom(n = 10, p = 0.2)
# 生成随机数
np.random.seed(1)
rvs_binomial = binomial.rvs(size = 10000)
# 概率质量函数
m = np.arange(0,10,1)
pmf_binomial = binomial.pmf(k = m)
# 绘制样本直方图与概率质量函数的图形
sns.distplot(rvs_binomial, bins = m, kde = False,
             norm_hist = True, color = 'gray')
plt.plot(m, pmf_binomial, color = 'black')
```

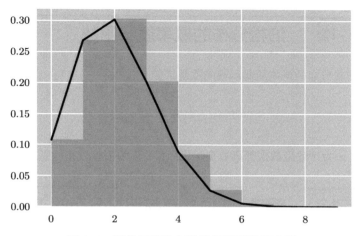

图 6-1　服从二项分布的随机变量的直方图

6-1-10　术语　泊松分布

泊松分布是"1个、2个"或"1次、2次"这样的**计数型数据**所服从的离散型概率分布。计数型数据全是自然数,与正态分布的实数数据不同。

泊松分布的参数只有1个,即强度 λ。服从泊松分布的随机变量的期望值和方差都是 λ。

6-1-11　泊松分布的应用

泊松分布可以用于研究不同钓具对钓到的鱼的数量的影响、区域周围环境对区域内生物数量的影响,以及不同天气对销量的影响等问题。

6-1-12 泊松分布的概率质量函数

泊松分布的概率质量函数的数学式如下：

$$\text{Pois}(x|\lambda) = \frac{e^{-\lambda}\lambda^x}{x!} \tag{6-4}$$

其中，x 为计数型数据等离散型随机变量，λ 为泊松分布的强度。

6-1-13 补充 二项分布与泊松分布的关系

泊松分布可以由二项分布推导得出。下面将简述二者的关系，具体的推导过程请参考相关文献。

当 $p \to 0$，$N \to \infty$ 时，二项分布中的 $Np = \lambda$。换言之，成功概率趋近于 0，试验次数趋向无穷大的二项分布就是泊松分布。

例如，研究某日遭遇交通事故的人数。所有走在路上的人都可能遭遇事故，那么 N 的值会很大，但遭遇事故的概率 p 应该很小。非常多的对象（$N \to \infty$）中发生稀有事件（$p \to 0$）的件数就服从泊松分布。

钓鱼的例子也是同理。湖中有非常多的鱼，所有的鱼都可能被钓到，但这个概率很小，在这种条件下钓到的鱼的条数就服从泊松分布。

注意不是任何离散型数据都可以使用泊松分布，只有通过上述条件能够得到数据，才可以应用泊松分布，这样才可以在很大程度上避免错误使用统计分析方法。

6-1-14 实现 泊松分布

使用 `sp.stats.poisson.pmf` 可以得到泊松分布的概率质量函数。如下计算强度为 5 的泊松分布中样本值为 2 的概率。

```
sp.stats.poisson.pmf(k = 2, mu = 5)
```
```
0.084
```

从强度为 2 的泊松分布中生成随机数。

```
np.random.seed(1)
sp.stats.poisson.rvs(mu = 2, size = 5)
```
```
array([2, 1, 0, 1, 2])
```

比较样本的直方图和概率质量函数的图形（图 6-2）。

```
# λ = 2 的泊松分布
poisson = sp.stats.poisson(mu = 2)
# 生成随机数
np.random.seed(1)
rvs_poisson = poisson.rvs(size = 10000)
# 概率质量函数
pmf_poisson = poisson.pmf(k = m)
# 绘制样本直方图与概率质量函数的图形
sns.distplot(rvs_poisson, bins = m, kde = False,
             norm_hist = True, color = 'gray')
plt.plot(m, pmf_poisson, color = 'black')
```

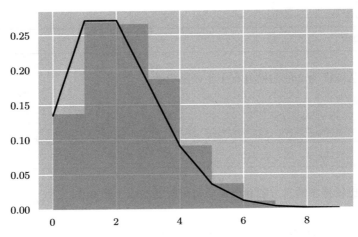

图 6-2 服从泊松分布的随机变量的直方图

下面确认泊松分布与二项分布的关系。对比试验次数为 100 000 000 次、成功概率为 0.000 000 02 的二项分布与强度为 2 的泊松分布的概率质量函数的图形（图 6-3），可见二者基本一致。

```
# N 非常大但 p 非常小的二项分布
N = 100000000
p = 0.00000002
binomial_2 = sp.stats.binom(n = N, p = p)
# 概率质量函数
pmf_binomial_2 = binomial_2.pmf(k = m)
# 绘制概率质量函数的图形
plt.plot(m, pmf_poisson, color = 'gray')
plt.plot(m, pmf_binomial_2, color = 'black',
         linestyle = 'dotted')
```

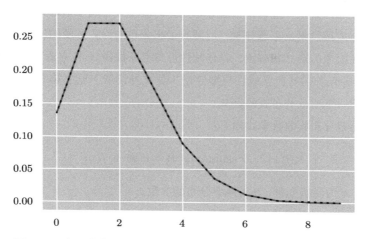

图 6-3 泊松分布（实线）与二项分布（虚线）的概率分布对比

6-1-15 （补充）其他概率分布

除了正态分布、二项分布和泊松分布以外，statsmodels 还可以将其他概率分布模型化。下面介绍两个常用的概率分布。

负二项分布与泊松分布类似，是计数型数据所服从的分布，但它的方差大于泊松分布。例如，存在群居现象的生物个体数量的方差远超泊松分布的范围，这种现象叫作**过度离散**。此时使用负二项分布可以很好地将此类数据模型化。

伽马分布与正态分布不同，它是非负的连续型随机变量服从的概率分布，方差的值随着均值的不同而变化（异方差）。

6-1-16 （补充）指数分布族

下面的内容比较难，读者也可以略过。

总体分布除了正态分布之外还可以使用其他概率分布的线性模型就

是广义线性模型。这里，正态分布之外的概率分布属于**指数分布族**。指数分布族虽然不是正态分布，但拥有正态分布的许多方便的特性，有助于简化模型的估计和解读，具体特性可参考安妮特 J. 杜布森（Annette J. Dobson）的《广义线性模型导论（英文导读版·原书第 3 版）》。下面介绍一下指数分布族的定义。

指数分布族的数学式如下：

$$f(x|\theta) = \exp[a(x)b(\theta) + c(\theta) + d(x)] \tag{6-5}$$

其中，x 为随机变量，θ 为概率分布的参数。

$a(x) = x$ 的概率分布为规范形式，此时 $b(\theta)$ 为自然参数。

泊松分布就属于指数分布族，是规范形式。泊松分布的概率质量函数的数学式为：

$$\text{Pois}(x|\lambda) = \frac{e^{-\lambda}\lambda^x}{x!} \tag{6-6}$$

上式可变形为：

$$\text{Pois}(x|\lambda) = \exp(x\ln\lambda - \lambda - \ln x!) \tag{6-7}$$

其中，$a(x) = x$，所以公式是规范形式，自然参数为 $\ln\lambda$。

6-2 广义线性模型基础

本节将介绍广义线性模型的基础知识,以便大家更好地理解后续章节的 Python 分析。当总体为"有或无"这种二值数据或"1 个、2 个、3 个"这种计数型数据时,我们无法假设其服从正态分布。

在这种情况下,可以使用广义线性模型。广义线性模型可以统一处理分类与回归的问题,相对于经典统计处理方法,这是一大进步。

6-2-1 广义线性模型的组成

广义线性模型由以下 3 个要素组成:

1. 总体服从的概率分布;
2. 线性预测算子;
3. 联系函数。

我们可以结合数据让这些组成要素灵活变化,这个优点使得广义线性模型适用于多种数据。下面来介绍一下这些组成要素的含义以及模型选择的步骤。

6-2-2 概率分布

广义线性模型可用于正态分布、二项分布和泊松分布等多种概率分布。各概率分布的含义请参考 6-1 节。

6-2-3 　术语　线性预测算子

线性预测算子是线性关系式表示的解释变量。设解释变量为气温，响应变量为啤酒销售额，则根据解释变量预测响应变量的数学式如下：

$$\beta_0 + \beta_1 \times 气温\,(°C) \tag{6-8}$$

又如，要预测考试是否合格。构造一个模型，含义为学习时间越长越容易合格，则它的线性预测算子如下：

$$\beta_0 + \beta_1 \times 学习时间 \tag{6-9}$$

再如，根据气温预测啤酒的销量（而非销售额）的线性预测算子如下：

$$\beta_0 + \beta_1 \times 气温\,(°C) \tag{6-10}$$

这几个式子是相似的，式 (6-8) 和式 (6-10) 的结构完全相同。但是，直接使用线性预测算子进行预测会导致问题。

6-2-4 　术语　联系函数

联系函数用于将响应变量和线性预测算子关联在一起，可以应用于响应变量。

下面考察啤酒的销量。一种比较简单的形式是：

$$啤酒销量 = \beta_0 + \beta_1 \times 气温\ (°C) \tag{6-11}$$

式 (6-11) 的值是有可能小于 0 的，但销量不应该小于 0。在解决这个问题时，就要用到联系函数。

当以个数等计数型变量为对象时，联系函数多采用对数。现将联系函数应用于响应变量：

$$\ln 啤酒销量 = \beta_0 + \beta_1 \times 气温\ (°C) \tag{6-12}$$

两边取指数，得到：

$$啤酒销量 = \exp[\beta_0 + \beta_1 \times 气温\ (°C)] \tag{6-13}$$

指数函数的函数值不可能小于 0，所以通过式 (6-13) 得到的预测结果也不可能小于 0。

对响应变量应用了联系函数后，就可以预测计数型数据、范围为 [0, 1] 的成功概率等类型的对象了。

6-2-5 联系函数与概率分布的关系

概率分布与联系函数的常用组合如下。

概率分布	联系函数	模型名称
正态分布	恒等函数	正态线性模型
二项分布	logit 函数	logistic 回归模型
泊松分布	对数函数	泊松回归模型

$f(x) = x$ 就是**恒等函数**，即没有任何变化的函数。正态线性模型无须更多的变形，所以在广义线性模型的领域中，它的联系函数就是恒等函数。关于 logit 函数，我们将在 6-3 节介绍。

当正态分布的联系函数为对数函数时，有些模型的响应变量将永远为正值。负二项分布常以对数函数为联系函数。伽马分布常以对数函数、倒数函数（$f(x) = 1/x$）为联系函数。

6-2-6 广义线性模型的参数估计

广义线性模型可用于非正态分布，所以参数估计使用最大似然法。关于似然函数的形式，我们将在介绍相关模型时详细介绍。

常用的参数估计算法为迭代加权最小二乘法。

6-2-7 **补充** 广义线性模型的检验方法

本书统一使用 AIC 进行广义线性模型的模型选择。作为补充，下面再介绍 3 种广义线性模型检验方法。

在广义线性模型中，回归系数无法进行 t 检验，但可以进行 **Wald 检验**。Wald 检验利用了当样本容量很大时参数估计值服从正态分布的特点。statsmodels 的输出中也出现了这个检验的结果。

在广义线性模型中还有可以与方差分析采用相同方法解读的检验方法，即**似然比检验**，它用来比较模型的拟合程度。似然比检验也可以采取与 Type II ANOVA 相同的解读方法。

最后一种叫作拉格朗日乘数检验[1]，这种方法不常用。

---

[1] 也可以称为得分检验（score test）。——译者注

6-3 logistic 回归

本节介绍 logistic 回归（逻辑回归）。我们将先讲解 logistic 回归的理论基础，再结合 Python 实现介绍分析方法。

6-3-1 术语 logistic 回归

概率分布为二项分布、联系函数为 logit 函数的广义线性模型叫作 **logistic 回归**。解释变量可以有多个，连续型和分类型的解释变量也可以同时存在。

6-3-2 本节例题

分析学习时间与考试合格情况的关系。构造不同学习时间的考试合格情况的数学模型，其线性预测算子如下：

$$\beta_0 + \beta_1 \times 学习时间 \tag{6-14}$$

6-3-3 二值分类问题

响应变量为二值变量，合格为 1，不合格为 0。此时，使用下面的数学式预测显然是不正确的：

考试合格情况 (合格为 1, 不合格为 0) = $\beta_0 + \beta_1 \times$ 学习时间 (6-15)

学习时间是连续型的变量，所以预测值可能是小数，也可能是负数。式 (6-15) 不会得到要么是 0 要么是 1 的结果。

根据学习时间预测考试合格率的数学模型如下：

$$\text{考试合格率} = \beta_0 + \beta_1 \times \text{学习时间} \quad (6\text{-}16)$$

比起以线性预测算子预测要么为 0 要么为 1 的值，这种方法似乎更加恰当，但它依然不可靠。合格率的取值范围是 [0, 1]，而上式既可以取负数，也可以取大于 1 的数。

将 logit 函数用作联系函数可以解决这类问题。

6-3-4　术语　logit 函数

logit 函数的数学式如下，对数的底为 e：

$$f(x) = \ln \frac{x}{1-x} \quad (6\text{-}17)$$

6-3-5　术语　反函数

已知函数 $f(a)=b$，交换 a 与 b 的关系，得到 $g(b) = a$，$g(x)$ 就是 $f(x)$ 的反函数。例如，指数函数的反函数就是对数函数。

6-3-6　术语　logistic 函数

logistic 函数（逻辑函数）是 logit 函数的反函数。设 logit 函数为 $f(x)$，logistic 函数为 $g(x)$，则 $g(f(x)) = x$。

对 logit 函数应用 logistic 函数后将得到原值。

logistic 函数的数学式如下：

$$g(y) = \frac{1}{1+\exp(-y)} \tag{6-18}$$

6-3-7 logistic 函数的性质

指数函数 $\exp(-y)$ 不可能小于 0，所以 logistic 函数的分母不可能小于 1。y 越小，$\exp(-y)$ 越大。当分母很大时，logistic 函数的值趋向于 0。

总结如下。

当 $y \to +\infty$ 时，$g(y) \to 1$。
当 $y \to -\infty$ 时，$g(y) \to 0$。
logistic 函数的值永远大于 0 且小于 1。

6-3-8 logistic 回归的推导

logistic 回归的概率分布为二项分布，联系函数为 logit 函数。

设成功概率（本例为考试合格率）为 p，联系函数为 logit 函数，则考试合格率与学习时间的关系如下：

$$\ln \frac{p}{1-p} = \beta_0 + \beta_1 \times 学习时间 \tag{6-19}$$

将两边转化为 logistic 函数，得到：

$$p = \frac{1}{1+\exp[-(\beta_0 + \beta_1 \times 学习时间)]} \tag{6-20}$$

这就是用于预测合格率的数学式。

假设我们得到了一份相关数据,需要分析学习时间是否影响考试合格率。

有 10 个人的学习时间各为 5 小时,则合格人数 M 应当服从成功概率为式 (6-20)、试验次数为 10 的二项分布。

$$\text{合格人数:} M \sim \text{Bin}\left\{m|10, \frac{1}{1+\exp[-(\beta_0+\beta_1 \times 5)]}\right\} \quad (6\text{-}21)$$

二项分布的概率质量函数如下(见 6-1-7 节):

$$\text{Bin}(m|N,p) = C_N^m \cdot p^m \cdot (1-p)^{N-m} \quad (6\text{-}22)$$

logistic 回归的样本服从式 (6-21) 所示的概率分布。

6-3-9 logistic 回归的似然函数

前面介绍了已知系数 β_0、β_1 时预测考试合格率与合格人数的方法。下面将介绍如何估计系数 β_0、β_1。广义线性模型使用最大似然法进行参数估计。

设数据如下:

- 9 人的学习时间各为 3 小时,其中 4 人考试合格;
- 8 人的学习时间各为 5 小时,其中 6 人考试合格;
- 1 人的学习时间为 8 小时,此人考试合格。

似然函数记作 $\mathcal{L}(\beta_0, \beta_1; N, m)$,分号左边为回归系数,分号右边为条件。试验次数 N 与合格人数 m 是已知数据,改变系数就会改变似然。

似然函数如下:

$$\begin{aligned}
\mathcal{L}(\beta_0, \beta_1; N, m) = \ & \text{Bin}\left\{4|9, \frac{1}{1+\exp[-(\beta_0+\beta_1\times 3)]}\right\} \\
& \times \text{Bin}\left\{6|8, \frac{1}{1+\exp[-(\beta_0+\beta_1\times 5)]}\right\} \\
& \times \text{Bin}\left\{1|1, \frac{1}{1+\exp[-(\beta_0+\beta_1\times 8)]}\right\} \quad (6\text{-}23)
\end{aligned}$$

参加考试的人数越多，数学式越复杂，但结构保持不变。

6-3-10　环境准备

下面用 Python 实现 logistic 回归。首先导入要用到的函数库，并设置浮点数打印精度。

```python
# 用于数值计算的库
import numpy as np
import pandas as pd
import scipy as sp
from scipy import stats
# 用于绘图的库
from matplotlib import pyplot as plt
import seaborn as sns
sns.set()
# 用于估计统计模型的库（部分版本会报出警告信息）
import statsmodels.formula.api as smf
import statsmodels.api as sm
# 设置浮点数打印精度
%precision 3
# 在 Jupyter Notebook 里显示图形
%matplotlib inline
```

6-3-11 实现 读取数据并可视化

读取虚构的考试合格信息。hours 为学习时间，result 为合格情况（合格为 1，不合格为 0）。

```
test_result = pd.read_csv("6-3-1-logistic-regression.csv")
print(test_result.head(3))

   hours  result
0      0       0
1      0       0
2      0       0
```

以横轴为学习时间（hours）、纵轴为合格率（result），绘制出学习时间与合格率关系的条形图。在条形图中，纵轴的值为均值。合格为 1，不合格为 0，因此均值可看作合格率（图 6-4）。

```
sns.barplot(x = "hours",y = "result",
            data = test_result, palette='gray_r')
```

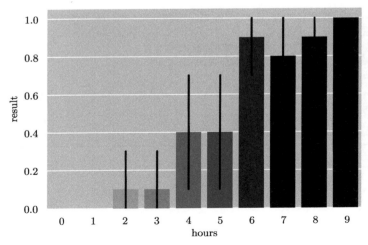

图 6-4 不同学习时间的考试合格率条形图

由图 6-4 可知，大体上，学习时间越长，合格率越高。

计算不同学习时间的合格率。

```
print(test_result.groupby("hours").mean())

        result
hours
0       0.0
1       0.0
2       0.1
3       0.1
4       0.4
5       0.4
6       0.9
7       0.8
8       0.9
9       1.0
```

学习时间不大于 1 小时的人全部不合格，学习时间为 9 小时的人全部合格。

6-3-12 实现 logistic 回归

下面估计 logistic 回归模型。

```
mod_glm = smf.glm(formula = "result ~ hours",
                  data = test_result,
                  family=sm.families.Binomial()).fit()
```

在估计广义线性模型时，不管是不是 logistic 回归模型，都需要使用 smf.glm 函数。下面介绍它的参数。

第 1 个参数 formula 与估计正态线性模型时所用的一样。参数值为 "result ~ hours"，响应变量为 result，解释变量为 hours。当存在多个解释变量时，使用加号（+）连接（见 5-3 节）。

第 2 个参数是对象数据，格式为 pandas 的数据帧。

第 3 个参数是概率分布。sm.families.Binomial() 为二项分布，sm.families.Poisson() 为泊松分布。

这里没有指定联系函数。当概率分布为二项分布时，联系函数默认为 logit 函数。不同的概率分布默认的联系函数也不同。泊松分布默认的联系函数为对数函数。我们也可以通过 sm.families.Binomial(link = sm.families.links.logit) 显式指定联系函数。

6-3-13 实现 logistic 回归的结果

打印估计的结果。

```
mod_glm.summary()
```

Generalized Linear Model Regression Results

Dep.Variable:	result	No.Observations:	100
Model:	GLM	Df Residuals:	98
Model Family:	Binomial	Df Model:	1
Link Function:	logit	Scale:	1.0
Method:	IRLS	Log-Likelihood:	-34.014
Date:	Wed, 24 Jan 2018	Deviance:	68.028
Time:	15:01:08	Pearson Chi2:	84.9
No.Iterations:	6		

	Coef	std err	z	P>|z|	[0.025	0.975]
Intercept	-4.5587	0.901	-5.061	0.000	-6.324	-2.793
hours	0.9289	0.174	5.345	0.000	0.588	1.270

有一部分结果与正态线性模型不同，下面补充说明一下。

Method 中的 IRLS 为迭代加权最小二乘法的英文 Iterative Reweighted

Least Squares 的缩写。算法中的迭代次数为 No.Iterations。

Deviance 与 Pearson chi2 也是初次出现,它们是表示模型拟合程度的指标,我们将在 6-4 节介绍。

Wald 检验取代了 t 检验,但对于系数的解读,则与正态线性模型一致。学习时间的系数为正数。

6-3-14 实现 模型选择

下面使用 AIC 对比空模型和包含解释变量(学习时间)的模型哪个更合适。

估计空模型。

```
mod_glm_null = smf.glm(
    "result ~ 1", data = test_result,
    family=sm.families.Binomial()).fit()
```

对比 AIC。

```
print("空模型    :", mod_glm_null.aic.round(3))
print("包含解释变量的模型:", mod_glm.aic.round(3))
```

```
空模型            :  139.989
包含解释变量的模型:   72.028
```

包含解释变量的模型的 AIC 更小,说明在预测合格率时需要学习时间这个解释变量。学习时间的系数为正数,说明学习时间越长,合格率越高。

6-3-15 实现 回归曲线

以横轴为学习时间、纵轴为合格情况(二值变量)绘制出散点图,并在其上绘制出由 logistic 回归所得的理论合格率。设置函数 seaborn.

lmplot 的参数 logistic = True，即可绘制出指定图形（图 6-5）。

```
sns.lmplot(x = "hours", y = "result",
           data = test_result,
           logistic = True,
           scatter_kws = {"color": "black"},
           line_kws    = {"color": "black"},
           x_jitter = 0.1, y_jitter = 0.02)
```

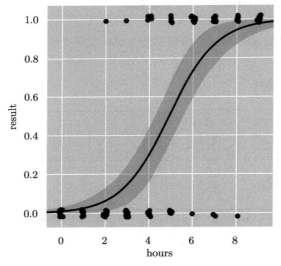

图 6-5　logistic 回归的回归曲线

合格情况的数据全是 0 或 1，在图形上会重合，因而这里指定了 x_jitter 与 y_jitter，以让散点图的数据在图形上稍微分散一些。

6-3-16　**实现** 预测成功概率

我们还可以预测合格率的值，方法和正态线性模型类似。

```
# 0 ~ 9 的公差为 1 的等差数列
exp_val = pd.DataFrame({
    "hours": np.arange(0, 10, 1)
})
# 成功概率的预测值
pred = mod_glm.predict(exp_val)
pred

0    0.010367
1    0.025836
2    0.062920
3    0.145291
4    0.300876
5    0.521427
6    0.733929
7    0.874741
8    0.946467
9    0.978147
dtype: float64
```

不学习的合格率只有 1%，学习 9 小时的合格率为 98%。要得到要么为 0 要么为 1 的值，只需对小数点后一位四舍五入，数值只要不小于 0.5 就是合格。

6-3-17 术语 优势

要解读 logistic 回归模型中估计的参数，还需要掌握一个术语。

成功概率与失败概率的比值叫作**优势**，它表示是否容易成功，其数学式如下：

$$优势 = \frac{p}{1-p} \tag{6-24}$$

其中，p 为成功概率。

当 $p = 0.5$ 时，优势为 1，表示成功和失败的容易度相当；当 $p = 0.75$ 时，优势为 3，表示成功比失败容易 3 倍。

优势的对数叫作**对数优势**，logit 函数也可以看作将成功概率转换为对数优势的函数。

6-3-18 术语 优势比

优势的比值叫作**优势比**。优势比的对数叫作**对数优势比**。

6-3-19 logistic 回归的系数与优势比的关系

当联系函数为 logit 函数时，logistic 回归的系数与优势密切相关。具体来说，解释变量改变一个单位时的对数优势比就是回归系数。

下面用程序验证一下。分别求学习时间为 1 小时和 2 小时的合格率。

```
# 学习时间为 1 小时的合格率
exp_val_1 = pd.DataFrame({"hours": [1]})
pred_1 = mod_glm.predict(exp_val_1)
# 学习时间为 2 小时的合格率
exp_val_2 = pd.DataFrame({"hours": [2]})
pred_2 = mod_glm.predict(exp_val_2)
```

用合格率计算对数优势比。

```
# 优势
odds_1 = pred_1 / (1 - pred_1)
odds_2 = pred_2 / (1 - pred_2)
# 对数优势比
sp.log(odds_2 / odds_1)
```
```
array([ 0.929])
```

计算学习时间的系数，可知它恰好是对数优势比。

```
mod_glm.params["hours"]
```
```
0.929
```

当系数为 e 的指数时，其结果就是优势比。

```
sp.exp(mod_glm.params["hours"])
```
```
2.532
```

系数的含义就是解释变量每增加一个单位时优势的变化倍数。

6-4 广义线性模型的评估

在介绍正态线性模型时,我们提到了在评估模型时必须计算残差。但是,当总体不服从正态分布时,残差的处理方法会有很大的不同。本节将介绍广义线性模型的残差处理方法。

残差是表现数据与模型不契合的程度的重要指标。本节还将介绍如何对待模型造成的损失。

6-4-1 环境准备

首先导入要用到的函数库,并设置浮点数打印精度。

```
# 用于数值计算的库
import numpy as np
import pandas as pd
import scipy as sp
from scipy import stats
# 用于绘图的库
from matplotlib import pyplot as plt
import seaborn as sns
sns.set()
# 用于估计统计模型的库（部分版本会报出警告信息）
import statsmodels.formula.api as smf
import statsmodels.api as sm
# 设置浮点数打印精度
%precision 3
# 在 Jupyter Notebook 里显示图形
%matplotlib inline
```

使用 6-3 节的数据估计 logistic 回归模型，然后研究模型与数据的契合度。

```
# 读取数据
test_result = pd.read_csv("6-3-1-logistic-regression.csv")
# 模型化
mod_glm = smf.glm("result ~ hours", data = test_result,
                  family=sm.families.Binomial()).fit()
```

6-4-2　术语　皮尔逊残差

二项分布的**皮尔逊残差**的计算式如下：

$$\text{Pearson residual} = \frac{y - N\hat{p}}{\sqrt{N\hat{p}(1-\hat{p})}} \tag{6-25}$$

其中，y 为响应变量（二值随机变量，即考试合格情况），N 为试验次数，$\hat{p}$ 为估计的成功概率（由 `mod_glm.predict()` 得到的预测值）。

对于每个预测结果，试验次数都是 1，所以皮尔逊残差如下：

$$\text{Pearson residual} = \frac{y - \hat{p}}{\sqrt{\hat{p}(1-\hat{p})}} \tag{6-26}$$

6-4-3　皮尔逊残差的含义

皮尔逊残差的分母中的 $N\hat{p}(1-\hat{p})$ 就是二项分布的方差，它的平方根就是二项分布的标准差。

在介绍正态线性模型时，我们把响应变量与通过 `predict()` 函数求得的预测值的差作为残差，即 $y - \hat{p}$。残差除以分布的标准差，得到的就是皮尔逊残差。

假设 N 不变，那么当 $p = 0.5$ 时，二项分布的方差 $Np(1-p)$ 最大。当合格与不合格各占一半时，数据非常分散，此时预测值与实际值之间的差距看起来反而更小（易于接受）。当 $p = 0.9$ 时，预测的结果是基本合格，方差较小，此时预测值与实际值之间的差距看起来反而更大（难以接受）。这就是皮尔逊残差的含义。

皮尔逊残差的平方和叫作**皮尔逊卡方统计量**，是模型契合度的指标。部分教材会反过来介绍皮尔逊残差为皮尔逊卡方统计量的有符号平方根。

6-4-4 实现 皮尔逊残差

计算皮尔逊残差。

```
# 预测的成功概率
pred = mod_glm.predict()
# 响应变量（合格情况）
y = test_result.result
# 皮尔逊残差
pearson_resid = (y - pred) / sp.sqrt(pred * (1 - pred))
pearson_resid.head(3)
```

```
0   -0.102351
1   -0.102351
2   -0.102351
Name: result, dtype: float64
```

皮尔逊残差也可以从模型对象中直接获取。

```
mod_glm.resid_pearson.head(3)
```

```
0   -0.102351
1   -0.102351
2   -0.102351
dtype: float64
```

皮尔逊残差的平方和为皮尔逊卡方统计量。

```
sp.sum(mod_glm.resid_pearson**2)
```

```
84.911
```

它也会出现在 summary() 函数的结果中，而且也可以通过如下代码获取。

```
mod_glm.pearson_chi2
84.911
```

6-4-5 术语 模型偏差

模型偏差（deviance）是评估模型契合度的指标。模型偏差越大，契合度越差。

logistic 回归的对数似然为 $\ln\mathcal{L}(\beta_0, \beta_1; N, m)$。系数 β_0, β_1 改变，则似然改变。这里，将通过最大似然法估计的系数所对应的对数似然记作 $\ln\mathcal{L}(\beta_{\text{glm}}; y)$，将完美预测所有考试合格情况的对数似然记作 $\ln\mathcal{L}(\beta_{\text{max}}; y)$。

模型偏差的计算式如下：

$$deviance = 2[\ln\mathcal{L}(\beta_{\text{max}}; y) - \ln\mathcal{L}(\beta_{\text{glm}}; y)] \tag{6-27}$$

6-4-6 模型偏差的含义

模型偏差用似然的方式表现了残差平方和，最大似然法所得的结果等于使得模型偏差最小的参数估计的结果。

$\ln\mathcal{L}(\beta_{\text{max}}; y)$ 是完美预测了响应变量时的对数似然，也就是说，如果合格（1），就预测成功概率为 100%；如果不合格（0），就预测成功概率为 0%。不存在比这个值更大的对数似然。模型的预测能力与这个值之间的差异就是模型偏差。

6-4-7 补充 模型偏差与似然比检验

在计算模型偏差时，取对数似然的 2 倍是为了方便进行似然比检验。

模型偏差的含义就是广义线性模型中的残差平方和。对两个模型偏差的差值进行检验的含义和方差分析相同。按模型偏差的定义，两个模型偏差的差值近似于卡方分布。

模型偏差的差值检验也叫似然比检验。使用 R 语言中的 anova 函数可以进行方差分析和似然比检验。

6-4-8 术语 偏差残差

二项分布的**偏差残差**的平方和就是模型偏差。公式比较复杂，这里不再介绍，下面用 Python 代为计算。

6-4-9 实现 偏差残差

计算偏差残差的代码如下。

```
# 预测的成功概率
pred = mod_glm.predict()
# 响应变量（合格情况）
y = test_result.result
# 与完美预测了合格情况时的对数似然的差值
resid_tmp = 0 - sp.log(
    sp.stats.binom.pmf(k = y, n = 1, p = pred))
# 偏差残差
deviance_resid = sp.sqrt(
    2 * resid_tmp
) * np.sign(y - pred)
# 打印结果
deviance_resid.head(3)
```

```
0   -0.144369
1   -0.144369
2   -0.144369
Name: result, dtype: float64
```

第 6 行到第 11 行是偏差残差的计算过程。

与完美预测了合格情况时的对数似然的差值就是模型偏差。当成功概率为 100% 时，合格的概率为 1；当成功概率为 0% 时，失败的概率为 1。因此，完美预测了合格情况时的对数似然就是 $\ln(1)$，它的值为 0，于是会先计算出 resid_tmp。resid_tmp 的 2 倍的平方根就是偏差残差，它的平方和就是模型偏差。resid_tmp 在定义上为正数，所以 deviance_resid 多了 1 个因数。np.sign 函数用于获取参数的正负号，y - pred 大于 0 就返回 1，小于 0 就返回 −1，其余为 0。

我们也可以从模型中直接获取偏差残差。

```
mod_glm.resid_deviance.head(3)
0   -0.144369
1   -0.144369
2   -0.144369
dtype: float64
```

偏差残差的平方和就是模型偏差，它也会出现在 summary 的结果中。

```
sp.sum(mod_glm.resid_deviance ** 2)
68.028
```

6-4-10 补充 交叉熵误差

在很多机器学习的语境中，求 logistic 回归就是求使得**交叉熵误差**最小的参数。

二项分布的概率质量函数的数学式为:

$$\text{Bin}(m|N,p) = C_N^m \cdot p^m \cdot (1-p)^{N-m} \tag{6-28}$$

对于每个数据,试验次数 N 都是 1,所以数学式可变形为:

$$\text{Bin}(m|1,p) = p^m \cdot (1-p)^{1-m} \tag{6-29}$$

注意,m 只能取 0 或 1。

结合例题,合格情况(只能取 0 或 1)为 y,预测的合格率为 $\hat{p}$,则

$$\text{Bin}(y|1,\hat{p}) = \hat{p}^y \cdot (1-\hat{p})^{1-y} \tag{6-30}$$

似然函数如下:

$$\prod_{i=1}^{T} \hat{p_i}^{y_i} \cdot (1-\hat{p_i})^{1-y_i} \tag{6-31}$$

其中,T 为样本容量。

对数似然的相反数如下:

$$-\sum_{i=1}^{T}[y_i \ln \hat{p_i} + (1-y_i)\ln(1-\hat{p_i})] \tag{6-32}$$

上式就是交叉熵误差。当假设总体服从二项分布时,它的含义与模型偏差相同。让交叉熵误差最小就是让模型偏差最小,也就是让 logistic 回归的对数似然最大。

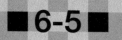

泊松回归

本节将介绍泊松回归,并结合 Python 实现介绍分析方法。分析步骤与 logistic 回归基本相同,它的代码比较简短,可以很便捷地完成分析。

6-5-1 术语 泊松回归

概率分布为泊松分布、联系函数为对数函数的广义线性模型叫作**泊松回归**。解释变量可以有多个,连续型和分类型的解释变量也可以同时存在。

6-5-2 本节例题

分析不同气温与啤酒销量的关系。构造不同气温下的销量的数学模型,其线性预测算子如下:

$$\beta_0 + \beta_1 \times 气温\,(°C) \qquad (6\text{-}33)$$

6-5-3 泊松回归的推导

如果联系函数为对数函数,则啤酒销量与气温的关系如下:

$$\ln 啤酒销量 = \beta_0 + \beta_1 \times 气温 \qquad (6\text{-}34)$$

对两边取指数，变形如下：

$$啤酒销量 = \exp(\beta_0 + \beta_1 \times 气温) \qquad (6\text{-}35)$$

指数函数的值不可能是负数，因此非常适合处理计数型数据。下面我们通过上式进行销量均值的预测。

假设我们得到了一份相关数据，需要分析气温是否影响啤酒销量。

啤酒销量 Y 服从强度 λ（即均值）如式 (6-35) 所示的泊松分布：

$$啤酒销量：Y \sim \text{Pois}[y | \exp(\beta_0 + \beta_1 \times 气温)] \qquad (6\text{-}36)$$

泊松分布的概率质量函数如下（见 6-1-12 节）：

$$\text{Pois}(y \mid \lambda) = \frac{e^{-\lambda}\lambda^y}{y!} \qquad (6\text{-}37)$$

泊松回归的样本分布服从如式 (6-36) 所示的概率分布。

6-5-4 环境准备

下面用 Python 实现泊松回归。首先导入要用到的函数库，并设置浮点数打印精度。

```
# 用于数值计算的库
import numpy as np
import pandas as pd
import scipy as sp
from scipy import stats
# 用于绘图的库
from matplotlib import pyplot as plt
import seaborn as sns
sns.set()
# 用于估计统计模型的库（部分版本会报出警告信息）
import statsmodels.formula.api as smf
import statsmodels.api as sm
```

```
# 设置浮点数打印精度
%precision 3
# 在Jupyter Notebook里显示图形
%matplotlib inline
```

读取数据。

```
beer = pd.read_csv("6-5-1-poisson-regression.csv")
print(beer.head(3))

   beer_number  temperature
0            6         17.5
1           11         26.6
2            2          5.0
```

6-5-5 实现 泊松回归

下面估计泊松回归模型。气温的系数是正数，说明气温越高，销量就越高。

```
mod_pois = smf.glm("beer_number ~ temperature", beer,
                   family=sm.families.Poisson()).fit()
mod_pois.summary()
```

Generalized Linear Model Regression Results

Dep.Variable:	beer_number	No.Observations:	30
Model:	GLM	Df Residuals:	28
Model Family:	Poisson	Df Model:	1
Link Function:	log	Scale:	1.0
Method:	IRLS	Log-Likelihood:	-57.672
Date:	Fri, 26 Jan 2018	Deviance:	5.1373
Time:	17:10:16	Pearson Chi2:	5.40
No.Iterations:	4		

	Coef	std err	z	P>|z|	[0.025	0.975]
Intercept	0.4476	0.199	2.253	0.024	0.058	0.837
temperature	0.0761	0.008	9.784	0.000	0.061	0.091

6-5-6 实现 模型选择

使用 AIC 进行模型选择。首先估计空模型。

```
mod_pois_null = smf.glm(
    "beer_number ~ 1", data = beer,
    family=sm.families.Poisson()).fit()
```

与包含解释变量（气温）的模型对比 AIC，可知包含气温变量的模型的 AIC 更小，说明气温这个解释变量是必要的。

```
print("Null 空模型 :", mod_pois_null.aic.round(3))
print("气温模型   :", mod_pois.aic.round(3))

Null 空模型： 223.363
气温模型   ： 119.343
```

6-5-7 实现 回归曲线

在散点图上绘制回归曲线。seaborn 中的函数无法直接绘制出泊松回归的曲线，因而这里把所估计的模型的预测值绘成散点图（图 6-6）。

```python
# 计算预测值
x_plot = np.arange(0, 37)
pred = mod_pois.predict(
    pd.DataFrame({"temperature": x_plot}))
# 不含默认回归直线的lmplot
sns.lmplot(y="beer_number", x = "temperature",
           data = beer, fit_reg = False,
           scatter_kws = {"color":"black"})
# 绘制出回归曲线
plt.plot(x_plot, pred, color="black")
```

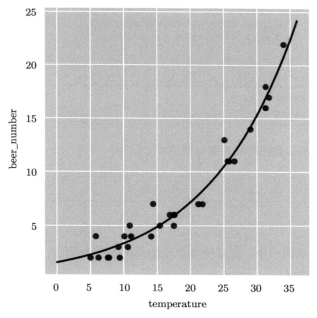

图 6-6　泊松回归的回归曲线

6-5-8　回归系数的含义

当联系函数不是恒等函数时，回归系数的含义就会不同。这里介绍当联系函数为对数函数时系数的含义。

对数的一个性质就是把加法变为乘法。在正态线性模型中，回归系数的含义是"气温每升高 1°C，销售额增加 ● 日元"，这里的含义则是"气温每升高 1°C，销量变为 ▲ 倍"。

下面用代码计算气温每升高 1°C 时销量变为多少倍。比较当气温为 1°C 和 2°C 时销量的预测值。

```
# 当气温为 1°C 度时销量的期望值
exp_val_1 = pd.DataFrame({"temperature": [1]})
pred_1 = mod_pois.predict(exp_val_1)
# 当气温为 2°C 时销量的期望值
exp_val_2 = pd.DataFrame({"temperature": [2]})
pred_2 = mod_pois.predict(exp_val_2)

# 气温每升高 1°C，销量变为多少倍
pred_2 / pred_1
```

```
0    1.079045
dtype: float64
```

当 e 的指数为回归系数时的值和它相等。

```
sp.exp(mod_pois.params["temperature"])
```

```
1.079
```

在泊松回归中，解释变量产生的影响会变为乘法，这一点非常重要，请读者牢记。

第 7 章

统计学与机器学习

7-1

机器学习基础

本节将引入机器学习,并介绍其与统计学的关系。关于二者的关系,目前尚无公认的观点,本节仅大致介绍它们的异同点,部分内容会受到笔者的立场和背景影响。

7-1-1　术语　机器学习

机器学习是以让计算机拥有学习能力为目的的研究领域。计算机基于数据进行学习,并找出数据中的规律,再根据这些规律预测未知的数据。

7-1-2　术语　有监督学习

机器学习主要分为有监督学习和无监督学习。

有监督学习研究的问题存在正确答案。

例如,在预测销售额时,根据销售额数据,我们可以判断预测的结果是否合理。处理这类问题的方法就是有监督学习。正态线性模型和广义线性模型都属于有监督学习的问题。

本书只介绍有监督学习。

7-1-3　术语　无监督学习

无监督学习研究的问题不存在正确答案。

例如，通过各种鱼的 DNA 可以将鱼分类为近缘种与非近缘种，但如果提前知道是否为近缘种就没必要进行分析了。既然问题没有正确答案，那就要选择最好的分类结果。

7-1-4　补充　强化学习

强化学习解决的问题是在给定条件下寻找回报最大的行为。与有监督学习不同的是，强化学习研究的问题不存在正确答案。

7-1-5　补充　规则学习

按人们给定的规则输出预测结果的方法叫作**规则学习**，它和上文介绍的机器学习不是同一个概念。

规则不应该过于复杂。例如，像"当气温为 20°C 时销售额为 100 万日元，当气温为 25°C 并打折时销售额为……"这样针对复杂现象逐个指定规则的做法就非常低效，也很难结合数据给出灵活的预测。如果是能够以简单的规则解决的问题，规则学习反而比机器学习更能节省计算开销。

本书只介绍基于数据学习规律或规则的机器学习。

7-1-6　统计学与机器学习无法彻底分离

logistic 回归等特定方法是难以只归为统计学领域或机器学习领域的。很多机器学习入门教材会出现多元回归分析、logistic 回归等主题。

7-1-7 统计学注重过程，机器学习注重结果

统计学与机器学习要做的事情是相似的，但二者分析数据的目的略有不同。

统计模型的目的是理解获得数据的过程。

机器学习的目的是通过计算得到未知数据。

统计学注重获得数据的过程，理解了过程就能预测后续数据。我们确实也可以使用统计模型进行预测，但理解其过程是首要的，预测是次要的。

机器学习注重下一步会得到什么样的结果，因此也经常使用并不清楚其内部机制的模型。

当然，在机器学习中有时也会尽可能地理解现象，以上不过是大致的介绍，不能用于区分统计学和机器学习。

统计学教材与机器学习教材中都会介绍广义线性模型等分类、回归模型。

知道了回归系数，就可以更好地理解现象（比如气温和啤酒销售额之间的关系），所以统计学教材中经常介绍回归模型。回归模型还可以预测销售额、考试合格情况等数据，所以机器学习领域中也会使用分类、回归模型。

7-2

正则化、Ridge 回归与 Lasso 回归

Ridge 回归（岭回归）与 Lasso 回归将统计学和机器学习联系在了一起。这两个模型不仅是优秀的预测模型，还很好地诠释了各机器学习方法中常用的正则化。

7-2-1　术语　正则化

在参数估计中，向损失函数引入惩罚指标以防止系数过大的措施叫作**正则化**，惩罚指标叫作正则化项。在统计学中也将其叫作参数的**收缩估计**。

7-2-2　术语　Ridge 回归

Ridge 回归将系数的平方和作为正则化项，这类正则化也叫 **L2 正则化**。这里将以正态线性模型为对象，但 logistic 回归等模型也可以同理扩展。

下面通过数学式介绍 Ridge 回归。

设样本容量为 I，第 i 个响应变量为 y_i。

解释变量共有 J 类，第 j 类解释变量各有 I 个，所以第 i 个数据的第 j 类解释变量记作 x_{ij}。第 j 类解释变量对应的回归系数记作 β_j。

各下角标的关系如下表所示。

	响应变量	解释变量 1	解释变量 2	...	解释变量 j	...	解释变量 J
	销售额	气温	湿度		价格		天气
1	y_1	x_{11}	x_{12}		x_{1j}		x_{1J}
2	y_2	x_{21}	x_{22}		x_{2j}		x_{2J}
$\vdots$							
i	y_i	x_{i1}	x_{i2}		x_{ij}		x_{iJ}
$\vdots$							
I	y_I	x_{I1}	x_{I2}		x_{Ij}		x_{IJ}

普通最小二乘法在估计系数时会使以下残差平方和最小：

$$\sum_{i=1}^{I}\left(y_i - \sum_{j=1}^{J}\beta_j x_{ij}\right)^2 \tag{7-1}$$

Ridge 回归在估计系数时会使以下带有惩罚指标的残差平方和最小：

$$\sum_{i=1}^{I}\left[\left(y_i - \sum_{j=1}^{J}\beta_j x_{ij}\right)^2 + \alpha\sum_{j=1}^{J}\beta_j^2\right] \tag{7-2}$$

从表面上看，上式不存在截距，但如果某解释变量永远为 1，那么这个解释变量对应的系数就相当于截距，因此上式也适用于存在截距的模型。

我们希望残差平方和足够小，但不希望惩罚指标过大，因而最终估计的系数的绝对值会比较小，所以这种估计方法叫作收缩估计。式中的 α 参数是正则化的强度，α 越大，惩罚指标的影响越强，系数的绝对值越小。

7-2-3 术语 Lasso 回归

Lasso 回归将系数的绝对值之和作为正则化项，这类正则化也叫 **L1 正则化**。

Lasso 回归在估计系数时会使以下带有惩罚指标的残差平方和最小：

$$\sum_{i=1}^{I}\left[\left(y_i - \sum_{j=1}^{J}\beta_j x_{ij}\right)^2 + \alpha \sum_{j=1}^{J}|\beta_j|\right] \tag{7-3}$$

它与 Ridge 回归的区别就在于，它使用绝对值之和作为惩罚指标。

7-2-4 确定正则化强度

下面介绍如何确定正则化项中出现的 α。

使用交叉验证法评估不同 α 值对测试集的预测精度，最后选取预测精度最高的 α 值。

α 值不能通过一般的方法来确定，如果把 α 值也看作最优化对象，那么我们必然会在 $\alpha = 0$ 的条件下求最小的残差平方和，这就变回普通最小二乘法了。因此我们需要付出一定的计算开销，以采用交叉验证法。

7-2-5 将解释变量标准化

在进行 Ridge 回归或 Lasso 回归之前，应当将解释变量标准化，即让解释变量的均值为 0，标准差为 1。

解释变量在使用不同单位（如 kg 和 g）时的回归系数也不同。回归系数的绝对值越大，惩罚的影响越大。要想避免单位造成的影响，应当先将解释变量标准化。

7-2-6 Ridge 回归与 Lasso 回归的估计结果对比

Ridge 回归倾向于所有回归系数的绝对值都比较小，Lasso 回归倾向于大部分参数为 0，小部分参数不为 0。我们可以从 7-3 节的实现中认识到这一点。Lasso 回归会得到稀疏的解，所以它也叫作稀疏建模。

这里简单介绍一下二者为什么会有上述性质。

设解释变量有两个，系数分别为 β_1 和 β_2，惩罚指标 $\alpha=1$，考虑一下在什么条件下 Ridge 回归和 Lasso 回归中的惩罚指标都为 1。

当 $\beta_1=1$，$\beta_2=0$ 时，Ridge 回归和 Lasso 回归中的惩罚大小都为 1。

当 $\beta_1=0.5$，$\beta_2=0.5$ 时，Lasso 回归的惩罚大小为 1，Ridge 回归的惩罚大小为 $0.5^2+0.5^2=0.5$，显然 Ridge 回归的惩罚更小。因为 $0.7^2+0.7^2\approx 1$，所以在达到和 Lasso 回归的惩罚大小一样之前，Ridge 回归还可以让系数更大一些。

因此，Ridge 回归的系数绝对值整体上容易更小，Lasso 回归的系数容易大部分为 0（图 7-1）。

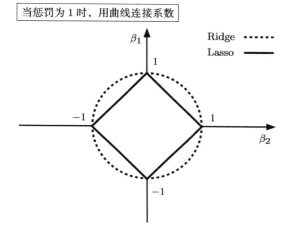

图 7-1　Ridge 回归与 Lasso 回归的惩罚大小对比

7-2-7　变量选择与正则化的对比

正如第 4 章所说，变量选择（如 AIC 最小准则）会从模型中去除不必要的解释变量，从而减少需要估计的参数个数，简化模型，以更好地避免出现过拟合问题。

另一种避免过拟合问题的方法就是正则化。引入惩罚指标可以避免所估计的系数绝对值过大，并最终减轻解释变量对响应变量的影响。在 Lasso 回归中，如果得到的系数大多是 0，就会得到与变量选择非常相似的结果。

7-2-8　正则化的意义

统计模型中的正则化可以缓解 AIC 等变量选择方法中的缺陷。

在进行 AIC 变量选择时，要列举出所有的变量组合，对每种组合进行模型估计，再对比这些模型的 AIC。这个过程的计算量很大。而

Ridge 回归或 Lasso 回归的计算量比较小，还适用于包含多种解释变量的模型，其结果的复杂度也是适中的。

一些数据的解释变量的种类数甚至比样本容量大，这样的数据就难以应用普通最小二乘法、最大似然法等方法进行参数估计，也很难进行 AIC 变量选择，但可以使用 Lasso 回归来处理。

机器学习中的正则化可以减轻过拟合问题。机器学习有很多种方法，但使用 AIC 等方法进行变量选择的却很少。许多模型是使用正则化来抑制过拟合问题的。

7-3 Python 中的 Ridge 回归与 Lasso 回归

本节将介绍如何使用 Python 对 Ridge 回归与 Lasso 回归进行估计,所用的工具包是机器学习中重要的函数库 `sklearn`。另外,`statsmodels` 包中的工具也可以完成相应的任务。

7-3-1 scikit-learn

`scikit-learn` 是 Python 中常用的机器学习函数库,缩写为 `sklearn`,Anaconda 中已经包含了这个组件。

很多人是为了使用 `scikit-learn` 而使用 Python 的。除了 Ridge 回归和 Lasso 回归之外,`scikit-learn` 还支持神经网络、支持向量机等方法。

7-3-2 环境准备

首先导入要用到的函数库,并设置浮点数打印精度。从 `sklearn` 中导入 `linear_model`,用于估计线性模型。

```python
# 用于数值计算的库
import numpy as np
import pandas as pd
import scipy as sp
from scipy import stats
# 用于绘图的库
from matplotlib import pyplot as plt
import seaborn as sns
sns.set()
# 用于估计统计模型的库 (部分版本会报出警告信息)
import statsmodels.formula.api as smf
import statsmodels.api as sm
# 用于机器学习的库
from sklearn import linear_model
# 设置浮点数打印精度
%precision 3
# 在 Jupyter Notebook 里显示图形
%matplotlib inline
```

读入示例数据。这份数据较为复杂，它的样本容量为 150，从 `X_1` 到 `X_100` 共 100 列。数据中没有响应变量，我们将在稍后定义（图 7-2）。

```
X = pd.read_csv("7-3-1-large-data.csv")
X.head(3)
```

	X_1	X_2	X_3	X_4	X_5	X_6	X_7	X_8	X_9	X_10	...	X_91	X_92	X_93	X_94	X_95	X_96	X_97	X_98	X_99	X_100
0	1.0000	0.5000	0.3333	0.2500	0.2000	0.1667	0.1429	0.1250	0.1111	0.1000	...	0.0110	0.0109	0.0108	0.0106	0.0105	0.0104	0.0103	0.0102	0.0101	0.0100
1	0.5000	0.3333	0.2500	0.2000	0.1667	0.1429	0.1250	0.1111	0.1000	0.0909	...	0.0109	0.0108	0.0106	0.0105	0.0104	0.0103	0.0102	0.0101	0.0100	0.0099
2	0.3333	0.2500	0.2000	0.1667	0.1429	0.1250	0.1111	0.1000	0.0909	0.0833	...	0.0108	0.0106	0.0105	0.0104	0.0103	0.0102	0.0101	0.0100	0.0099	0.0098

图 7-2　100 列的解释变量

7-3-3　实现　标准化

首先对数据进行标准化。标准化就是所有数据减去均值并除以标准差，最终数据的均值为 0，标准差为 1。

计算 `X_1` 的均值。

```
sp.mean(X.X_1)
```
```
0.037
```

但是,采用这种方法计算 100 列数据很不容易,所以这里需要使用 `axis = 0` 参数一次性按列计算均值。

```
sp.mean(X, axis = 0).head(3)
```
```
X_1    0.037272
X_2    0.030649
X_3    0.027360
dtype: float64
```

使用上述结果即可完成标准化。

```
X -= sp.mean(X, axis = 0)
X /= sp.std(X, ddof = 1, axis = 0)
```

检查数据的均值是否为 0。

```
sp.mean(X, axis = 0).head(3).round(3)
```
```
X_1     0.0
X_2    -0.0
X_3    -0.0
dtype: float64
```

标准差也变成了 1。

```
sp.std(X, ddof = 1, axis = 0).head(3)
```
```
X_1    1.0
X_2    1.0
X_3    1.0
dtype: float64
```

7-3-4 定义响应变量

读入的数据里没有响应变量,现在我们来定义。不妨设定一个正确系数,再看看后续的参数估计能否正常工作。

设正确系数为 5,定义响应变量,并在响应变量中加入服从正态分布的噪声。

```
# 服从正态分布的噪声
np.random.seed(1)
noise = sp.stats.norm.rvs(loc = 0, scale = 1, size = X.shape[0])
# 设正确系数为 5,定义响应变量
y = X.X_1 * 5 + noise
```

绘制出响应变量与 X_1 关系的图形(图 7-3)。

```
# 把响应变量和解释变量放在一起
large_data = pd.concat([pd.DataFrame({"y":y}), X], axis = 1)
# 绘制散点图
sns.jointplot(y = "y", x = "X_1", data = large_data,
              color = 'black')
```

解释变量为笔者精心构造的数据,其中大部分数据接近 0,小部分数据较大。

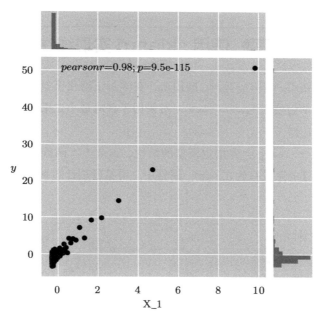

图 7-3 响应变量与 X_1 的关系

7-3-5 实现 普通最小二乘法

下面使用普通最小二乘法进行参数估计。当解释变量较多时，编写 formula 比较麻烦，我们可以通过下列代码将解释变量与响应变量模型化。

```
lm_statsmodels = sm.OLS(endog = y, exog = X).fit()
lm_statsmodels.params.head(3)
```

```
X_1      14.755018
X_2     -87.462851
X_3     211.743136
dtype: float64
```

这个估计结果显得很怪异。

7-3-6 实现 使用 sklearn 实现线性回归

为了熟悉 scikit-learn 的用法，在学习正则化模型之前，不妨先了解一下如何使用 scikit-learn 对采用了普通最小二乘法的正态线性模型进行估计。

scikit-learn 会先指定模型的结构，再向 fit 函数传入数据作为参数。估计的系数存放在 coef_ 属性中。可见所估计的系数的绝对值都太大了。

```
# 指定模型的结构
lm_sklearn = linear_model.LinearRegression()
# 指定数据来源并估计模型
lm_sklearn.fit(X, y)
# 所估计的参数（数组型）
lm_sklearn.coef_
```

```
array([  1.476e+01,  -8.746e+01,   2.117e+02,  -9.415e+01,
        -6.817e+01,  -9.284e+01,   1.761e+00,   8.170e+01,
······中间省略······
         4.276e+00,   1.418e-01,   2.800e+00,   3.146e+00,
        -5.188e+00,  -2.479e+00,  -1.306e+01,  -5.545e+00,
        -2.923e+00,   2.945e+00])
```

7-3-7 实现 Ridge 回归：惩罚指标的影响

普通最小二乘法的效果不理想，下面使用正则化方法。首先介绍 Ridge 回归。正则化的核心就是确定正则化强度 α，所以这里先研究正则化强度 α 带来的影响。

生成 50 个 α 值。

```
n_alphas = 50
ridge_alphas = np.logspace(-2, 0.7, n_alphas)
```

这里首次使用了 `np.logspace` 函数。它和 `np.arange` 的功能相似，对其结果以 10 为底取对数后，得到的是等差数列。

```
sp.log10(ridge_alphas)
```
```
array([-2.   , -1.945, -1.89 , -1.835, -1.78 , -1.724, -1.669,
       -1.614, -1.559, -1.504, -1.449, -1.394, -1.339, -1.284,
       -1.229, -1.173, -1.118, -1.063, -1.008, -0.953, -0.898,
       -0.843, -0.788, -0.733, -0.678, -0.622, -0.567, -0.512,
       -0.457, -0.402, -0.347, -0.292, -0.237, -0.182, -0.127,
       -0.071, -0.016,  0.039,  0.094,  0.149,  0.204,  0.259,
        0.314,  0.369,  0.424,  0.48 ,  0.535,  0.59 ,  0.645,
        0.7  ])
```

遍历这 50 个 α，对 Ridge 回归进行 50 次估计。使用 `linear_model.Ridge` 函数就可以估计 Ridge 回归，其参数分别为 α 和 "是否估计截距"。

```
# 存放已估计的回归系数的列表
ridge_coefs = []
# 使用 for 循环多次估计 Ridge 回归
for a in ridge_alphas:
    ridge = linear_model.Ridge(alpha = a, fit_intercept = False)
    ridge.fit(X, y)
    ridge_coefs.append(ridge.coef_)
```

把估计的系数转换为 `numpy` 数组。

```
ridge_coefs = np.array(ridge_coefs)
ridge_coefs.shape
```
```
(50, 100)
```

结果为 50 行 100 列的数组数据。行数为 α 的个数，列数为解释变量的个数。`plt.plot(ridge_alphas, ridge_coefs[::,0])` 语句可以绘制

出横轴为 α、纵轴为系数（coefficients）的图形。这里无须重复执行 100 次，把二维数组作为参数传入 plt.plot 函数，即可绘制出多条曲线。

为了让图形更清晰，我们将横轴变为 $-\log_{10}\alpha$，这样的图形叫作解路径图（solution path）（图 7-4）。

```
# 对 α 取对数
log_alphas = -sp.log10(ridge_alphas)
# 绘制曲线，横轴为 -log10(α)，纵轴为系数
plt.plot(log_alphas, ridge_coefs, color = 'black')
# 标出解释变量 X_1 的系数
plt.text(max(log_alphas) + 0.1, np.array(ridge_coefs)[0,0], "X_1")
# x 轴的范围
plt.xlim([min(log_alphas) - 0.1, max(log_alphas) + 0.3])
# 轴标签
plt.title("Ridge")
plt.xlabel("- log10(alpha)")
plt.ylabel("Coefficients")
```

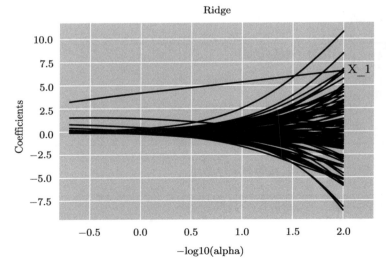

图 7-4　Ridge 回归中正则化强度与系数的关系

横轴为 $-\log_{10}\alpha$，越向左，α 值越大。左边的系数绝对值更小，右边的惩罚更小，因而系数绝对值往往更大。

当 $-\log_{10}\alpha$ 在 0 附近时，变量 X_1 的绝对值远大于其他变量的绝对值。不同的 α 值得到的系数也有很大区别。

7-3-8 实现 Ridge 回归：确定最佳正则化强度

下面确定 α 的大小。通过交叉验证法评估模型的预测精度，选取预测精度最高的 α 值，并构建相应模型。

RidgeCV 函数囊括了上述步骤。cv = 10 表示函数通过 10 折交叉验证评估预测精度。

```
# 通过交叉验证法求最佳 α
ridge_best = linear_model.RidgeCV(
    cv = 10, alphas = ridge_alphas, fit_intercept = False)
ridge_best.fit(X, y)
# 最佳的 -log10(α)
-sp.log10(ridge_best.alpha_)
```
```
0.237
```

从图 7-4 可以看出，在 $-\log_{10}\alpha = 0.237$ 处，除了 X_1 以外的解释变量的系数绝对值约等于 0。

最佳的 α 值如下。

```
ridge_best.alpha_
```
```
0.580
```

所估计的系数如下。

```
ridge_best.coef_
array([ 4.463,  1.288,  0.293, -0.091, -0.201, -0.233, -0.215,
       -0.206, -0.145, -0.135, -0.155, -0.046, -0.097, -0.017,
       -0.11 , -0.012, -0.094,  0.013, -0.018, -0.031,  0.025,
       -0.029,  0.043, -0.087,  0.127,  0.021,  0.055, -0.077,
        0.141, -0.007,  0.099,  0.116, -0.044,  0.037, -0.034,
        0.015,  0.123, -0.171, -0.007, -0.182,  0.09 ,  0.222,
        0.035, -0.032, -0.008,  0.025,  0.338, -0.193, -0.108,
        0.212, -0.128, -0.246,  0.249,  0.128, -0.155,  0.27 ,
        0.03 , -0.165, -0.178,  0.158, -0.011,  0.013,  0.194,
        0.134, -0.156, -0.018,  0.256,  0.223, -0.185,  0.006,
        0.535,  0.181, -0.348, -0.123,  0.226, -0.043, -0.115,
       -0.053,  0.209,  0.189, -0.042, -0.205, -0.099,  0.059,
       -0.224,  0.15 , -0.039, -0.113,  0.21 ,  0.012,  0.129,
       -0.032, -0.022, -0.229, -0.198,  0.245,
       -0.305, -0.396, -0.163,  0.164])
```

解释变量 X_1 的系数是 4.463，和正确值 5 很接近，这就是 Ridge 回归的效果。不过，其他解释变量的系数绝对值虽然都很小，但依然有一定的影响。

7-3-9 实现 Lasso 回归：惩罚指标的影响

接下来介绍 Lasso 回归。首先看一下解路径图和 Ridge 回归的区别。我们可以仿照前面的内容进行多次模型估计，也可以直接向 `lasso_path` 函数传入数据作为参数，得到不同 α 对应的结果（图 7-5）。

```
lasso_alphas, lasso_coefs, _ = linear_model.lasso_path(
    X, y, fit_intercept = False)
```

下面与 Ridge 回归一样绘制出解路径图。矩阵 `lasso_coefs` 的排列顺序和 Ridge 回归时不同，需要转置（`lasso_coefs.T`），序列的下角标也会变换，但基本上是相同的代码。

```
# 对 α 取对数
log_alphas = -sp.log10(lasso_alphas)
# 绘制曲线,横轴为 -log10(α),纵轴为系数
plt.plot(log_alphas, lasso_coefs.T, color = 'black')
# 标出解释变量 X_1 的系数
plt.text(max(log_alphas) + 0.1, lasso_coefs[0, -1], "X_1")
# X 轴的范围
plt.xlim([min(log_alphas)-0.1, max(log_alphas) + 0.3])
# 轴标签
plt.title("Lasso")
plt.xlabel("- log10(alpha)")
plt.ylabel("Coefficients")
```

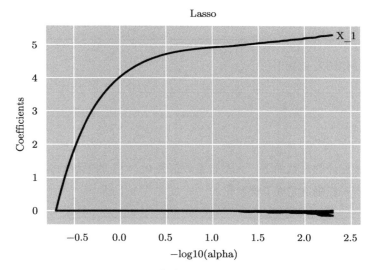

图 7-5 Lasso 回归中正则化强度与系数的关系

除了 X_1 之外,其余解释变量基本为 0,这就是 L1 正则化的效果。

7-3-10 实现 Lasso 回归：确定最佳正则化强度

下面使用交叉验证法确定 α 的值。

```
# 通过交叉验证法求最佳的α
lasso_best = linear_model.LassoCV(
    cv = 10, alphas = lasso_alphas, fit_intercept = False)
lasso_best.fit(X, y)
# 最佳的-log10(α)
-sp.log10(lasso_best.alpha_)
```

```
2.301
```

最佳的 α 值如下。

```
lasso_best.alpha_
```

```
0.005
```

所估计的系数如下，大多数系数值是 0。X_1 的系数约为正确值 5，这相当于正确地完成了模型化。

```
lasso_best.coef_
```

```
array([  5.336e+00,  -0.000e+00,  -0.000e+00,  -3.043e-01,
        -4.121e-02,  -0.000e+00,  -0.000e+00,  -0.000e+00,
        -0.000e+00,  -0.000e+00,  -0.000e+00,  -0.000e+00,
        -0.000e+00,  -0.000e+00,  -0.000e+00,  -0.000e+00,
        -0.000e+00,  -0.000e+00,  -0.000e+00,  -0.000e+00,
        -0.000e+00,  -0.000e+00,  -0.000e+00,  -0.000e+00,
        -0.000e+00,  -0.000e+00,  -0.000e+00,  -0.000e+00,
         0.000e+00,  -0.000e+00,   0.000e+00,   0.000e+00,
        -0.000e+00,   0.000e+00,   0.000e+00,   0.000e+00,
         0.000e+00,  -0.000e+00,   0.000e+00,   0.000e+00,
         0.000e+00,   0.000e+00,   0.000e+00,   0.000e+00,
         0.000e+00,   0.000e+00,   0.000e+00,   0.000e+00,
         0.000e+00,   0.000e+00,   0.000e+00,   0.000e+00,
```

```
         0.000e+00,    0.000e+00,    0.000e+00,    0.000e+00,
         0.000e+00,    0.000e+00,    0.000e+00,    0.000e+00,
         0.000e+00,    0.000e+00,    0.000e+00,    0.000e+00,
         0.000e+00,    0.000e+00,    0.000e+00,    0.000e+00,
         0.000e+00,    0.000e+00,    8.425e-03,    0.000e+00,
         0.000e+00,    0.000e+00,    0.000e+00,    0.000e+00,
         0.000e+00,    0.000e+00,    0.000e+00,    0.000e+00,
         0.000e+00,    0.000e+00,    0.000e+00,    0.000e+00,
         0.000e+00,    0.000e+00,    0.000e+00,    0.000e+00,
         0.000e+00,    0.000e+00,    0.000e+00,    0.000e+00,
         0.000e+00,    0.000e+00,    0.000e+00,    7.192e-04,
         0.000e+00,    0.000e+00,    0.000e+00,    0.000e+00])
```

7-4

线性模型与神经网络

本节将介绍神经网络的基本结构,并通过 Python 实现对比线性模型与复杂的机器学习方法。

7-4-1 本节例题

这里使用鸢尾花种类判断问题作为神经网络的例题。

建立一个预测模型,让它可以通过萼片的长度和宽度数据自动判断鸢尾花的种类。

7-4-2 术语 输入向量、目标向量、权重、偏置

统计模型与机器学习中表示同一概念的术语可能不同。

解释变量叫作**输入向量**。

响应变量叫作**目标向量**。

系数叫作**权重**。

截距是值恒为 1 的解释变量,在机器学习中叫作**偏置**(bias)。

7-4-3 术语 单层感知机

如图 7-6 所示，单层感知机的输出是输入向量的加权和。我们对比输出向量和目标向量，并取一组权重，使损失最小。

输出一般为二值（如 1 或 −1）。

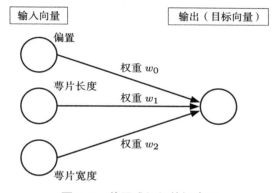

图 7-6　单层感知机的概念图

7-4-4 术语 激活函数

激活函数用于将输入向量的加权和转换为输出。

我们可以将激活函数理解为广义线性模型中的联系函数的反函数。这里的输入向量的加权和就相当于线性预测算子。

单层感知机的激活函数是阶跃函数（step 函数）。阶跃函数根据输入返回 −1 或 1，其数学式如下：

$$h(x) = \begin{cases} -1 & (x \leqslant 0) \\ 1 & (x > 0) \end{cases} \tag{7-4}$$

通过阶跃函数可以把上述单层感知机记为：

$$y = h(w_0 + w_1 \times 萼片长度 + w_2 \times 萼片宽度) \qquad (7\text{-}5)$$

其中，y 为输出。

改变激活函数就可以扩展单层感知机的功能。logistic 函数、恒等函数等都可以作为激活函数使用。

常用的激活函数是线性整流函数（Rectified Linear Unit，ReLU），通常叫作 ReLU 函数（图 7-7）。当输入不大于 0 时，函数值等于 0；当输入大于 0 时，函数值等于自变量。ReLU 函数的数学式如下：

$$h(x) = \begin{cases} x & (x > 0) \\ 0 & (x \leqslant 0) \end{cases} \qquad (7\text{-}6)$$

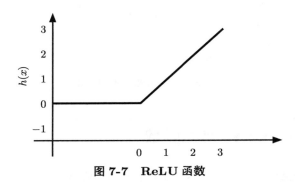

图 7-7　ReLU 函数

7-4-5　从线性模型到神经网络

在估计感知机的权重时应当使损失最小。在二值分类问题中多采用交叉熵误差，在连续值回归问题中多采用残差平方和。

激活函数为 logistic 函数、损失为交叉熵误差的二层感知机与 logistic 回归的含义相同。

激活函数为恒等函数、损失为残差平方和的二层感知机与正态线性模型（经典术语叫作多元回归模型）为同一种模型。

7-4-6　**术语** 隐藏层

上文介绍了神经网络和广义线性模型的关系，下面介绍其扩展。

输入向量进入的地方叫作**输入层**。

输出预测值的地方叫作**输出层**。

输入层与输出层中间的部分叫作**隐藏层**，也叫**中间层**。

构建隐藏层可以处理更加复杂的关系。

7-4-7　**术语** 神经网络

由**多层感知机**（MultiLayer Perceptron，MLP）组成的模型叫作前馈神经网络，一般叫作**神经网络**。

含有多个隐藏层的模型也叫**深度学习**（deep learning）。有的深度学习模型不仅含有更多的感知机，还包含池化层（pooling layer）等特殊层，这叫作卷积神经网络。

神经网络有多个变种，本书只介绍简单的多层感知机。

7-4-8　神经网络的结构

如图 7-8 所示，多层感知机连接在一起构成神经网络。图中的圆形有时也叫作神经元，每个箭头代表权重，我们需要估计出每个权重。神经网络可以解释复杂的现象，并避免大量使用参数。

估计复杂模型的权重是很困难的。神经网络中的参数估计多使用随机梯度下降法（SDG）、Adam 等算法。本书不介绍参数估计的方法，具体可参考巢笼悠辅的《详解深度学习：基于 TensorFlow 和 Keras 学习 RNN》。

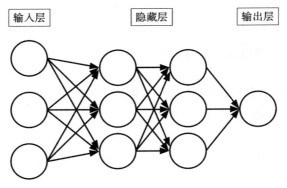

图 7-8　神经网络的概念图

7-4-9　神经网络中的 L2 正则化

模型变得复杂就可能引发过拟合问题，因而我们经常需要使用 L2 正则化缓解这个问题。此处，正则化的含义与 Ridge 回归中的相同。

在深度学习中经常需要对权重估计方法、中间层数及结构、损失的定义、激活函数的选择、L2 正则化的强度等因素进行调整，这些因素也叫作**超参数**。在估计模型之前，必须把超参数确定下来。

Ridge 回归在提高预测精度时要使用开销较大的交叉验证法。同样，在确定模型结构与超参数时，也需要做好充分的准备工作。

7-4-10　环境准备

下面使用 Python 中的 scikit-learn 来估计神经网络。scikit-learn 不支持 GPU，所以在估计复杂模型时可能会耗费大量时间。这里只估计简单的多层神经网络，它的计算开销不大。要估计复杂模型，可以考虑使用 TensorFlow、Keras 等工具。

首先导入要用到的函数库。

```
# 用于数值计算的库
import numpy as np
import pandas as pd
import scipy as sp
# 用于估计统计模型的库（部分版本会报出警告信息）
import statsmodels.formula.api as smf
import statsmodels.api as sm
# 用于多层感知机的库
from sklearn.neural_network import MLPClassifier
# 导入示例数据
from sklearn.datasets import load_iris
# 将数据分为训练集与测试集
from sklearn.model_selection import train_test_split
# 将数据标准化
from sklearn.preprocessing import StandardScaler
# 设置浮点数打印精度
%precision 3
```

7-4-11　实现　读入数据并整理

通过 `load_iris` 函数导入 scikit-learn 内的多种鸢尾花的性状数据。

```
iris = load_iris()
```

下面确认一下数据是什么样的。首先列出解释变量（输入向量）的名称，它们是萼片与花瓣的长度和宽度。

```
iris.feature_names

['sepal length (cm)',
 'sepal width (cm)',
 'petal length (cm)',
 'petal width (cm)']
```

接下来列出响应变量，可知鸢尾花有 3 种。

```
iris.target_names
```
```
array(['setosa', 'versicolor', 'virginica'],
      dtype='<U10')
```

解释变量存放在 `iris.data` 里，响应变量存放在 `iris.target` 里。这里不使用全部数据，只取 2 种解释变量和 2 种鸢尾花。

每 50 行为 1 个种类，所以 `[50:150]` 表示跳过第 1 个种类。另外，这里只取前 2 列解释变量。

```python
# 解释变量仅为萼片 (sepal)
X = iris.data[50:150, 0:2]
# 只取 2 种鸢尾花
y = iris.target[50:150]

print("解释变量的行数与列数:", X.shape)
print("响应变量的行数与列数:", y.shape)
```
```
解释变量的行数与列数： (100, 2)
响应变量的行数与列数： (100,)
```

为了评估预测精度，将数据分为训练集与测试集。`sklearn.model_selection.train_test_split` 函数可以随机分割数据，其中 75% 为训练集，25% 为测试集。另外，使用参数 `random_state` 设置随机种子，以保证可复现性。

```python
# 把数据分为训练集与测试集
X_train, X_test, y_train, y_test = train_test_split(
    X, y, random_state = 2)

print("解释变量的行数与列数:", X_train.shape)
print("响应变量的行数与列数:", y_train.shape)
```
```
解释变量的行数与列数： (75, 2)
响应变量的行数与列数： (75,)
```

7-4-12 实现 logistic 回归

在使用神经网络实现分类之前,不妨先使用 logistic 回归进行分类。打印响应变量并观察。

```
y_train[0:10]
```
```
array([1, 1, 2, 2, 2, 2, 1, 1, 1, 1])
```

数据中的 1 和 2 表示不同的种类。这里将尝试让 logistic 回归自动判断种类。

下面进行 statsmodels 中的 logistic 回归。为此,首先把数据转化为数据帧,并让响应变量减去 1,使响应变量要么为 0 要么为 1。

```
# 数据整理
# 解释变量的数据帧
X_train_df = pd.DataFrame(
    X_train, columns = ["sepal_len", "sepal_wid"])
# 响应变量的数据帧
y_train_df = pd.DataFrame({"species": y_train - 1})
# 连接数据帧
iris_train_df = pd.concat(
    [y_train_df, X_train_df], axis=1)
# 打印结果
print(iris_train_df.head(3))

   species  sepal_len  sepal_wid
0        0        5.7        2.8
1        0        6.6        3.0
2        1        6.1        3.0
```

接下来进行模型化。对比各变量组合的 AIC,以完成变量选择。

```
# 模型化
# 包含长度与宽度的模型
logi_mod_full = smf.glm(
    "species ~ sepal_len + sepal_wid", data = iris_train_df,
    family=sm.families.Binomial()).fit()
# 只包含长度的模型
logi_mod_len = smf.glm(
    "species ~ sepal_len", data = iris_train_df,
    family=sm.families.Binomial()).fit()
# 只包含宽度的模型
logi_mod_wid = smf.glm(
    "species ~ sepal_wid", data = iris_train_df,
    family=sm.families.Binomial()).fit()
# 空模型
logi_mod_null = smf.glm(
    "species ~ 1", data = iris_train_df,
    family=sm.families.Binomial()).fit()
# 对比 AIC
print("full", logi_mod_full.aic.round(3))
print("len ", logi_mod_len.aic.round(3))
print("wid ", logi_mod_wid.aic.round(3))
print("null", logi_mod_null.aic.round(3))
```

```
full 76.813
len  76.234
wid  92.768
null 105.318
```

只包含长度的模型的 AIC 值比包含长度与宽度的模型的略小，因此解释变量只使用 `logi_mod_len`。

查看估计的系数。萼片的系数为正数。萼片的长度越大，越容易归为种类 2。

`logi_mod_len.summary().tables[1]`

	Coef	std err	z	P>|z|	[0.025	0.975]
Intercept	-16.4152	4.000	-4.104	0.000	-24.256	-8.575
Sepal_len	2.6478	0.639	4.142	0.000	1.395	3.901

最后，计算训练集的拟合精度和测试集的预测精度。logistic 回归

的预测值为概率，小数点后 1 位四舍五入后可以得到要么为 0 要么为 1 的数据。

```
# 数据整理
X_test_df = pd.DataFrame(
    X_test, columns = ["sepal_len", "sepal_wid"])
# 拟合与预测
logi_fit = logi_mod_len.fittedvalues.round(0)
logi_pred = logi_mod_len.predict(X_test_df).round(0)
# 正确数
true_train = sp.sum(logi_fit == (y_train - 1))
true_test = sp.sum(logi_pred == (y_test - 1))
# 命中率
result_train = true_train / len(y_train)
result_test = true_test / len(y_test)
# 打印结果
print("训练集的命中率:", result_train)
print("测试集的命中率:", result_test)
```

训练集的命中率： 0.746666666667
测试集的命中率： 0.68

训练集和测试集的命中率都约为 70%。

7-4-13 实现 标准化

下面介绍神经网络的方法。

与 Ridge 回归一样，在使用神经网络之前要先将解释变量标准化。在进行标准化时，既可以仿照 7-3 节操作，也可以使用 sklearn.preprocessing.StandardScaler 函数。

```
# 准备标准化
scaler = StandardScaler()
scaler.fit(X_train)
# 标准化
X_train_scaled = scaler.transform(X_train)
X_test_scaled = scaler.transform(X_test)
```

先用 `scaler.fit(X_train)` 对训练集执行 `fit` 函数，得到相应的变换规则，再将这个规则应用在训练集和测试集上。

计算训练集中的解释变量的标准差，结果是 1。

```
sp.std(X_train_scaled, axis=0)
array([ 1., 1.])
```

虽然对测试集也实施了"让训练集的标准差变为 1 的变换"，但测试集的标准差未必是 1，不过这个结果反而是正确的。因为我们要在测试集未知的前提下进行分析，其中的重点就是**训练集与测试集使用相同的变换规则**。

```
sp.std(X_test_scaled, axis=0)
array([ 0.74 , 0.679])
```

7-4-14　实现　神经网络

神经网络中计算拟合精度与预测精度的代码如下。

```
nnet = MLPClassifier(
    hidden_layer_sizes = (100,100),
    alpha = 0.07,
    max_iter = 10000,
    random_state = 0)
nnet.fit(X_train_scaled, y_train)
# 正确数
print("训练集的命中率:", nnet.score(X_train_scaled, y_train))
print("测试集的命中率:", nnet.score(X_test_scaled, y_test))

训练集的命中率: 0.893333333333
测试集的命中率: 0.68
```

使用 `MLPClassifier` 函数可以直接构建模型。

`hidden_layer_sizes = (100,100)` 表示有 2 个隐藏层，各层有 100 个神经元。加上输入层和输出层，神经网络的层数为 4。

`alpha = 0.07` 为正则化强度。

参数估计需要重复计算，`max_iter = 10000` 为最大重复次数。

通过 `random_state = 0` 固定随机数。

激活函数为 ReLU 函数，参数估计的算法默认为 Adam。

使用 `nnet.score` 函数可以方便地得到命中率。从预测及评估的角度来看，`scikit-learn` 比 `statsmodels` 更易用。但在解读模型的含义时，`statsmodels` 更加方便。

这种方法对训练集的拟合精度更高，但预测精度约等于 logistic 回归的结果。改变 `MLPClassifier` 的参数可以改变模型的结构，这样做有可能提高预测精度，此处不再详述。

7-4-15　线性模型与神经网络的优点

我们可以认定神经网络是线性模型的一种复杂扩展。对于许多线性模型无法表达的复杂数据，神经网络也可以很好地建模。

这里介绍的神经网络的预测精度不是很理想，但调整超参数后，也有可能得到更高的精度。

但是，更复杂的模型可能会过于拟合训练集，这并不是我们希望的结果。另外，从解读模型结果的角度来看，logistic 回归反而更容易。

这里并不是说 logistic 回归比神经网络更优秀。我们在选择分析方法时必须结合数据和分析目的的，不能随意选取。

世上不存在万能的模型，神经网络和广义线性模型都有各自的优缺点。我们应该在掌握各模型的基础理论的基础上，站在更高的角度寻找真正的捷径。

7-5 扩展内容

本节将对全书内容进行总结，并在此基础上适当给出后续的学习建议。

7-5-1 数学原理

本书直接省略了用于参数估计的算法。对初学者来说，深入这些算法会造成困惑。本书把更多的篇幅用在了估计、预测的理论讲解上。

要深入理解更多的内容，就需要读懂相关的数学式。

一开始要学习的内容是逻辑与集合。学好这些是有一定难度的，不过记住它们的符号和含义并不会花费太多的时间和精力。数学符号就像英语中的字母，理解与不理解之间天差地别。

接下来要学习的是微积分。微分主要用于参数估计。理解微积分的含义，读懂偏微分的数学式，可以让学习过程更加顺畅。

线性代数是一种高效的表达方法，可以简洁地表达线性回归模型等概念。理解单位矩阵的概念，知道什么是矩阵乘法和逆矩阵，可以帮助我们快速理解回归分析的教材。

7-5-2 经典统计学

经典统计学的入门教材主要讲解以下内容：

1. 样本与总体的关系、随机变量与概率分布的关系；
2. 描述统计；
3. 置信区间；
4. 假设检验。

一些技术能流传到今天，必定有其实用之处。例如，能够通过 χ^2 检验直接完成的分析就没必要动用机器学习算法了。对于通过简单的比较就可以完成的分析来说，假设检验依然十分有效。当然，我们应该避免 p 值操纵。

以上就是本书第 1 章到第 3 章的内容，基本涵盖了统计学的基础知识，对基础内容的数理方面有兴趣的读者可参考其他文献。

7-5-3　统计模型

广义线性模型是统计模型的基础，理解它有助于入门现代统计学。分析多变量模型时直接使用假设检验是危险的。在解决现实问题时统计模型十分有用。

以上就是本书第 4 章到第 6 章的内容。对数理方面有兴趣的读者可参考安妮特 J. 杜布森（Annette J. Dobson）的《广义线性模型导论（英文导读版·原书第 3 版）》等。

除了广义线性模型之外，统计模型还有其他种类。

时间序列分析是广义线性模型的一种应用和扩展，具体可参考相关文献。

7-5-4　机器学习

本书第 7 章把统计学和机器学习联系在了一起。正态线性模型和 logistic 回归等都可以直接用在机器学习领域中，如果结合正则化，还有可能进一步提高模型的预测精度。

在机器学习（尤其是有监督学习）中还有许多可以提高预测精度的技巧。例如，如果能找出数据的非线性关系，就有可能提高预测精度。

数据的预处理也有可能对预测精度产生重大影响。我们在进行 Ridge 回归之前先对数据进行了标准化。类似的处理会显著影响最终结果。

解释变量经常会变得很多，这时就需要能够通过压缩减少解释变量的方法，或者将变量合并为新特征量的方法，相关应用可参考安德里亚斯·穆勒（Andreas C. Muller）和莎拉·吉多（Sarah Guido）的《Python 机器学习基础教程》。

7-5-5 模型评估

机器学习有很多种方法，例如深度学习、梯度增强（gradient boosting）、支持向量机等。我们必须判断哪种方法是最适合问题场景的。不同的模型给出的结果会不一样，而即使是相同的模型，只要改变一个参数，结果也可能大不一样。我们需要通过实践找出合适的参数，所以模型的构建与评估缺一不可。

本书使用 AIC、交叉验证等方法评估模型，目标是减小泛化误差。本书还评估了模型的残差，用来检查模型是否满足前提假设。统计模型对应的抽样过程是明确的，因此我们可以从多个角度进行评估。

机器学习的主要任务就是估计泛化误差和评估模型，使用的大多是交叉验证等方法，一般不存在像 AIC 这样比较方便的准则。

7-5-6 数据科学

处理所有数据相关问题的领域叫作**数据科学**。这是一门新兴的学科，涉及数据的获取、管理、应用等内容。

Python 是通用程序语言，其中也包含了许多用于数据科学的库，是学习和应用数据科学的得力工具。

本书的初衷是结合 Python 介绍数据科学里最基本的理论。理解基础要比直接使用函数库进行复杂的机器学习更重要。

库的实现会变,但基础理论可以保持多年不变。

只有掌握基础的人才能在新方法问世时很快学会应用,也只有充分理解基础的人才能提出新的方法。

基础理论是可以长期使用而不变质的工具。

基础很难,但也很有趣。

但愿本书能够对你学习统计学和应用数据带来帮助。

参考文献

- Allen B. Downey. 统计思维（第 2 版）[M]. 金迎，译. 北京：人民邮电出版社，2015.
- Andreas C. Muller, Sarah Guido. Python 机器学习基础教程 [M]. 张亮（hysic），译. 北京：人民邮电出版社，2018.
- Annette J. Dobson. 广义线性模型导论（英文导读版·原书第 3 版）[M]. 北京：机械工业出版社，2015.
- C.M.Bishop. Pattern Recognition and Machine Learning [M]. Berlin：Springer, 2007.
- Graham Upton, Ian Cook. A Dictionary of Statistics [M]. Oxford：Oxford University Press，2002.
- Hadley Wickham. Tidy data [J]. Journal of Statistical Software, 2014，59(10) .
- 伊藤真. 用 Python 动手学机器学习 [M]. 郑明智，司磊，译. 北京：人民邮电出版社，2021.
- 伊庭幸人，久保拓弥，丹後俊郎，等. ベイズモデリングの世界 [M]. 東京：岩波書店，2018.
- 岩波データサイエンス刊行委員会. 岩波データサイエンス Vol.5 [M]. 東京：岩波書店，2017.
- 粕谷英一. 生物学を学ぶ人のための統計のはなし～君にも出せる有意差～ [M]. 東京：文一総合出版，1991.
- 粕谷英一. 一般化線形モデル [M]. 東京：共立出版，2012.
- 北川源四郎. 時系列解析入門 [M]. 東京：岩波書店，2005.

- 久保拓弥. データ解析のための統計モデリング入門——一般化線形モデル・階層ベイズモデル・MCMC [M]. 東京: 岩波書店, 2012.
- 古賀弘樹. 一段深く理解する 確率統計 [M]. 東京: 森北出版, 2018.
- 斎藤康毅. 深度学习入门 [M]. 陆宇杰, 译. 北京: 人民邮电出版社, 2018.
- 佐和隆光. 回帰分析 [M]. 東京: 朝倉書店, 1979.
- 島谷健一郎. ポアソン分布・ポアソン回帰・ポアソン過程 [M]. 東京: 近代科学社, 2017.
- 巣篭悠輔. 详解深度学习: 基于 TensorFlow 和 Keras 学习 RNN [M]. 郑明智, 译. 北京: 人民邮电出版社, 2019.
- 高桥信. 漫画统计学 [M]. 陈刚, 译. 北京: 科学出版社, 2009.
- 竹澤邦夫. R によるノンパラメトリック回帰の入門講義 [M]. 東京: メタ・ブレーン, 2009.
- 豊田秀樹. 基礎からのベイズ統計学 – ハミルトニアンモンテカルロ法による実践的入門 – [M]. 東京: 朝倉書店, 2015.
- 中井悦司. 技術者のための基礎解析学 機械学習に必要な数学を本気で学ぶ [M]. 東京: 翔泳社, 2018.
- 中内伸光. 数学の基礎体力をつけるためのろんりの練習帳 [M]. 東京: 共立出版, 2002.
- 西原史暁. 【翻訳】整然データ, 2018 年 2 月 19 日最終閲覧.
- 西原史暁. 整然データとは何か [J]. 情報の科学と技術, 2017, 67 巻 9 号.
- 馬場真哉. 平均・分散から始める一般化線形モデル入門 [M]. 安曇野市: プレアデス出版, 2015.
- 馬場真哉. 時系列分析と状態空間モデルの基礎: R と Stan で学ぶ理論と実装 [M]. 安曇野市: プレアデス出版, 2018.
- 比戸将平, 馬場雪乃, 里洋平, 等. データサイエンティスト養成読本 機械学習入門編 [M]. 東京: 技術評論社, 2016.

- 平井有三. はじめてのパターン認識 [M]. 東京：森北出版，2012.
- 松浦健太郎. Stan と R でベイズ統計モデリング [M]. 東京：共立出版，2016.
- 松原望，縄田和満，中井検裕. 統計学入門 [M]. 東京：東京大学出版会，1991.
- 三輪哲久. 多重検定の基礎理論 [J]. 計量生物学，2008，29 巻 Special_Issue_1 号.
- 山田作太郎，北田修一. 生物統計学入門 [M]. 東京：成山堂書店，2004.